AN ENGLISH – RUSSIAN MILITARY

DICTIONARY

Bill St. Amour, MA

 www.trafford.com

North America & international
toll-free: 1 888 232 4444 (USA & Canada)
phone: 250 383 6864 ♦ fax: 812 355 4082

AN ENGLISH – RUSSIAN MILITARY DICTIONARY

Forward

This digest is designed to fill a gap in reference materials for social terms consisting of geographic, historical, military and political words and phrases which one encounters as a student of Russian. It is by no means exhaustive, yet it will give you, the student or interpreter, many of the most valuable terms and phrases that you will encounter in books, conversations, papers, and references.

Some key economic, legal and scientific terms are sparingly included to help round out the abilities of the student.

It will be of interest to any person wishing to improve one's proficiency in Russian, or for Russian speakers seeking to improve their English proficiency. Any mistakes are strictly my own.

This digest is dedicated to my (retired) high school Russian and English instructors who gave me my start and love for Russian and English languages; Mr. George Poulin and Mr. Erald Medlar of Mt. Mansfield UHS, Jericho, Vermont;

also, to my mother Pauline, who always knew that I could do this; to my niece and nephew, Madison and Griffin, and to my honorary granddaughter and grandson, Layla & Cameron Clark, for their loving support in this endeavor.

Bill St. Amour, MA (USC)
Underhill Vermont & Gainesville Florida, 2013

...что скажет Он вам, то сделайте...
– библия (от Иоанна, 2: 5)

AN ENGLISH – RUSSIAN MILITARY DICTIONARY

Предисловие

Составитель данного словаря-справочника ставил своей целью восполнить пробел в справочных материалах в области общественно-политической лексики. Словарь-справочных включает в себя слова и выражения географического, исторического, военного и политического характера, часто встречающиеся при переводе с русского языка на английский. Это издание ни в коей мере не является исчерпывющим, однако оно предлагает переводчикам наиболее существенные выражения и обороты, с которыми нередко приходится сталкиваться в книгах, газетах, журналах и справочниках.

В справочник вошли также отдельные ключевые экономические, юридические и научные терминые, что расширяет возможности переводчиков. Данный справочник будет интересен и тем, кто хочет улучшить свои знания русского языка, а также русскоязычной аудитории, желающей усовершенствовать свой английский. Все возможные ошибки настоящего издания являются моими собственными недоработками.

Книга посвящается моим учителям русского и английского в ставших классах, привившим мне любовь к этим языкам: господину Джорджу Пулину и господину Эральду Мэдлеру, штата Вермонт, которые в настоящее время уже не работают. Книга посвящается также моей матери, Паулине (Полине), всегда верившей в мои силы, и моей племяннице и моему племяннику, Мадиссоне и Гриффену, и, моему почётному внуку, Кемерону Кларку

Хочется выразить особую благодарность к.н.ф. Костюк Н.А.(СПБГУ), посвятившей много времени корректуре текста словаря-справочника и внесшей в текст множество ценных дополнений.

AN ENGLISH – RUSSIAN MILITARY DICTIONARY

Contents

AN ENGLISH – RUSSIAN MILITARY DICTIONARY

Explanatory Notes

1. The use of the horizontal slash also occasionally indicates that either word or phrase immediately before or after the slash is acceptable.

for example;
of one's own initiative по со́бственному почи́ну/жела́нию

and also;

zero sum game - игра с /нулевой суммой/нулевым исходом means that игра с нелевой суммой, or, игра с нелевым исходом are both correct.

furthermore,

be covered with ~ об/за/леденéлый, обледенéвший; покры́тый means this is to be understood as обледенéлый and/or заледенéлый.

2. Use of the swung dash ~, replaces the noun used in the phrase. for example; **Kuomintang, member of the** ~

3. Russian words containing two accent marks means that the accent mark in either location is correct, such as до́красна́

AN ENGLISH - RUSSIAN MILITARY DICTIONARY

Abbreviations

a. - accusative case
A.D. - anno Domini
A/H - Austria-Hungary
adj. - adjective
aeron. - aeronautics
anthro - anthropology
Af. - Africa/n
agric. - agriculture
Am. - America
Ammo. - ammunition
Aus. - Austria
adv. - adverb
approx. - approximate
art. - artillery
avn. - aviation meteo meteorological
b. - biblical
B.C. - before Christ
bn battalion
Br. - British
Byz. - Byzantine
BW. - biological warfare
Ch. - China, Chinese
chem. - chemical
co. - company
coll - colloquial
commo. - communications
comp. - computer
const. - construction
CP - command post
CW - chemical warfare
d. - dative case
dip. - diplomatic
econ. - economic
elec. - electrical
emp. - empire
Eng. - England RC. -
engr. - engineering of
environ. - environmental
est. - established
etc. - et cetera
Eur. - Europe

fig. - figurative
Fr. - France, French
FSB - Forward Support BN
g. - genitive case
Ge. - German
gen. - general
geo. - geography
Gk. - Greek
hist. - history
HRE - Holy Roman Empire
i. - instrumental case
impf. - imperfective
ind. - industry
intrans. - intransitive
It. - Italy
Ja. - Japan
kia. - killed in action
leg. - legal
lit. - literal
m/f - male/female
med. - medical
mech. - mechanical
nav. - naval
nt neuter
nom. - nominative case
nuc. - nuclear
OP. - observation post
os - one's self
p. - preposition
phil. - philosophy
pf. - perfective
pej. - pejorative
plu. - plural
pol. - political
Pr. - Prussia
PRC - People's Republic
China
prep - preposition
R.C. - Roman Catholic
rel. - religion

AN ENGLISH - RUSSIAN MILITARY DICTIONARY

rr. - railroad

Ru. - Russia

SAA - same as above

sci. - science

sing. - singular

sl. Slang

so. - someone

soc. - sociology

Sov. - Soviet

Sp. - Spain

st. - something

tac. - tactical

tech. - technology

UN - United Nations

US - United States

veh. - vehicle

wea. - weather

AN ENGLISH – RUSSIAN MILITARY DICTIONARY

A

abandoned – *adj* оста́вленный, забро́шенный
aboard – *adv* (on ship) на корабле́; (on ship or airplane) на
борту́ ~ **the train** на по́езд(е) **go** ~ сади́тся *impf*, сесть *pf* на
су́дно

ABM – *n, mil, pol* противораке́тная оборо́на (ПРО)
spaced-based ~ противораке́тная систе́ма с элеме́нтами
косми́ческого бази́рования **three/four-layer** ~ трёх/
четырёхслойная ПРО

abolish – упраздня́ть *impf*, упраздни́ть *pf*
abolition *n* упраздне́ние
~ **of capital punishment** *n* отме́на сме́ртной ка́зни

abort (to cease) – прекраща́ть *impf*, прекрати́ть *pf;*
приостана́вливать *impf*, приостанови́ть *pf*
abortion (miscarriage & surgery) *n* або́рт
abortionist (pre-1973) *n, soc* подпо́льный акуше́р
abortive *adj, lit, fig* мертворождённый, (unsucessful)
неуда́вшийся
about face – *n* поворо́т, повора́чивать *impf*, поворо́ти́ть *pf*
круго́м на ме́сте

absent – *adj* отсу́тствующий **absentee** *as a n* отсу́тствующий,
абсентейст ~ **rate** *n* коэффицие́нт абсентейзма
absenteeism *n* абсентейзм

absorbance – *n* коэффицие́нт поглоще́ния
abuse – *n* злоупотребле́ние ~ **of authority** злоупотребле́ние
вла́стью
Abwehr (Ge WW II counterintelligence service) – *n, mil* а́бвер
academy – *n* учи́лище, шко́ла
military ~ вое́нное учи́лище **naval** ~ вое́нно-морско́е учи́лище
SGM (Sergeant Major) ~ шко́ла подгото́вки сержант-майоров

accept battle – принима́ть бой
acceptable – *adj* прие́млемый
"acknowledge" – *mil, commo* «подтверди́те«
acupuncture – *n* иглотерапи́я

AN ENGLISH - RUSSIAN MILITARY DICTIONARY

access – *n* до́пуск
~ **to classified material** до́пуск к секре́тной информа́ции
deny ~ **to classified material** лиша́ть до́пуска к секре́тной
информа́ции
accessible to tanks *adj* танкодосту́пный

accident – *adj* авари́йный, *n* ава́рия
~-free *adj* безавари́йный
aircraft ~ *n* лётное происше́ствие
have, suffer an ~ пасть *impf,* попа́сть *pf* в ава́рию
road, traffic ~ *n* доро́жно-тра́нспортное происше́ствие,
автоава́рия **accidental (by chance)** случа́йный

acclimatization – *n* акклиматиза́ция **acclimatize** *vi*
акклиматизи́роваться *pf & impf*

accord – *n* согла́сие
be in ~ **with** быть согла́сным с + i.
of one's own ~ по со́бственному почи́ну/жела́нию; сам по себе́
accordance (agreement) *n* согла́сие **in** ~ **with** в соотве́тствии с
+ i.
account – *n, bus* отчёт, счёт **current** теку́щий счёт
accountable *adj* отве́тственный
accused *as a n* обвиня́емый, подсуди́мый **accuser** *n* обвини́тель
accusing *adj* обвиня́ющий

acting manager – *n* исполня́ющий обя́занности заве́дующего
(и.о.)

action – *n* де́йствие, бой **covering** ~ прикрыва́ющий бой
delayed ~ заме́дленное де́йствие
delaying ~ *n, mil* сде́рживающие (что́-либо, кого́-либо)
де́йствия **diversionary** ~ *n, mil* отвлека́ющие де́йствия
evasive ~ *n, mil* де́йствия по ухо́ду из-под уда́ра; манёвр
уклоне́ния **fall in** ~ *n, mil* пасть *impf* в бою́
graduated ~ *n, mil* дифференци́рованное де́йствие
homing-in ~ *n, mil* самонаведе́ние на цель
missing in ~ пропа́сть бе́з вести в бою́
rear guard ~ *n, mil* арьерга́рдные де́йствия
shock ~ *n, mil* уда́рное де́йствие
after ~ **review (AAR)** *n, mil* разбо́р результа́тов (уче́ния,
выполне́ния зада́чи, и.т.д.)

2

AN ENGLISH – RUSSIAN MILITARY DICTIONARY

activity – *n* де́йствие
field support ~ *n, mil* полево́е учрежде́ние тылово́го обеспе́чения
ground ~ де́йствия назе́мных войск

actuary – *n, bus* актуа́рий **acturial** *adj, bus* актуа́рный
ad hoc formation – *n* сбо́рное соедине́ние
adapted – *adj* приспосо́бленный **adaptability** *n*
приспособля́емость *f*
add on stabilization (tank fire controls) – *adj* дополни́тельный
стабилиза́тор пушки **added value** *bus* доба́вленная сто́имость
addressee –*n, gen, commo* адреса́т
adjacent, near – *adj* близлежа́щий
adjustable – *adj* регули́руемый, устана́вливаемый ~ **wrench**
га́ечный ключ

administration – *n* (management) управле́ние, *mil*
rear services ~ управле́ние ты́лом

admiralty – *adj, Br nav* адмиралте́йский, *n, Br nav*
адмиралте́йство (also naval dockyard)
admission as a member – *n* прие́м в члены

adopt – удочеря́ть (daughter) *impf;* усыновля́ть (son) *impf*
aduptive fathor *log* усыновитель **adoptive mother** *leg*
усынови́тельнциа
adult education – *n* внешко́льное образова́ние

advance – *n* продвиже́ние, наступле́ние, *vt (vi)* продвига́ть(ся)
impf
продви́нуть, ~ся *pf* ~ **by bounds** *n, mil* продвиже́ние скачка́ми
~ **by echelon** *n, mil* продвиже́ние по эшело́нам
~ **rushes, leaps and bounds** *vi* продвига́ться *impf,* продви́нуться
pf перебе́жками
~ **deployment** *n, mil* передово́е бази́рование
~ **in force** *n, mil* продвиже́ние кру́пными си́лами
~ **on multiple axis** ~ *n, mil* продвиже́ние на не́скольких
направле́ниях
~, **movement to contact** сближе́ние с проти́вником
subsidiary ~ *n, mil* вспомога́тельное наступле́ние

advantage – преиму́щество **numerical** ~ *n, mil* чи́сленное
преиму́щество **tactical** ~ *n, mil* такти́ческое преиму́щество

AN ENGLISH – RUSSIAN MILITARY DICTIONARY

adolescent, teenage – *adj* подро́стковый

advantage, preponderance, superiority - *n* переве́с
numerical ~ чи́сленный переве́с **gain the upper hand** взять переве́с
the odds are in our favor - переве́с /в на́шу польз/на на́шей стороне́

advisor, career ~ - *n* профориента́нт, профконсульта́нт
advocacy – *n, soc* защи́та, подде́ржка
aeronautical – *adj* аэронавигацио́нный
aerosol cloud – *n* аэрозо́льное о́блако
aerospace – *adj* аэрокосми́ческий
affected – находя́щийся под влия́нием
affiliate – *n., bus* доче́рняя компа́ния
afforest – облеси́ть *pf* **afforestation** *n* лесонасажде́ние
Afghan – *adj* афга́нский, *n* афга́нец *m*, афга́нка *f*

afloat – *adv* на плаву́

African – *adj* африка́нский, *n* африка́нец *m*, африка́нца
African National Congress (ANC) *n, pol* Африка́нский
национа́льный конгре́сс «АНК»
Africanology, African studies *n* африка́нистика
Africanize африканизи́ровать *pf & impf*
Africanization *n, soc* африка́низация
Africanologist *n, soc* африка́нист
Afro-Asian *adj* а́фро-азиа́тский

after-effect, consequence, sequel – *n* после́дствие

age – *n* век, эпо́ха, во́зраст
~ **group** *n* возрастна́я гру́ппа
~ **limit** *n* возрастно́й преде́л
~ **of Augustus** век А́вгуста
childbearing ~ *n* детеро́дный во́зраст
golden ~ *n, soc* золото́й век **present** ~ *n* ны́нешний век
Bronze Age *n, geo* бро́нзовый век **Ice Age** *n, geo* леднико́вый
пери́од **Middle Ages** *n, hist* сре́дние века́
Space Age *n, soc* косми́ческий век
Stone Age *n, geo* ка́менный век

aged, the ~ *npl* престаре́лые **aging** *adj* старе́ющий, *n* старе́ние

agency, lead ~ веду́щее учрежде́ние **agent (means)** – *n* вещество́, сре́дство **Agent Orange** *n, mil Vietnam War* аге́нт «ора́нж« **biological warfare** ~ *n, mil* боево́е биологи́ческое сре́дство (ББС) **bulk** ~ *n, mil* отравля́ющее вещество́ ёмкости (ОВ) **defoliant** ~ *n, mil* дефолиа́нт **non/lethal** ~ *n, mil* не/лета́льное ОВ **non/persistent** ~ *n, mil* не/сто́йкое ОВ **riot** ~ ОВ для полице́йских де́йствий

aggravating – *adj* ухудша́ющий, усугубля́ющий **agnostic** – *n, rel* агно́стик, *adj* агности́ческий **agnosticism** *n, rel* агностици́зм

agrarian – *adj* агра́рный
--industriel *adj* агра́рно-промы́шленный, агра́рно-индустриа́льный
--raw materials base *adj* агра́рно-сырьево́й
~ **policy** *n, agric* агра́рная поли́тика
~ **revolution** *n, agric* агра́рная револю́ция

agreement – *n* соглаше́ние, согла́сие
across the board ~ всеобъе́млющее соглаше́ние
behind the scenes ~ закули́сное соглаше́ние
disarmament ~ соглаше́ние о разоруже́нии
initial an · парафи́ровать соглаше́ние
no first use ~ *pol* соглаше́ние о непримене́нии пе́рвыми ору́жия (чего́-либо)
preferential trade ~ приорите́тное торго́вое соглаше́ние
prenuptial ~ добра́чное согла́сие
Strategic Arms Limitation Talks ~ (SALT-1, 1971) Соглаше́ние по ограниче́нию стратеги́ческих вооруже́ний (ОСВ-1)
Strategic Arms Limitation Talks ~(SALT-2, 1979) Соглаше́ние по ограниче́нию стратеги́ческих вооруже́ний (ОСВ-2)
Strategic Arms Reduction Talks ~ (START, 1991) Догово́р о сокраще́нии и ограни́чении стратеги́ческих наступа́тельных вооруже́ний (СНВ соглаше́ние)
working ~ рабо́чее соглаше́ние; соглаше́ние о сотру́дничестве

agricultural - *prefix* сельхоз-, сельско-, сель-; *adj* сельскохозя́йственный
~ **engineering** *n* агроте́хника

AN ENGLISH – RUSSIAN MILITARY DICTIONARY

~ **farm machinery** сельхозтéхника ~ **produce** сельхозпродýкция
~ **production** сельхозпроизвóдство **agriculture** *n* céльское
хозя́йство **agriculturalist** *n* земледéлец

agro – *prefix* агро-
~-**chemical** *n* агрохимикáт ~-**industrial** *adj* агропромыйшленный
~-**industrial complex** *n* агрокóмлекс ~-**technics; agricultural,**
farming practices *n* агротéхника **agronomist** агронóм
agronomy *n* агронóмия

aid – *n* пóмощь, срéдство
~ **or relief agency** *n* организáция по оказáнию пóмощи
~ **and abet** *leg* оκáзывать пособничество и подстрекáть
~ **station** *n, med* медицúнский пункт
foreign ~ инострáнная пóмощь *f*
penetration aids *mil* срéдства преодолéния оборóны протúвника
AIDS – *n, med* СПИД **AIDS test** *n, med* экспертúза на СПИД

aim, aims – *adj* целовой, *ns* цель *f, npl* цели **ultimate** ~ конéчная
цель **far reaching** ~s далекó идýщие цéли

air – *adj* воздýшный, *n, mil, soc* вóздух
~ **avenue of approach** полосá воздýшных подхóдов
~ **cargo** *n* груз, перевозúмый по вóздуху
~ **crash** *n* авиакатастрóфа
~ **command and control system (NATO)** *n* систéма воздýшного
комáндования и управлéние
~ **defence forces** *n, Ru mil* войска противовоздýшной оборóны
~ **droppable** сбрáсываемый с вóздуха ~ **dropped** сбрáсываемый
с вóздуха
~ **emplaceable** устанáвливаемый с ЛА
~ **interdiction** *n* изоля́ция района боевы́х действий с вóздуха
~ **pollution** загрязнéние вóздуха ~ **raid** *n* воздýшный налёт
~ **raid shelter** *n* бóмбоубéжище ~ **raid warden** *as a n*
уполномóченный по противовоздýшной оборóне **air-sea rescue**
спасáтельные операции проводúмые самолётами на мóре
~ **tanker** *n* самолёт-тóпливозапрáвщик
~ **terminal** *n* аэровокзáл
~ **time (radio, TV)** *n* эфúрное врéмя
~ **traffic control** *n* авиадиспéтчерская слýжба
~ **traffic control point** авиациóнный контрóльно- пропускнóй
пункт ~ **transportable** *n aeron* áвиатранспортáбельный

AN ENGLISH – RUSSIAN MILITARY DICTIONARY

~ **turbulance** *n* болта́нка, турбуле́нтность *f*

compressed ~ *n* сжа́тый во́здух
low-flying ~ **attack aircraft** штурмови́к

low-flying ~ **attack** штурмо́вка

airborne – *adj* возду́шно-деса́нтный
~ **assault** *adj* авиадеса́нтный
~ **drop** (assault) *n* вы́броска возду́шного деса́нтна,
(supplies) сбра́сывание гру́зов с самолётов
~ **emergency drop** *n* (supplies) авари́йное сбра́сывание
~ **forces** возду́шно-деса́нтные си́лы, авиадеса́нтные войска́
~ **insertion** *n* вы́садка аэромоби́льного деса́нта; десанти́рование
аэромоби́льных войск
~ **interception equipment** *n* бортова́я радиолокацио́нная систе́ма
перехва́та ~ **trooper, parachuter** *n* авиадеса́нтник
~ **qualified** *n* проше́дший возду́шно-деса́нтную подгото́вку

airburst – *n* возду́шный взрыв
nuclear ~ я́дерный возду́шный взрыв
airbus *n* аэро́бус
aircooled *adj* охлажда́емый во́здухом

aircraft –*n, avn* лета́тельный аппара́т (ЛА)
~ **attrition** *n* спи́санный ЛА (вы́шедший из стро́я)
~ **carrier** *adj* авиано́сный
~ **construction** *n* самолётостро́ение
~ **industry** *n* авиапромы́шленность *f*
~ **missile system** *n* авиацио́нный раке́тный ко́мплекс
all-weather ~ *n* всепого́дный ЛА
ASW ~ *n* самолёт/вертолёт ПЛО **attack** ~ *n* самолёт-штурмови́к
AWACS ~ *n* самолёт систе́мы АВАКС **C-119 Gunship** ~ *n*
самолёт «ганши́п» **cargo tanker** ~ *n* грузово́й/тра́нспортный
самолёт-запра́вщик **carrier-based aircraft** *n* авиано́сная авиа́ция
ECM ~ самолёт РЭП **EW** ~ самолёт РЭБ
FAC ~ самолёт пере́днего авиацио́нного наво́дчика
fixed-wing ~ *n* ЛА с неподви́жным крыло́м
forward based ~ *n* авиа́ция, передово́го бази́рования
medevac ~ *n* тра́нспортно-санита́рный ЛА
on call ~ *n* авиа́ция по вы́зову **on station** ~ ЛА в райо́не
ожида́ния **pathfinder** ~ самолёт-освети́тель

7

AN ENGLISH – RUSSIAN MILITARY DICTIONARY

photo-recon ~ самолёт áэрофоторазвéдки
RF (recon) *npl* развéдывательные самолёты
request for ~ **support** вызывáть авиáцию для поддéржки слýжбы
rotary ~ *n* винтокрýл **search and rescue** ~ *n* ЛА поискóво-спасáтельной
ship-based ~ *n* корабéльный ЛА
STOL (short take-off and landing) ~ самолёт с корóтким взлётом и посáдкой
single purpose ~ *n* одноцелевóй ЛА
spotting ~ самолёт-корректирóвщик
target designating ~ самолёт целеуказáния
troop-carrying ~ *n* трáнспортно-десáнтный самолёт
VTOL (vertical take-off and landing) ~ самолёт с вертикáлным взлётом и посáдкой
aircrew *n* экипáж, лётный состáв
airdrop *n* выброска парашютного десáнта *или* грýза
assault ~ *n* десантúрование с вóздуха
airing, venting (of views) *n, pol* «вентилúрование»; публúчное обсуждéние

air-land *adj, mil* воздýшно-назéмный
~ **battle** *n* воздýшно-назéмная операция *или* сражéние
~ **task force** *n* назéмно-воздýшный эшелóн
air-landed, air-landing *n* посáдочно-десáнтный
airlift *n* воздýшная перевóзка ~ **capacity** *n* грузоподъёмность *f*
airlifted, be перебрáсываться, переброситься

airmobile troops, forces áэромобúльные войскá
airmobility *n* аэромобúльность *f*
airplane crash авиациóнная катастрóфа
airport *adj* аэродрóмный, *n* аэродрóм
airportable *adj* аэротранспортáбелный

airsick, be укачáть (когó) в самолёте **airsickness** *n* воздýшная болéзнь *f*
airspace *n* воздýшное прострáнство
airstrike *n* удáр с вóздуха, удáр авáции **on call** ~ удáр авáции по вызову
airstrip *n* взлётно-посáдочная полосá (ВПП)
air-supplied *adj* снабжáемый по вóздуху
airtight *adj* герметúческий, воздухонепроницáемый
air-traffic controller *n* авиадиспéтчер

AN ENGLISH – RUSSIAN MILITARY DICTIONARY

airworthy *adj* го́дный к полёту **airworthiness** го́дность к полёту
alarming – *adj* трево́жный

alert – *n, mil* боева́я гото́вность, оповеще́ние (об опа́сной обстано́вке), трево́га
cancel an ~ отменя́ть трево́гу **exercise** ~ *n* боева́я гото́вность *f* на пери́од уче́ний **hair trigger** ~ *n* состоя́ние повы́шенной боево́й гото́вности **on** ~ на чеку́ **place on** ~ приводи́ть в состоя́ние боево́й гото́вности **red** ~ *n* сте́пень боево́й гото́вности «кра́сная« **two hour** ~ *n* двухчасова́я гото́вность *f*

align – располага́ть *impf,* расположи́ть *pf* по одно́й ли́нии
~ **oneself with someone** стать на чью сто́рону
~ **oneself with someone's policy** смыка́ться с поли́тикой кого́
alignment of forces *n, mil* группиро́вка сил; соотноше́ние сил, расположе́ние сил

all- *prefix* все-
all-conquering *adj* всепобежда́ющий
all-purpose *adj* о́бщий, универса́льный
all-weather *adj* всепого́дный

Allah – *rel* Алла́х

allegation – *n* заявле́ние, утвержде́ние

unsubstantiated ~ *n* необосно́ванное заявле́ние
allegedly – по утвержде́нию, я́кобы

allegiance – *n* ве́рность *f*
pledge ~ брать *impf* на себя́ обяза́тельство; соблюда́ть *impf* ве́рность **swear** ~ кля́сться *impf,* покля́сться *pf* в ве́рности

alliance – *n* сою́з
defensive ~ оборони́тельный сою́з **offensive** ~ наступа́тельный сою́з **Allied joint operation (NATO)** *n* объединённая опера́ция НАТО
allocation – *n* распределе́ние; размеще́ние, *econ* (appropriation, assignment, earmarking) ассигнова́ние
unused ~ *npl* неиспо́льзованные ресу́рсы

AN ENGLISH – RUSSIAN MILITARY DICTIONARY

Alsace – *n, Fr geo* Эльзáс **Alsatian** *adj* эльзáсский, эльзáсец *m*, эльзáсца *f*
altercation – *n* пререкáние
alternative channel – *n, commo* обхóдный канáл

Alzheimer's disease – *n, med* Алцхéймера болéзнь *f*

ambassador – *n* посóл ~-at-large посóл по осóбым выручéниям
ambassadorial *adj* посóльский

ambulance – *n* машúна скóрой пóмощи *f* **call an** ~! вы́зовите скóрую пóмошь !

ambush – *n* засáда
deliberate ~ заблаговрéменно подготóвленная засáда
lay an ~ устрáйвать *impf*, устрóить *pf* засáду
hasty ~ неподготóвленная засáда **prevent an** ~ по/мешáть (+ d.) засáде **set an** ~ устрáйвать, устрóить засáду
stay behind ~ засáда, остáвленная в тылý протúвника
thwart an ~ *impf* расстрáивать *impf*, расстрóить засáду *pf*

American – *adj* америкáнский
~ **Declaration of Independence** *n, pol* Америкáнская Декларáция незавúсимости
~-**Canadian** *adj* америкáно-канáдский
~-**English** *adj* америкáно-англúйский
~-**French** *adj* америкáно-францýзский
~-**Japanese** *adj* америкáно-япóнский
~-**Soviet** *adj* америкáно-совéтский
Americanize *vt* американизúрваться *pf & impf* американизúровать *pf & impf*
Americanologist *n* американúст
Americanology, American studies *n* американúстика

ammended – *adj* испрáвленный; с внесёнными попрáвками
~ **treaty** попрáвка к договóру

ammunition – *npl* боеприпáсы
~ **pouch** *n* подсýмок **armor piercing** ~ бронебóйные боеприпáсы
blank ~ холосты́е боеприпáсы **RAP (rocket-assisted projectile)**
~ актúвно-реактúвные боеприпáсы
tracer ~ *mil* трассúрующие боеприпáсы **training** ~ учéбные боеприпáсы

AN ENGLISH – RUSSIAN MILITARY DICTIONARY

amnesty – *n* амни́стия
announce *or* declare a ~ объяви́ть амни́стию
be given a ~ попа́сть под амни́стию
to grant an ~ *vt* амнисти́ровать *pf & impf*
a general political ~ всео́бщая полити́ческая амни́стия

Amnesty International *n* организа́ция «Междунаро́дная Амни́стия»
amount on hand – *n* нали́чное коли́чество

amphibious – *adj, bio* земново́дный; *adj, mil* пла́вающий, водопла́вающий ~ **force** *n, mil* морско́й деса́нт ~ **mobility** *n* амфиби́йная подви́жность
amusement park – *n* луна-па́рк

analysis – *n* оце́нка, ана́лиз
all source intelligence ~ ана́лиз разве́дывательной информа́ции из всех исто́чников **mission** ~ разбо́р зада́чи, уясне́ние и ана́лиз зада́чи **terrain** ~ оце́нка ме́стности **target** ~ ана́лиз це́лей **threat** ~ ана́лиз хара́ктера угро́зы **traffic** ~ *commo* радиослёжка
analyze *vt* анализи́ровать *pf & impf*

anchorman (**TV**) – *n* веду́щий, веду́щий програ́ммы
Angevin - *adj, Eng hist* анжу́йский
Anglicize – *vt* англизи́ровать *pf & impf*

Anglo – *prefix* а́нгло-
~-**French** *adj* англофранцу́зский
~-**French-Israeli-Egyptian War** (**Suez Canal crisis of 1956**) *n, mil, pol* Англо-Фра́нко-изра́ильская война́ про́тив Еги́пта
~-**German naval agreement** (1935) *n, pol* Англо-герма́нское морско́е соглаше́ние ~-**Saxon** *adj* англосаксо́нский, *n* англоса́кс
~-**Soviet** *adj* англосове́тский
Anglophile *n* англофи́л **Anglophobe** *n* англофо́б **Anglophobia** *n* англофо́бство

animal kingdom – *n* живо́тное ца́рство
animism – *n, rel* аними́зм **animist** *n* аними́ст
annex, enclosure, appendix – *n* приложе́ние, *vt* аннекси́ровать *pf & impf* **annexation** *n* анне́ксия **annexationist** *adj* аннексиони́стский

AN ENGLISH – RUSSIAN MILITARY DICTIONARY

answering machine – *n* автоотве́тчик; автоинформа́тор
antenna array – *n* анте́нная решётка antenna, whip – *n* штырь
anthem, national – *n* госуда́рственный гимн
anthrax – *n* сиби́рская я́зва

anti – *prefix* а́нти-, про́тиво-
anti-aircraft *adj* противосамолётный
anti-American *adj* антиамерика́нский
anti-Americanism *n* антиамерикани́зм
anti-Arab, anti-Arabic *adj* антиара́бский
anti-Bolshevism *adj* антибольшеви́зм
anti-clerical *adj* антиклерикали́зм
anti-colonialism *adj* антиколониа́льный, *n* антиколониали́зм
Anti-Comintern Pact, 1936 *n, Sov hist, pol* Антикоминте́рновский
пакт
antidote *n* антидо́т
anti-dumping *adj, econ* антиде́мпинговый
anti-fascist *adj* антифаши́стский, *n* антифаши́ст
~ movement *n* антифаши́стское движе́ние
anti-government *adj* антиправи́тельственный
anti-hegemonistic *adj* антигегемони́стский
anti-imperialism *n* антиимпериали́зм
anti-jamming *adj* помехоусто́йчивый
anti-labor *adj* антирабо́чий
anti-missile *adj* антираке́тный; *n, mil* антираке́та
anti-nuclear movement *n* антия́дерное движе́ние
anti-Perestroika supporter *n, hist, pol* антиперестро́ечник
anti-racist, anti-apartheid *adj* антираси́стский
anti-radar *adj* противорадиолокацио́нный
anti-satellite (ASAT) *adj* противоспу́тниковый
anti-semite *n, pol, soc* антисеми́т *m*, антисеми́тка *f*
antisemitic *adj* антисеми́тский antisemiticism *n* антисемити́зм
anti-ship *adj* противокораб́ельный
anti-skid *adj* нескользя́щий
anti-social *adj* противообще́ственный; нелюди́мый
~ person нелюди́м *m*, нелюди́мка *f*
anti-submarine *n, mil* противоло́дочный
anti-tank hedgehog *n, mil* противота́нковый ёж (ПТ)
anti-theft *n, soc* противого́нный
anti-toxin *n* антитокси́н
anti-trust law *n, leg* антитре́стовское законода́тельство

AN ENGLISH – RUSSIAN MILITARY DICTIONARY

Antonov (Ru aircraft maker) – *adj* Антóновский, *n* Антóнов
Anzac (Australian and New Zeeland Army Corps) *WW I, II*
(солдáт Австралúйского и Новозелáндского кóрпуса) АНЗюС,
анзюс

apartheid – *adj* апартейдский, *n* апартейд,
apathy, indifference – *n* облóмовщина
apiarist – *n, agric* пчеловóд **apiary** *n* пчéльник **apiculture** *n*
пчеловóдство
apologetic – *adj* извиняющийся

appeal – *n* воззвáние, обращéние, призыв
~ **to the nation** обращéние к нарóду
~ **to arms** призывáть *impf*, призвáть *pf* к орýжию
~ **to force** призывáть, призвáть к применéнию сúлы
by way of ~ путём обжáлования
right to ~ *n* прáво обжáлования

appear – *n* появлéние, присýтствовать *impf*; выступлéние,
выступáть *impf*
~ **before a committee** присýтствовать *impf*, выступáть *impf* в
комитéте **appearance** *n* выступлéние
make a public ~ публúчно выступáть
make a TV/radio ~ выступáть по телевúдению/радио

appeasement – *n* умиротворéние; соглашáтельство
policy of ~ *n, Br pol, pre-WW II* соглашáтельская полúтика

appellator – *n* истéц по апелляции; апеллянт
appellee *n* отвéтчик по апелляции

appointee – *n* назначáемое лицón, *as a n* назнáченный
appreciation of the situation – *n* оцéнка обстанóвки
apprentice – *n* подмастéрье **apprenticeship** *n* ученúчество

approach – *n* подхóд, сближéние
covered ~ *mil* укрытый пóдступ **indirect** ~ *mil* непрямой подхóд
likely ~ *n, mil* путь вероятного подхóда **piecemeal** ~ *n, mil, pol*
решéние по частям **step by step** ~ *pol* поэтáпный *или*
послéдовательный подхóд
umbrella ~ *pol* зондтúчный подхóд
wait and see ~ *pol* выжидáтельный подхóд

AN ENGLISH – RUSSIAN MILITARY DICTIONARY

appropriate – *adj* подходящий, уместный; соответствующий случаю

approximate, rough, tentative – *adj* ориентировочный

Arab – *n* араб *m*, арабка *f* **Arabic** *adj* арабский **in ~** по-арабски

arbiter – третейский судья, арбитр

arbitration *n* разбор спора **(by** по), по третейским судом **resort to ~** обращаться *impf,* обратиться *pf* в арбитраж *или* в третейский суд **through ~** через третейский суд; в арбитражном порядке

Arc de Triomphe – *n* триумфальная арка

Arctic – *n* заполярье, Арктика **~ Circle** Северный полярный круг

archer – *n* лучник

area – *n, mil* район, зона

~ bombing *n, mil* площадное бомбометание

~ contaminated *n* участок *или* район заражения, заражённая местность

~ contaminated by non/persistent agents *n* участок заражения не/стойкими отравляющими веществами (ОВ)

~ of influence *n* зона боевого воздействия **~ of interest** *n* район интересов **~ of operations** район действий **~ of responsibility** район ответственности

assembly ~ (AA) *n* сборный район **bivouac ~** бивачный район

built-up ~ *n* населённый пункт

direct fire engagement ~ зона поражения огнём

divisional rear ~ дивизионный тыловой район

engagement ~ зона поражения

final assembly ~ *n* исходный район для наступления

forward staging ~ *n* сосредоточение сил и средств в передовых районах

forward assembly ~ передовой район сосредоточения

forward edge of the battle ~ (FEBA) передовой район обороны; передовой район боевых действии

gunnery training ~ *n, mil* учение с боевой стрельбой

indirect fire engagement ~ зона не прямого поражения огнём

kill zone ~ зона поражения огнём

landing zone ~ район высадки десанта

loading ~ погрузочный район

main battle ~ основной район боевых действии

AN ENGLISH – RUSSIAN MILITARY DICTIONARY

no-fire ~ запретный район для ведения огня
no-go ~ запретный район prohibited ~ запретный район,
запретная зона rear ~ тыловой район
rear assembly ~ тыловой район сосредоточения
rear services ~ службы тыла

refuel ~ n заправочная площадка
restricted ~ район ограниченного доступа
restricted fire ~ район/зона ограниченного огня
tactical assembly ~ тактический район сосредоточения
tankproof ~ танконедоступный район
target acquisition ~ зона обнаружения целей

arguer – n спорщик m, спорщица f
Armageddon – n, fig решающее сражение; великое побоище
armament, armed – adj вооружённый, n вооружение
tank ~ n танковое вооружение

armed – adj вооружённый сил
~ forces reserve n запас вооружённых ~ gang n
бандформирование ~ robbery вооружённый грабёж

Armenian – prefix армяно-, adj армянин, n армянский
armistice, general/partial – n, mil, pol общее, частичное
перемирие

armor – adj, mil броневой, n броня
~ pure состоящий только из бронированных частей
~-piercing adj бронебойный
~-piercing discarding sabot (APDS) adj бронебойный
подкалиберный снаряд с отделяющимся поддоном
~ plating n броневая плита, броневые листы
~ training area n танкодром
add on ~ n дополнительный комплект накладных
броневых листов add-on skirt ~ n съёмный фальшборт
bulletproof ~ n противопульная броня ceramic ~ n
керамическая броня HEAT-proof ~ броня для защиты от ПТ
кумулятивных снарядов homogenous ~ гомогенная,
однородная броня honeycomb ~ «сотовая« броня
kevlar ~ броня из синтетического материала «кевлар«
laminated ~ многослойная броня
non-metallic ~ неметаллическая броня

15

AN ENGLISH – RUSSIAN MILITARY DICTIONARY

reactive ~ акти́вная броня́ side ~ бортова́я броня́
sloped ~ накло́нная броня́ spaced ~ разнесённая броня́
standoff ~ *n* отде́льно устано́вленные броневы́е листы́/экра́ны
upgraded ~ с улу́чшенной бронезащи́той

armored – *prefix* бро́не-, *adj* брониро́ванный
~ car *n* автобронемаши́на ~ cav units *npl* бронекавалери́йские
ча́сти ~ infantry fighting vehicle *n, mil* бое́вая маши́на пехо́ты
(BMP) ~ train *n* бронепо́езд
armorer *n* оруже́йный ма́стер, оруже́йник

arms – *n, mil, pol* вооруже́ние, ору́жие
~ control *n* контро́ль над вооруже́ниями
~ embargo *n* эмба́рго на ввоз вооруже́ния
~ producing country *n* страна́-производи́тель ору́жия
~ race *n* го́нка вооруже́ний
~ reduction *n* сокраще́ние вооруже́ний
spiraling ~ race *n* возраста́ющая го́нка вооруже́ний
escalate the ~ race уси́лить *pf* го́нку вооруже́ний
halt, stop an ~ race приостанови́ть *pf*, прекрати́ть *pf* го́нку
вооруже́ний
non/proliferation arms race не/распростране́ние я́дерного
ору́жия
seek ~ superiority добива́ться *impf* превосхо́дства в вооруже́ния
spiraling arms race *n* возраста́ющая го́нка вооруже́ний
unchecked ~ race безу́держная/бесконтро́льная го́нка
вооруже́ний

army – *adj* арме́йский, *n* а́рмия
~ of occupation оккупацио́нная а́рмия
~ commander *n* команда́рм
active, field ~ де́йствующая а́рмия
combined ~ army (Sov CAA) общевойскова́я а́рмия
conscript ~ а́рмия, комплекту́емая на осно́ве призы́ва
covering ~ а́рмия прикры́тия
join, enter the ~ вступа́ть *impf*, вступи́ть *pf* в а́рмию
professional ~ ка́дровая а́рмия
regular ~ регуля́рная а́рмия
Salvation Army *n, soc, US* А́рмия спасе́ния
shock ~ уда́рная а́рмия

arrangement (composition, makeup) – *n* компоно́вка

arrival (by air) – прилёт **arrive (by air), fly in** прилетáть *impf,*
прилетéть *pf*
arrowlike – *adj* стреловúдный
arson – *n* поджóг
art of war – *n* воéнное искýсство
artificial intelligence – *n,sci* искýсственный интеллéкт

artillery – *adj, mil* артиллерúйский, *n* артиллéрия, *prefix* арт-
~ **BN** *n* артиллерúйский дивизиóн, артдивизиóн
~ **cover** ~ артиллерúйское прикрýтие
~ **duel** *n* перестрéлка
~ **emplacement** артиллерúйский окóп
~ **fire** *n* артстрельбá, артогóнь *m*
~ **fire effect** *n* артиллерúйское воздéйствие
~ **fire support plan (offensive)** *n* артнаступлéние
~ **emplacement** *n* артиллерúйский окóп
~ **forward observer (FO)** *n* артиллерúйский развéдчик,
передовóй артиллерúйский наблюдáтель
~ **prep** *n* артиллерúйская подготóвка
~ **projectile, projo** *n* артснарýд
~ **range** *n* артиллерúйский полигóн, артполигóн
~ **round** *n* артиллерúйский выстрел
~ **school** ~ *n* артиллерúйское учúлище
~ **strike** *n* огневóй налёт
~ **support** *n* артиллерúйская поддéржка, артиллерúйское
обеспéчение
~ **in support** *n* артиллéрия усилéния ~ **unit** *n* артчасть
~ **workshop** *n* артмастерскáя
air defence ~ **(ADA)** *n* зенúтная артиллéрия (ЗА)
conventional ~ *n* ствóльная артиллéрия
cover an attack with ~ прикрывáть наступлéние артиллéрией
direct support ~ артиллéрия непосрéдственной поддéржки
four-gun ~ **battery** *n* четырёхорудúйная батарéя
general support reinforcing ~ артиллéрия усилéния для оказáния
óбщей поддéржки
heavy ~ артиллéрия большóй мóщности
mountain pack ~ *n* гóрно-вьючная артиллéрия
reinforcing ~ артиллéрея усилéния
rifled cannon ~ нарезнáя ствóльная артиллéрия
rocket ~ реактúвная артиллéрия
siege ~ осáдная артиллéрия
special purpose ~ артиллéрия осóбого назначéния

AN ENGLISH – RUSSIAN MILITARY DICTIONARY

towed ~ буксируемая *или* возимая артиллерия
tubed ~ ствольная артиллерия

Aryan/~s– *n, lit, fig* ариец/арийцы *ms/pl*
Aryan nation *n, soc, US* арийская нация
Asian – *adj* азиатский
Asian-Pacific *adj* азиатско-тихоокеанский
Central Asian *adj* среднеазиатский

asphalt – *adj* асфальтовый, *n* асфальт; *vt* асфальтировать *pf &*
impf ~-**concrete mixer** *n* бетономешалка

asylum seeker – *n* человек, просящий убежища
assassination *n* убийство **politically motivated** ~ убийство
по политическим мотивам

assault – *n* натиск
~ **crossing** *adj* переправочно-десантный
~ **ship** *n* десантный корабль

assemble – *adj* сборочный; (also mount, fit) монтировать *impf,*
смонтировать *pf*
~-**disassemble, collapsible** *adj* сборно-разборный

assembly – *adj* монтажный, *n* сборка, сбор, (put together);
монтажная операция, монтаж
~ **area, forward (FAA)** *n* передовой район сборка
~ **line** *n* конвейер сборки

asset – *n* средство, резерв
decon ~s средства дегазаций
reconstituted ~s **(equipment)** средства/резерв для
восстановления вышедшего из строя оборудования

assign (allot, appoint to a position) – назначать *impf,* назначить
pf, переуступать *impf,* переуступить *pf* **assignation** *n*
назначение
assigned and attached *adj* подчинённый и приданный
assignment (position) *n* назначение; (work) задача

association, free trade ~ – *n., econ* свободная экономическая
зона

AN ENGLISH – RUSSIAN MILITARY DICTIONARY

Association of Southeast Asian Nations (ASEAN) *n, pol*
Ассоциа́ция госуда́рств Ю́го-Восто́чной Азии «АСЕА́Н«

assumption duties за/ступле́ние в наря́д *или* в до́лжность
atheism – *n* атеи́зм, безбо́жие **atheist** атеи́ст; безбо́жник
Atlantism, Atlanticism *n, pol* атланти́зм
Atlanticist *adj, pol* атланти́ческий, *n, pol* атланти́ст

atmospheric – *adj* атмосфе́рный ~ **pressure** *n* атмосфе́рное
давле́ние

atom, atomic – *adj* а́томный
~ **physicist** *n* а́томщик ~ **scientist** *n* а́томник ~ **theory** *n*
атоми́стика ~ **explosion** *n* а́томный взрыв

atrocities, commit ~ – зве́рствовать *impf*, соверша́ть *impf*
злодея́ния

attaché – *n, mil, pol* атташе́
commercial ~ *n* торго́вый атташе́ **cultural** ~ атташе́ по культу́ре
military ~ вое́нный атташе́ **naval** ~ вое́нно-морско́й атташе́
press ~ атташе́ по дела́м печа́ти **staff of the military** ~ вое́нный
атташа́т
attached subunit *n, mil* прида́нное подразделе́ние
attachment (units) *n* прида́ние, прикомандирование

attack – *n* ата́ка, нападе́ние, наступле́ние, уда́р
~ **by fire, bring under fire** обстреля́ть *pf,* обстре́ливать *impf*
~ **from the march** наступле́ние с хо́ду (ма́рша)
~ **frontally, head on** атакова́ть в лоб
~ **helicopter** *n* вертолёт-штурмови́к
~ **in waves** атакова́ть эшело́нами
~ **out of the blue** внеза́пное нападе́ние
conventional ~ обы́чная ата́ка
coordinated, uncoordinated ~ согласо́ванная, несогласо́ванная
ата́ка **deep penetration** ~ сквозна́я ата́ка
deliberate ~ пла́новый уда́р, пла́новая ата́ка
face an ~ противостоя́ть *impf* наступа́ющему проти́внику **feint** ~
ло́жная ата́ка **fixing** ~ ско́вывающий уда́р
flank ~ обхо́дная *или* фланго́вая ата́ка
follow-on ~ после́дующий уда́р
follow-on forces ~ уда́р по вторы́м эшело́нам

AN ENGLISH - RUSSIAN MILITARY DICTIONARY

frontal ~ лобовáя атáка
hasty ~ поспéшно-подготóвленное наступлéние
head-on ~ лобовáя атáка
launch under ~ *nuc* концéпция «зáпуска« в услóвиях неминýемого уничтожéния
main ~ глáвный удáр
meeting ~ (engagement) *n* встрéчный бой
mortar ~ *n* миномётный обстрéл

pinpoint ~ атáка тóчечной цéли
preparatory ~ предварúтельная атáка
round-the-clock ~s непрерывные атáки
spoiling ~ упреждáющий удáр

attacker – атакýющий, наступáющий
attacking to defending force ratio соотношéние чúсленности наступáющих и обороняющихся войск

attention – *n* внимáние
call someone's ~ to st обращáть *impf* чьё внимáние на что

divert ~ from st отвлекáть внимáие от чего pay ~ уделять *impf* внимáние

attorney – *n, leg* адвокáт, прокурóр
~ client privelage *n* прáво клиéнта на конфиденциáльность *f* общéния с адвокáтом district ~ окружнóй прокурóр
~-general генерáльный прокурóр

audit – *n* ревúзия, ревизовáть *impf & pf*; провéрка, проверять *impf,* провéрить *pf* auditor ~ *n* ревизóр
augmented – *adj* помнóженный
Auschwitz – *WW II hist* Освéнцим

austerity – *n* режúм стрóгой эконóмии; стрóгая эконóмия
~ campaign *n* кампáния за эконóмию
~ program *n* прогрáмма жёсткой эконóмии

autarky (national self sufficiency) – *n* автаркúя
authenticater – *n* лицó, удостоверяющее пóдлинность *f*
authentication (orders, documents, etc) *n* удостоверéние пóдлинности

AN ENGLISH – RUSSIAN MILITARY DICTIONARY

authority – *n* полномо́чие, разреше́ние
approving ~ *n* утвержда́ющая инста́нция, утвержда́ющий орга́н

delegate ~ наделя́ть *impf,* надели́ть пра́вом
delegated ~ *n* делеги́рованное полномо́чие
fast tracked ~ *n, pol* бы́строе прохожде́ние законов
providing ~ *n* дово́льствующий о́рган
authorized *adj* та́бельный, шта́тный

auto-release – *n* атвоспу́ск

autocracy – *n* самодержа́вие
automobile industry *adj* атвопромы́шленность *f*
autonomy – *n, pol* автоно́мия

atopsy – *n, med* ауто́псия, вскры́тие тру́па
autumnal – *adj* осе́ний
auxilary – *adj* вспомога́тельный
avalanche – *n, lit, fig* лави́на
Avar – *n, hist* ава́р

avenge; take vengeance on, for мсти́ть *impf* за + а.,
за/ото/мсти́ть *pf,*
avenue of approach – *n, mil* путь *m* подхо́да

average – *prefix* средно-, *adj* сре́дний
~ per capita *adj* среднедушово́й abovo вы́шо сре́диего
annual ~ *adj* среднегодово́й below ~ ни́же сре́днего daily ~ *adj*
среднесу́точный hourly ~ *adj* среднечасово́й monthly ~ *adj*
среднеме́сячный 10-day ~ *n* сре́днее дека́дное зна́чение
weekly ~ средненеде́льный world ~ среднемирово́й

aviculture – *n, agric* птицево́дство

aviation – *adj* авиацио́нный, *n* авиа́ция aviator *n* авиа́тор
avionics *n* авиацио́нная электро́ника

AVLB – *n, US mil* та́нковый мостоукла́дчик
AWACS – *n, US mil* АВАКС
AWOL – *n, US mil* быть в самово́льной отлу́чке

AN ENGLISH – RUSSIAN MILITARY DICTIONARY

axis – *n* ось *f*
main ~ (advance) *n* гла́вное направле́ние
main ~ of advance *n* направле́ние гла́вного уда́ра
main ~ of communication *n* гла́вная ли́ния свя́зи

Axis powers *n, Ge., It., Ja.; WW II* Ось/Оси; Ось Рим-Берли́н-Тóкио
ayatollah – *n, pol, rel* аятолла́

azimuth – *n* пе́ленг, áзимут
back ~ *n* обра́тный пе́ленг
magnetic ~ *n* магни́тный áзимут
true ~ *n* и́стинный áзимут

AN ENGLISH – RUSSIAN MILITARY DICTIONARY

B

backdoor entrance – *n* чёрный ход
backer, supporter – *n* оказывающий поддержку, *as a n* субсидирующий
backfill – *n, const* забутовка; обратная засыпка
backfire – *n, auto* обратное зажигание/приводить *impf,* привести *pf* к обратным рузультатам

background – *n* фон, задний план
against the ~ of crisis на фоне кризиса **~ noise** *commo, etc* фон, фоновый шум **stay in the ~** оставаться на заднем плане

backhoe – *n* обратная лопата
backlash – *n* отрицательная реакция; бумеранг
backpay – *n* плата задним числом
backwardness – *n* отсталость
backwater – завод; *fig* тихая завод
bacterial – *adj* бактерийный

badge – *n* знак
Campaign Badge *U.S. Army* знак за участие в кампании/операции
Combat Infantryman Badge (CIB) *U.S. Army* знак пехотинца за участие в боевых действиях **Driver Badge** *U.S. Army* знак «Отличный водитель« **Expert Infantryman's Badge** *U.S. Army* знак «Отличный пехотинец«
Good Conduct Badge *US Army* знак «За примерное поведение и службу« **Marksmanship Badge** *US Army* знак классности в стрельбе
Mechanics Badge *US Army* знак «Отличный механик«
special skill badge – знак специальной квалификации
Tanker's Badge *US Army* знак «Отличный танкист«

Baghdad – *adj, geo* багдадский, *n* Багдад

bail – *n* поручительство; брать *impf* на поруки
~ bond поручительство за явку ответной стороны в суд

balance, equilibrium point – *n* точка равновесия
~ of payment deficit *n* дефицит платёжного баланса
~ of power *n* баланс сил; равенство сил **on-hand ~** *n* наличный остаток

zero ~ *n* нулевóй остáток

Balkan – *adj* балкáнский
balkanization *n, pol* балканизáция **balkanize** балканизи́ровать *pf*
& *impf* **Balkans, the** *n, geo* Балкáны
Balfour Declaration – 1917, *Eng, pol* декларáция Бальфýра

ballot, vote by ballot – *vi* баллоти́роваться *impf, n* баллотирóвка
run for election, be a candidate баллоти́ровать

Balto-Slavic – *adj* бáлто-славя́нский
banana republic – *n, pol* банáновая респýблика
bandwidth – *n, commo* ширинá полосы́ чхастóт
baptism of fire *n, mil* боевóе крещéние
bar, the ~ – *n, leg* адвокатýра

barbed wire – *n* колю́чая прóволока
~ **obstacle** прóволочное заграждéние
bargaining chip – *n* кóзырь на переговóрах; «козы́рная кáрта«
be used as a ~ быть испóльзованным в кáчестве кóзыря
barge, craft – *n* бáржа, десáнтно-вы́садочная бáржа
barley – *adj, agric* ячмéнный, *n* ячмéнь

barrage – *n, art* загради́тельный огóнь, огневóй вал
~ **fire** *art* загради́тельный огóнь **box** ~ *art* окаймля́ющий
загради́тельный огóнь **creeping** ~ *art* огневóй вал по рубежáм
electronic warfare ~ загради́тельные радиопомéхи
moving ~ *art* подвижнóй загради́тельный огóнь

barrier – *n* заграждéние, прегрáда, препя́тствие, барьéр
covering ~ *n* прикрывáющее заграждéние
mobility ~ заграждéние на пути́ движéния войск

base – *n* бáза
~ **of operations** операцóнная бáза **fire support** ~ бáза огневóй
поддéржки **host nation** ~ бáза размещáющей войскá страны́
intelligence data ~ бáза развéдывательных данных
logistical ~ бáза тыловóго обеспéчения
long term lease ~ бáза, арендóванная на долгосрóчной оснóве
offshore ~ прибрéжная бáза **prestocked forward** ~ передовáя
бáза с заблаговрéменно склади́рованной тéхникой

AN ENGLISH - RUSSIAN MILITARY DICTIONARY

based - *adj* бази́рованный
forward abroad ~ *mil* заморский район сосредоточения войск за рубежо́м **ground** ~ назе́много бази́рования **rear** ~ **system** систе́ма тылово́го бази́рования **sea** ~ морско́го бази́рования **ship** ~ корабе́льного бази́рования **silo** ~ ша́хтного бази́рования **space** ~ косми́ческого бази́рования **submarine** ~ подво́дного бази́рования **airbased** возду́шного бази́рования **baseline** исхо́дная ли́ния

basic load (army, ammo) - *n* боекомпле́кт
Basque separatists - *n, Sp pol* ба́скские сепарати́сты

basis - *adj* ба́зисный, *n* ба́зис, осно́ва, основа́ние
on a case-by-case ~ по при́нципу рассмотре́ния ка́ждого конкре́тного слу́чая
on a mission-by-mission ~ с учётом ка́ждой отде́льной зада́чи/це́ли **on a need to know** ~ по при́нципу служе́бной необходи́мости **on a prioritized** ~ по при́нци первоочерёдности/потре́бностей
on a rotational ~ в поря́дке очерёдности **on a sustained** ~ в тече́ние продо́лжительного пери́ода **on an as required** ~ на осно́ве необходи́мых потре́бностей **on an on-call** ~ по зая́вке/вы́зову **on an ongoing** ~ по ме́ре поступле́ния (информа́ции)

battalion (BN) - *adj, mil* батальо́нный, *n* батальо́н *adj, art* дивизио́нный, *n, art,* дивизио́н
~ **aid station** батальо́нный медпу́нкт
~ **ammo point** батальо́нный патро́нный пункт
combat sapper BN сапёрно-штурмово́й батальо́н
motorcycle BN мотоцикле́тный батальо́н
penal BN (Sov) штрафно́й батальо́н, *abbrev* штрафба́т
signals BN батальо́н свя́зи **training BN** уче́бный батальо́н

battery - *n, art* батаре́я/батаре́йный
flash-ranging ~ *n, art* светоразве́дывательная батаре́я

battle, combat, fighting - *adj* боево́й, *n* би́тва, бой, сраже́ние
~ **cruiser** *nav* лине́йный кре́йсер
~ **experience** боева́я пра́ктика, боево́й о́пыт
~ **fatigue** боево́е истоще́ние, психи́ческая тра́вма
~ **for air superiority** *n* борьба́ за превосхо́дство в во́здухе
~ **for/of Britain (WW II; 1940-41)** «би́тва за А́нглию»

AN ENGLISH – RUSSIAN MILITARY DICTIONARY

~ for the Atlantic (WW II) «битва за Атлантику»
~ handoff *n* передача ответственности за боевые действия
~-hardened, seasoned закалённый в боях; *adj* обстрелянный
~ honors боевые почести
~ of Agincourt (Hundred Years' War, 1415) битва при Азенкуре
~ of Austerlitz (Fr., 1805.) Аустерлицкое сражение
~ of Breitenfeld (30 Years' War, 1631) битва при Брейтенфельде
~ of Cannae (216 B.C.) битва при Каннах
~ of Jutland (WWI) ютландское морское боя/сражения
~ of Kosovo (1389) битва при Косово *indecl*
~ of Marathon (490 B.C.) битва при Марафоне
~ of Moscow битва за Моску
~ of Okinawa (1945) битва при Окинаве
~ of Passchendaele (WWI, 1917) Пашендельское сражение
~ of Poitiers (732 and 1356 A.D.) битва при Пуатье
~ of Stalingrad (1942-3) битва под Сталинградом
~ of the Marne (WWI) Марнское сражение
~ of Trafalgar (Fr., 1805) Трафальгарское сражение
~ of Tsushima (naval, 1905, Russo-Japanese War)
Цусимское сражение (в 1905 г.)
~ of Thermopylae (480 B.C.) битва при Фермопилах
~ of Verdun (WW I, 1916-17) сражение под Верденом,
Верденская битва   ~ of Waterloo (Fr., 1815) битва при Ватерлоо
indecl ~ of Wounded Knee, 1890 (US) битва «Раненого колена«
~ order боевой состав   ~ outposts боевое охранение
~ plan схема боя   ~ zone зона боевых действий
airland ~ *US mil. doctrine* воздушно-наземная операция
become battle-hardened, seasoned *vi* обстреляться *pf,*
обстреливаться *impf*
close-in ~ ближний бой
containment ~ сдерживающий бой
deep ~ глубокий бой
disengage(ment) from battle – *n* выход из боя, выходить из боя
drawn ~ безрезультатный бой
drawn-out затяжной бой
fight a losing ~ вести *pf* безнадёжную борьбу
general order of ~ общая группировка войск
wage ~ вести *pf,* привести *pf* бой
wage a deep ~ глубокий бой

Bay of Pigs conflict (Cuba, 1961) сражение при бухте Кочинос
Bay of Pigs invasion (Cuba, 1961) вторжение в районе
Плая-Хирон

AN ENGLISH – RUSSIAN MILITARY DICTIONARY

BBC (British Broadcasting Corporation) – *n* Би-Би-си

be at the crossroads – *fig, pol* ; *vi* находи́ться на пере-пу́тье
be in a shambles быть в упа́дке; быть в бе́дственном положе́нии
be situated, located *vi* располага́ться *impf*, расположи́ться *pf*

beach not/suitable for landing – *n, nav* уча́сток, не/благоприя́тный для вы́садки на бе́рег
beacon – *n* ра́диомая́к **close-in homing** ~ *n* бли́жний приводно́й ра́диомая́к
bearing, take a ~ пеленги́ровать, пеленгова́ть *pf & impf* ; брать *impf*, взять направле́ние *или* пе́ленг
become red-hot/white-hot раскаля́ться *impf* раскали́ться *pf* добела́/до́красна

Bedouin – *adj* бедуи́нский, *n* бедуи́н
beef – *adj* говя́жий, *n* говя́дина

beg – *vt* проси́ть *impf*, попроси́ть *pf* у кого́-н. де́нег; умоля́ть *impf*, умоли́ть *pf;* ни́щенствовать *impf*, попроша́йничать *impf*
beggar *n* ни́щий *m*, ни́щенка *f* **beggarly** *adj* ни́щенский, жа́лкий
beggary *n, soc* нищета́, ни́щенство

behead so – *vt* обезгла́вливать *impf*, обезгла́вить *pf* кого́
bellicose, militant, warlike – *adj* вои́нственный, вои́нствующий
BENELUX Economic Union – *n, econ* Экономи́ческий сою́з Бе́льгии, Нидерла́ндов и Люксембу́рга (БЕНИЛЮ́КС)
Berber – *adj, anthro* бербе́рский, *n* бербе́р *m*, бербе́рка *f*
Berlin blockade – *n, Ge hist, pol* блока́да Берли́на
Berlin Wall *n, Ge hist* Берли́нская стена́ **Berliner** *n* берли́нец *m*, берли́нка *f*

besieged – *adj and n* осаждённый
Bethlehem – *n, geo* Вифлее́м
biathlon – *n* биатло́н **biathlete** *n* биатлони́ст
bicameral – *adj* двухпала́тный **bicameralism** *n, pol* бикамерали́зм

Big Three; Stalin, Roosevelt and Churchill – *WW II hist* «Больша́я тро́йка«; Ста́лин, Ру́звельт, Че́рчилль
Big Five (US, Br, Fr, Ch, Sov WW II allies) «Больша́я пятёрка«

bigot – *n* фанáтик, мракобéс **bigoted** ~ *adj* фанати́ческий, фанати́чный **bigotry** ~ *n* фанати́зм, мракобéсие
Bill of Rights – *US leg* Билль *m* о правáх/пéрвые дéсять попрáвок к конститýции США

bio – *prefix* био-
biodegradable *adj* подвéрженный биологи́ческому разложéнию
bioengineering *n* биоинженéрия
biotechnology *n* биотехнолóгия
biodegradable подвéрженный бихими́ческому разложéнию

bipartisanship *n* двухпарти́йная систéма/поли́тика
bipolarity *n, pol* разделéние ми́ра на два лáгеря

birth – *n* рождéние
~ **certificate** *n* свидéтельство о рождéнии **birthrate** *n* рождáемость **low** ~ ни́зкая рождáемость

bi-yearly (every two years) выходя́щий раз в два гóда; (every six months) выходя́щий два рáза в год
bizonal – *adj* двухзонáльный

black – *adj* чёрный ~ **box (systems)** чёрный я́щик
~ **eye** *n* подши́бленный глаз ~ **market** «чёрный ры́нок»
blackball *so; reject so* забаллоти́ровать *impf* когó
blacklist чёрный спи́сок, вноси́ть (когó) в чёрный спи́сок
blackout затемни́ть *pf*, затемнéние; *n* светомаскирóвка
Black Death (bubonic plague) *n, hist* «чёрная смéрть» (бубóнная чумá)
Blackshirt(s) *It hist* чернорубáшечник(и) *m(pl)*

blade – *n* нож
bulldozer ~ нож бульдóзера **grader** ~ нож грéйдера
blaspheme – богохýльствовать *impf*, богохýльничать *impf*, кощýнствовать *impf* **blasphemer** *n, rel* богохýльник
blasphemous *adj* кощýнственный **blasphemy** *n* богохýльство, кощýнство

blastproof – *adj* взрывоустóйчивый
blip, mark, indicator – *n* отмéтка; отражённый и́мпульс (radar)
blitz (air war over England, 1940) – *n, mil hist* «блиц»
blitzkrieg – WW II *hist* «бли́цкриг»/молниенóсная войнá

AN ENGLISH – RUSSIAN MILITARY DICTIONARY

bloc – *n, pol* блок
enter into a ~ вступáть *impf* в блок
military-political ~ *n* воéнно-политúческий блок
leave *or* **secede from a ~** вы́йти *pf* из блóка

blockade – *n* блокáда
~ lifting *n* деблокáда **raise a ~** снимáть *impf*, снять *pf* блокáду;
деблокúровать *pf & impf* **run a ~** прорывáть *impf*, прорвáть *pf*
блокáду **set up a ~** устанáвливать *impf*, установúть *pf* блокáду

bloodhound, police dog – *n* розыскнáя собáка
bloodshed *n* кровопролúтие **bloody** *adj* окровáвленный

bluff, call a ~ – не позвóлить обманýть себя́

board – *n* комúссия, совéт, планшéт, пульт
~ of inquiry *n, US mil* слéдственная комúссия
equipment status ~ *n, US mil* таблúца учёта состоя́ния
материáльной чáсти
fire adjustment ~ *n, US mil* планшéт-коррéктор
inquiry ~ *n* комúссия по расслéдованию
map ~ *n, US mil* кáрта-планшéт
plotting ~ *n, US mil* ; *art & chem* планшéт-коррéктор
status ~ *n, US mil* доскá информáции; планшéт обстанóвки
unit-manning ~ *US mil* штáтное расписáние подразделéния

boat – *n* лóдка
assault ~ штурмовáя лóдка **collapsible ~** складнáя лóдка
inflatable, pneumatic ~ надувнáя лóдка **motor torpedo ~** (PT
boat) *mil* торпéдный кáтер

Boche – *n, Ge WW II sl* бош

body – *n, mil* óрган, часть, соединéние
blue ribbon ~ *n* престúжный óрган
executive-administrative ~ исполнúтельный и распорядúтельный
óрган **parent ~** возглавля́ющий óрган
subordinate ~ подчинённый óрган
subsidiary ~ вспомогáтельный óрган
subversive ~ подрывнóе соединéние
supervisory ~ наблюдáтельный óрган

29

bog down, get stuck - застревáть *impf*, застря́ть *pf*

bogatyr (Ru medieval warrior hero) - *n* богаты́рь *m*
bogatyrs (collective term) *n* богаты́рство **heroic** *adj* богаты́рский

Boeing (US aircraft co.) - *n* «Бóинг« B-17 Flying Fortress,
«Летáющая крéпость« **B-24 Liberator** «Либерéйтор«
boiling point - *n, sci* тóчка кипéния

Bolshevik *adj* большеви́стский
Bolshevization/Bolshevize *n* большевизáция, большевизи́ровать
pf & impf
bolt handle (rifle) - *n* рукоя́тка затвóра

bomb - *n* бóмба; (mortar) ми́на; (shell) снаря́д; бомби́ть *impf*,
разбомби́ть *pf* + i.
~ **crater** *n* ворóнка от бóмбы
~ **disposal** *n* обезврéживание неразорвáвшихся бомб
~ **shelter** *n* бомбоубéжище
~ **site** *n* разбомблённый учáсток
atomic ~ áтомная бóмба
bomb-load бóмбовая нагрýзка
concrete-piercing ~ бетонобóйная бóмба
conventional ~ обы́чная бóмба
delayed-action ~ бóмба замéдленного дéйствия
drop a ~ сбрáшивать *impf*, сбрóсить *pf* бóмбу
fragmentation, high-explosive ~ оскóлочно- фугáсная бóмба
hydrogen ~ водорóдная бóмба
incendiary ~ зажигáтельная бóмба, зажигáтельный снаря́д
load up ~s (load aircraft) грузи́ть *impf,* за/на/грузи́ть *pf*
бóмбами
neutron ~ нейтрóнная бóмба **practice** ~ бóмба прáктики
super ~ сверхмóщная бóмба **time** ~ бóмба замéдленного
дéйствия

bombard - *vt* бомби́ть *impf*, разбомби́ть *pf* + i.,
бомбардировáть *impf;* обстрéливать *impf*, обстреля́ть *pf*
bombardment, bombing *n* бомбёжка

bomber - *n* бомбардирóвщик, бомбовóз
stealth ~ бомбардирóвщик ти́па «стелтс«

AN ENGLISH - RUSSIAN MILITARY DICTIONARY

bombing - *n, mil* бомбардирóвка **carpet** ~ коврóвая бомбардирóвка **precision** ~ прицéльное бомбомéтание

bona fides - *n, latin* чéсность *f*
Bonapartism - *n, Fr hist* бонапартйзм
Bonapartist *n* бонапартйст

bond - *n* залóга **grant a** ~ отпускáть *impf* на порýки **levy a** ~ определять *impf* сýмму залóга **release on** ~ освобождáть *impf* на порýки

booby trap - *n* мйна-ловýшка

book - *n* кнйга
go by the ~ *coll* слéдовать прáвилам **bookmaker** *n* букмéкер
bookseller *n* кнйжник **bookworm** *n* кнйжник

border - *adj* погранйчный, *n* гранйца
~ **or neighbor (on)** гранйчить *pf* ~ **incident** *n* погранйчный инцидéнт ~ **post** пограничный пóст

boresight and zero - *n, mil* вьіверка лйнии прицéливания и пристрéлка **boresighting** *n, mil* провéрка прицéльной лйнии

Bosnia and Herzegovina *n, geo* Бóсния и Герцеговйна
Bosphorus - *n, geo* Босфóр
Boston Massacre (US hist, 1770) - Бóстонская резня
Boston Tea Party (US hist, 1773) «Бóстонское чаепйтие«
bow to pressure - уступáть *impf* давлéнию

Boxer's Rebellion - *Ch hist,1900* Боксёрское восстáние
boycott *n* бойкóт, *vt* бойкотйровать *pf & impf*

bracket - *n, mil* вйлка
~ **a target** захватйть *pf* цéли в вйлку **split the** ~ половйнить вйлку
Brahma (the Creator; first member of the Hindu Trimurti) - *rel* Брáхма

brain - *adj* мозговóй , *n* мозг
~ **concussion** сотрясéние мóзга ~ **drain** «утéчка мозгóв«
brainwashing «промывáние мозгóв«

branch (of service) - *n, mil* род (слу́жбы) ~ **insignia** зна́ки разли́чия ро́да войск
brass knuckles - *n* касте́т

breach - *n* бре́шь; наруше́ние
~ **of confidence** наруше́ние ока́занного дове́рия ~ **of duty** наруше́ние долга́ ~ **of the peace** наруше́ние обще́ственного поря́дка

breakable - *adj* ло́мкий **breakage** *n* поло́мка
breakdown *n* отка́з, вы́ход из стро́я, поло́мка
complete ~ (failure (equipment, systems) по́лный отка́з
~ (of equipment) слома́ться *impf* ~ or accident rate *n* авари́йность **total** ~ (plans, etc) по́лный прова́л/распа́д/срыв
breakeven point *n* то́чка безубы́точности **break-out of encirclement** *n* вы́ход из окруже́ния
break-through *n, dip, mil* проры́в
Brusilov breakthrough (Ru WW I, 1916) - *n, hist* Бруси́ловский проры́в

Brezhnevism (Sov econ & pol stagnation) - бре́жневщина

bribe - *n* взя́тка, по́дкуп **briber** взя́тодатель *m*, взя́тодательница *f* **bribery** *n* взя́тоничество **person taking a bribe** *n* взя́точник

bridge - *n* мост
~ **crossing** мостова́я перепра́ва
~ **laid by a bridgelayer** мост, уло́женный с по́мощью мостоукла́дчика ~ **prepared for destruction** мост, подгото́вленный к взры́ву ~ **span** пролёт моста́
air, airlift ~ возду́шный мост **arched** ~ а́рочный мост
AVLB раздвижно́й мост
Bailey ~ мост систе́мы Бейли **blown** ~ взо́рванный мост
fixed ~ неподви́жный *или* неразводно́й мост
floating ~ мост на плаву́чих опо́рах; наплавно́й мост
girder ~ ба́лочный мост **pontoon** ~ понто́нный мост
prefab ~ сбо́рный мост **standard** ~ та́бельный мост
suspension ~ вися́чий мост **two-way** ~ двухпу́тный мост
vehicular ~ автомаши́нный мост
bridgelayer *n* мостоукла́дчик **tank** ~ та́нковый мостоукла́дчик
bridgehead *n, mil* плацда́рм
airborne ~ плацда́рм, захва́ченный возду́шным деса́нтом

amphibious ~ плацда́рм, захва́ченный морски́м деса́нтом **contain a** ~ уде́рживать *impf* плацда́рм **establish a** ~ захва́тывать *impf* плацда́рм **seal off a** ~ изоли́ровать *pf & impf* плацда́рм

briefer – *n* лицо́, проводя́щее инструкта́ж с кра́ткой информа́цией **briefing** *n* инструкта́ж **order of battle** ~ *n, mil* рекогносциро́вка

brig – *n, nav* бриг
brigade (BDE) – *adj* брига́дный, *n* брига́да **air assault BDE** – возду́шно-штурмова́я брига́да **separate armored/infantry BDE (SAB/SIB)** отде́льная бронета́нковая/бронепехо́тная брига́да
brinkmanship (US pol; 1950s and JF Dulles) – *n* балансирова́ние на гра́ни войны́

British – *adj* брита́нский
British Army of the Rhine (BAOR, Br mil) *n, mil* Брита́нская Ре́йнская а́рмия (БРА) **British Commonwealth of Nations** *n, Br pol* Брита́нское Содру́жество На́ций **Britisher** *n* брита́нец *m*, брита́нка *f*
Brittany *n, Fr geo* Брета́нь

broadcast, broadcasting – *adj* радиовеща́тельный, трансляцио́нный, трансля́ция; передава́ть *impf*, переда́ть *pf* по ра́дио

broken – *adj* сло́манный (machinery), ло́маный *fig* ~ **English** *n* ло́маный англи́йский язы́к ~ **family** *n* разби́тая семья́ ~ **ground** *n* пересечённая ме́стность ~ **leg** сло́манная нога́ ~ **man** сло́мленный челове́к ~ **sleep** *n* пре́рванный сон

brother-in-arms – *n, mil* сподви́жник
Brownshirt(s) – *It. Fascist* кори́чнево-руба́шечник(и)
bruise – *n, med* синя́к, крово подтёк
Brunei – *n, geo* Бруне́й

brutalization – *n* ожесточе́ние **brutalize** ожесточа́ть *impf*, ожесточи́ть *pf*

bubonic – *adj* бубо́нный ~ **plague** *n, med* бубо́нная чума́
bucket loader – *n* ковшо́вый погру́зчик

AN ENGLISH – RUSSIAN MILITARY DICTIONARY

Buddha – *n, rel* Бу́дда *m*
Buddhism будди́зм **Buddhist** *adj* будди́йский, будди́ст

buddy system – *n, mil* па́рная систе́ма

bug – *n* дефе́кт, недоста́ток; сре́дство подслу́шивания
eliminate ~s (systems, processes) устраня́ть *impf*
недоста́тки/дефе́кты **install an eavesdropping ~** установи́ть *pf*
сре́дство подслу́шивания

build-up (of forces, etc) – *n* нара́щивание, сосредото́чение
(войск, и.т.д. **~ of war potential** нара́щивание вое́нного
потенциа́ла
built-in (installed) *adj* встро́енный, вде́ланный, вмонти́рованный
built-up point *n, mil* населённый пу́нкт

bulky, voluminous – *adj* объёмистый, объёмный
bulldoze – сноси́ть *impf* бульдо́зером

bullet – *n* пу́ля
~ wound *n* огнестре́льная ра́на
bulletproof *adj* пуленепробива́емый, пулесто́йкий
~ vest *n* бро́нежиле́т

bullying, hazing – *mil* (esp of Russian draftees) дедовщи́на
Bundeswehr (Ge mil est in 1956) – бундесве́р
bunji-pit – *n* я́ма-лову́шка

bureaucracy, red tape – *n* бюрократи́зм; *collective pl* бюрокра́тия
bureaucrat *n* бюрокра́т **become a ~** *vi* обюрокра́чиваться *impf*,
обюрокра́тится *pf* **bureaucratic** *adj* бюрократи́ческий
bureaucratism *n* бюрократи́зм

burglar *n* граби́тель *m*, взло́мщик
burglarize, burgle гра́бить *impf*, огра́бить *pf*
burglary *n* грабёж, кра́жа со взло́мом
burgomaster – *n, Ge pol* бургоми́стр

burn – *n, med* ожо́г
1st degree ~ ожо́г пе́рвой сте́пени **2nd degree ~** ожо́г второй
сте́пени
3rd degree ~ ожо́г тре́тей сте́пени

AN ENGLISH – RUSSIAN MILITARY DICTIONARY

Bushido ("the path of war"; Ja samurai code of conduct) –
бушидо (путь войны)

business, work – *adj* деловой
~-like, efficient *adj* деловитый

busybody – *n* хлопотун
butt-chewing, reprimand – *n, coll* головомойка
buy on credit – купить в кредит

by-pass – *n* объезд, обход, обходный путь;
обходить *impf*, обойти *pf (also fig)*
bystander – *n* зритель, прохожий
by touch or feeling – *adv* на ощупь
byproduct – *n* побочный продукт

Byzantium – *adj* Византийский; *n, geo, hist* Византий
Byzantine Empire (5th to 15th century) – Византия

AN ENGLISH – RUSSIAN MILITARY DICTIONARY

C

C-ration, MRE (meal, ready to eat) – *n, mil* продово́льственный паёк

cabal – *adj* кабалисти́ческий, *n* полити́ческая кли́ка
cabinet – *n, pol* кабине́т
~ **shuffle** *US, Br pol* перестано́вка в кабине́те мини́стров
kitchen ~ *US, pol* «ку́хонный кабине́т«
shadow ~ *Br pol* «тенево́й кабине́т«

cable – *n* про́вод, ка́бель *m*
co-axial ~ коаксиа́льный ка́бель **lay** ~ прокла́дывать *impf,* проложи́ть *pf* ка́бель **main** ~ магистра́льный про́вод **overhead** ~ возду́шный ка́бель **standard** ~ норма́льный про́вод **underground** ~ подзе́мный *или*

cache – *n* скры́тый запа́с
cadet – *n* курса́нт
caesarian section – *n, med* ке́сарево сече́ние
Cairo *n, geo* Каи́р
calculation, by someone's – по чьи́м подсчётам

calibrate – *tech* градуи́ровать *impf & pf,* калиброва́ть *impf*
calibration (instruments) *n* градуи́рование, градуи́ровка, калибро́вка

call for fire – *mil* вызыва́ть *impf,* вы́звать *pf* ого́нь; *n* вы́зов огня́
call sign *adj, mil* позывно́й, *n, comto* позывно́й сигна́л
call-up, military ~ *n* призы́в
camouflage – *n* камуфля́ж, маскиро́вка; маскирова́ть *impf,* замаскирова́ть *pf*
zebra striped ~ полоса́тая маскиро́вочная окра́ска
camouflaged *adj* замаскиро́ванный

camp – *adj* ла́герный, *n* ла́герь *m* ~ **inmate** ла́герник
Camp David Accord (US, Israel and Egypt, 1978) *n, hist* Кэмп-Дэ́видская сде́лка
displaced persons ~ **(DP)** ла́герь перемещённых
internment ~ ла́герь интерни́рованных лиц
prisoner of war ~ ла́герь военноплённых

AN ENGLISH – RUSSIAN MILITARY DICTIONARY

refugee ~ ла́герь бе́женцев

campaign – n кампа́ния
~ (for or against so), canvas so агити́ровать impf only;
coll сагити́ровать
~ to overtake the West economically (Khrushchev - Brezhnev era)
«догоня́евщина« low-key ~ сде́ржанная кампа́ния
peace campaigner n боре́ц за мир

candidacy, candidature – n кандидату́ра candate n кандида́т
cannibalization (equipment parts) – n, mil сня́тие го́дных дета́лей
с неиспра́вной материа́льной ча́сти; снима́ть impf, снять pf
го́дны дета́ли с неиспра́вной материа́льной ча́сти; "разде́ть",
"раскула́чить" pf маши́ну

cannon fodder – n, coll «пу́шечное мя́со«

capabilities, fighting ~ – npl боевы́е возмо́жности
capability, cross-country ~ вездехо́дность

capacity – n вмести́мость f
freight ~ грузова́я вмести́мость load ~ грузоподъёмность f
seating ~ вмести́мость storage ~ вмести́мость

capital prefix капитало■
~ intensive adj, bus капиталоёмкий
~ offense n, leg преступле́ние, кара́емое сме́ртью
~ punishment сме́ртная ка́знь
institute ~ punishment вводи́ть impf, ввести́ pf сме́ртную ка́знь
reinstate ~ punishment восстановля́ть impf, восстанови́ть pf
сме́ртную ка́знь
working ~ n оборо́тный капита́л
Capitol Hill (US Congress) – n, pol Капитоли́йский холм

captaincy – n зва́ние/до́лжность/чин капита́на
captive – adj пле́нный, пле́нник take ~ брать impf, взять pf в
плен captivity n захва́т в плен, be in ~ быть в плену́ captor
взя́вший в плен
caravan – n карава́н

car, automobile – adj автомоби́льный, n автомоби́ль m
~ bomb n автомоби́ль-бо́мба ~ model n автомоде́ль f
~ modeller n автомодели́ст

~ **mechanic** *n* автомеха́ник ~ **modelling** *n* автомодели́зм
~ **racing driver** *n* автого́нщик **reckless** ~ **driver** *n* автолиха́ч
~ **or road accident** *n* автоава́рия, автопроисше́ствие
~ **transporter** *n* автомобилево́з
box ~ *n, rr* кры́тый ваго́н
get-a-way ~ *n* маши́на, испо́льзованная при побе́ге
race ~ *n* автого́нка **carjacker** *n* автово́р; уго́нщик маши́ны

carbon dating – *n, sci* ра́диоуглеро́дный ана́лиз
carbon monoxide fumes, poisoning *adj* уга́рный , *n* уга́р

card – *n* ка́рточка
identity ~ идентификацио́нная ка́рточка, *n* удостовере́ние
ли́чности **range** ~ *mil* ка́рточка огня́, ка́рточка для стрельбы́,
ка́рточка за́писи стрельбы́, *n* схе́ма ориенти́ров

cardio-vascular – *adj, med* серде́чно-сосу́дистый

care – *n* попече́ние; забо́тливость; забо́та
due ~ до́лжная забо́тливость *f* **great** ~ *n* сте́пень забо́тливости
reasonable ~ разу́мная забо́та **slight** ~ небольша́я сте́пень
забо́тливости **utmost** ~ найвы́сшая забо́тливость

career woman – *n* делова́я же́нщина **careerist** *n* карьери́ст

cargo, freight – *n* груз
~, **goods, freight traffic** *n* грузопото́к ~ **transfer** переда́ча гру́зов
~, **goods freight turnover** *n* грузооборо́т
air-delivered ~ возду́шный *или* деса́нтный груз
average ~ сре́дний груз **bulk goods** ~ груз нава́лом
bulk liquid load ~ груз нали́вом **containerized** ~ конте́йнерный
груз **deck** ~ па́лубный груз **essential** ~ необходи́мый груз
essential ~ **supplies** груз первостепе́нной ва́жности
free flowing ~ груз на́сыпью **military stores** ~ во́инский груз
mixed ~ сме́шанный груз **oversized** ~ негабари́тный груз
palletized ~ груз на поддо́нах; паке́тный груз
palletized helicopter borne ~ вертолётный груз на вне́шней
подво́ске
priority or urgent ~ сро́чный груз **return** ~ обра́тный груз
standard ~ типово́й груз **standardized size** ~ **within gauge**
габари́тный груз

AN ENGLISH - RUSSIAN MILITARY DICTIONARY

carnivorous - *adj* плотоя́дный
Carolingian (2nd Frankish Dynasty, 751- 843 A.D.) -
adj кароли́нгский, *npl* Кароли́нги

carrier, aircraft ~ - *n, nav* авиано́сец
~ pigeon *n* почто́вый го́лубь *m*
~ strike force *n, nav* авиано́сное уда́рное соедине́ние
helicopter ~ *n* деса́нтный вертолётоно́сец

carte blanche - *n, fig* карт-бла́нш
cartography *n* картогра́фия cartographic *adj* картографи́ческий
cartographer *n* карто́граф
case hardened - *adj* цементи́рованный case hardening *n*
цемента́ция case in point *n* рассма́триваемое де́ло

cash - *npl* нали́чные де́ньги
~ flow *n, bus* движе́ние де́нежной нали́чности
~ on delivery *n* нало́женным платежо́м
~ payment *n* упла́та нали́чными
negative ~ flow *n, bus* отрица́тельный пото́к нали́чности

caste - *adj* ка́стовый, *n* ка́ста high *n* вы́сшая ка́ста lower *n*
ни́зшие ка́сты ~ system *n, soc* ка́ста

casualties - *n, mil* пораже́нный, поте́ри, ра́неный, уби́тый
accept ~ мири́ться *impf*, помири́ться *pf* с поте́рями
battle ~ боевы́е поте́ри
civilian ~ поте́ри среди́ гражда́нского населе́ния
collateral ~ ко́свенные поте́ри estimated ~ предполага́емые
поте́ри nonbattle ~ небоевы́е поте́ри
preventable ~ предотврати́мые поте́ри

casualty - *n, mil* ра́неный, *n* уби́тый
chemical ~ *n, mil* поражённый ОВ
cold weather ~ *adj* обморо́женный
lightly/seriously wounded ~ легко́/тяжело́/ра́неный nerve agent
~ поражённый ОВ не́рвно паралити́ческого де́йствия stretcher
~ *adj* носилочный ра́неный

casus belli - *n, latin, pol* ка́зус бе́лли; по́вод к войне́
catalogue - *vt* каталоги́ровать *pf & impf*
catalyst - *n* катализа́тор

AN ENGLISH – RUSSIAN MILITARY DICTIONARY

catapult – *n* катапу́льта, *vt* (*vi*) катапульти́ровать(ся)
~ ejection seat *n* механи́зм катапульти́руемого кре́сла

catch so napping – *vt* застига́ть *impf*, засти́гнуть *pf* кого
враспло́х catching fire *n* загора́ние

cattle – *adj, agric* ско́тный, *n* скот, *collective pl* скоти́на
~ breeder *n* скотово́д ~ breeding *adj* скотово́дческий,
n скотово́дство ~ dealer *n* скотопромы́шленник ~ dealing *adj*
скотопромы́шленный ~ man, herdsman, herd *n* ско́тник
~ raising, husbandry *adj* скотово́дческий, *n* скотово́дство
~ rustler *n* скотокра́д ~ rustling, stealing *n* скотокра́дство
~ trade, dealing *n* скотопромы́шленность *f*
~ yard *n* скотный двор, скотоприго́нный двор

cause-and-effect relationship – *n, sci* причи́нно-сле́дственная
связь *f*
cavalry(collective term) – *n, mil* ко́нница cavalryman ко́нник

CBR environment (mil, chem, bio, radiation) – *n* обстано́вка
обусло́вленная примене́нием ору́жия (ХБР)
cease-fire *n* прекраще́ние огня́

ceiling – *n, avn* стати́ческий потоло́к ~ strength преде́льная
чи́сленность *f*
censor – *n* це́нзор, цензурова́ть *impf,* подверга́ть *impf,*
подве́ргнуть *pf* censorship цензу́ра
census – *n* пе́репись take a ~ производи́ть *impf,* произвести́ *pf*
пе́репись

center of gravity – *n* центр тя́жести *f*

Central Powers (Ge, A/H, Bulgaria, Turkey; WW I) –
Центра́льноевропе́йские держа́вы

centralist *n* сторо́нник централзи́ма centralization
централиза́ция centralize централизова́ть *pf & impf*
centrism – *n, pol* цетри́зм centrist *n* цетри́ст

certify/certified – *adj* удостове́ренный, заве́ренный,
удостоверя́ть *impf*
chaff (radar jamming) – *n, mil* дипо́льные отража́тели

AN ENGLISH – RUSSIAN MILITARY DICTIONARY

chain – *n* цепь, ряд
~ **of command** *npl* командные инстанции, *n* порядок подчинённости ~ **of events** цепь/ряд событий ~ **reaction** *lit, fig* цепная реакция ~ **saw** *n* цепная пила ~ **smoker** *n* табакоман

challenge and password – *n, mil* пароль *m* и отзыв
chancellery/the chancellorship – *n, Ge pol* канцелярия, канцлярство, звание канцлера

change of command – *n* смена командования
changeable (weather) *adj* переменчивый
changing of the guard *lit, fig* смена караула

channel – *n, gen* канавка, канал, паз
radio канал, *elec* тракт, *waterway* фарватер
~ **tunnel; the Chunnel** *n, Br* тоннель *m,* под Ла-Маншем
alternative ~ *commo* обходный канал
bypass ~ обходный канал
communications ~ канал связи
drainage ~ *n* водоотвод, дренажная канавка
radio ~ *n* радиоканал

chaplain – *n, rel* капеллан, священник
chaplaincy *n* звание/должность/чин капеллана

charge – *n, ammo, elec* заряд, зарядка, *elec* заряжать *impf,* зарядить *pf*
shaped ~ *n, ammo* боевой кумулятивный заряд

chargé d'affairs – *Fr dip* поверенный в делах
chariot, ~s – *n, hist* колесница, колесницы *nom pl*

chart, fire plan ~ *n, art* плановая таблица огня

chauvinist, jingoist – *adj* шовинистический; *n* шовинист; джингоист **chauvinism** *n* шовинизм, джингоизм

cheat – плутовать *impf,* на/с/плутовать *pf*
vt, (*vi*) обманывать(ся) *impf, vt,* (*vi*) обмануть(ся) *pf*
~ **sheet** *n* шпаргалки
cheater (person) *n* жулик, обманщик, плут
cheating *n* плутовство

AN ENGLISH - RUSSIAN MILITARY DICTIONARY

check (verify) - *adj* контро́льный, *n* контро́ль *m*, контроли́ровать
impf; проверя́ть *impf*, *n* прове́рка
~ and recheck *n* прове́рка и перепрове́рка ~s and balances
principle *n* при́нцип взаймозави́симости и взаймоограниче́ния
законода́тельной, исполни́тельной и суде́бной вла́сти
ID ~ *n* (identity) установле́ние ли́чности

radiation dosimeter ~ *n* дозиметри́ческий контро́ль *m*

Cheka (Sov security organization 1918-1922) - *adj* чеки́стский,
n, Sov Чека́ (чрезвыча́йная комми́сия по борьбе́ с
контрреволю́цией и сабота́жем)
Chekist, member of the Cheka ~ *Sov* чеки́ст

chemical - *adj* хими́ческий
~ decontamination asset *n* сре́дство дегаза́ций
~ specialist *n, mil* хи́мик
chemotherapy *n, med* химотерапи́я

chief of staff - *n, mil* нача́льник шта́ба

Chinatown - *n, soc* кита́йский кварта́л
chiropractor - *n, med* хиропра́ктик
cholera - *n, med* холе́ра

Christian - *adj, rel* христиа́нский, *n* христиани́н *m*, христиа́нка *f*
~ Democrats *n, Eur pol* христиа́нские демокра́ты
born again ~ *n, rel* новообращённый христиа́нин
Christianity *n, rel* христиа́нство Christianization *n, rel*
христианиза́ция, обраще́ние в христиа́нство
Christianize христианизи́ровать *pf & impf*, обраща́ть *impf*,
обрати́ть *pf* в христиа́нство; become Christian *vi*
христианизи́ровать *pf & impf*

chromosome - *n, sci* хромосо́ма

Church of England - *n, rel* Англика́нская це́рковь *f*
CIA - ЦРУ (Центра́льное разве́дывательное управле́ние)
CID (criminal investigation department) отде́л, департа́мент
уголо́вного ро́зыска
CIS (Commonwealth of Independent States; post-Sov) - *adj, coll*
эсэнго́вский

circumstance – *n* обстоя́тельство, ~s *n* усло́вие, обстоя́тельства
according to ~s смотря́ по обстоя́тельствам
aggravating ~s отягча́ющие обстоя́тельства
extenuating ~s смягча́ющие обстоя́тельства
in any ~ при любы́х обстоя́тельствах
justifiable ~s опра́вдывающие обстоя́тельства
mitigating ~s смягча́ющие обстоя́тельства
under no ~s ни при каки́х усло́виях/ обстоя́тельствах
under the ~s в да́нных усло́виях *или* обстоя́тельствах

civilian – *adj* шта́тский, *n* гражда́нское лицо́
citizenship – *n* гражда́нство, по́дданство

city – *prefix* гор-; *adj* городско́й
~ *or* **town, urban dweller** *ns* горожа́нин, *npl* горожа́не
~ *or* **town committee** *n* горко́м
~ *or* **town public health department** *n* горздравотде́л
~-**states** *n, hist* города́ - госуда́рства
hero-~ *n, Sov* WW *II* го́род- геро́й
satellite ~ *or* **town** *n* го́род-спу́тник
twin-cities *n, soc* города́-побрати́мы

civic – *adj* гражда́нский **sense of** ~ **duty** *n* гражда́нственность *f*

civil – *adj* госуда́рственный, гражда́нский
~ **defense troops** войска́ гражда́нской оборо́ны
~ **disobedience** *n, soc* гражда́нское неповинове́ние
~ **liberties** *n, soc* гражда́нские свобо́ды
~ **military cooperation** *n* вое́нно-гражда́нское сотру́дничество
~ **servant** *n* госуда́рственный слу́жащий

claim – *n* прете́нзия
clan – *n* клан, род; (clique) кли́ка; (large family) семья́, пле́мя
nt

class – *n, soc* класс
~ **conscious** *adj* кла́ссово-созна́тельный
~ **consciousness (Marxism)** *n* кла́ссовое созна́ние
~ **struggle (Marxism)** *n* кла́ссовая борьба́
lower classes ни́зшие кла́ссы **lower middle** ~ «низы́» сре́днего
кла́сса **middle** ~ сре́дний класс **merchant** ~ *n, bus* купе́чество;
купе́ческое сосло́вие **ruling** ~ пра́вящий класс

upper ~ вы́сшие кла́ссы upper middle ~ верху́шка сре́днего
кла́сса working ~ рабо́чий класс
classified (secret) *adj* засекре́ченный

classify (documents) – ста́вить *impf,* поста́вить *pf* гриф,
засекре́чивать *impf,* засекре́тить *pf, vt* классифици́ровать *pf &
impf*
classless *adj,* soc бескла́ссовый

cleansing, ethnic ~ этни́ческая чи́стка

clearance – *n* зазо́р, простра́нство, *adj* габари́тный, *n* габари́т
~ length, overall length *n* габари́тная длина́
~ limits *n* габари́тные преде́лы
~, overall dimensions *n* габари́тные разме́ры
~ width *n* габари́тная ширина́
rotar blade ground ~ зазо́р между ло́пастями винт и землёй
clearing, mine ~ *adj* размини́рованный
load within the loading or ~ gauge *n* габари́тный груз
obstacle ~ *n* разгражде́ние
overhead ~ or ~ height *n* габари́тная высота́

clerk – *adj* канцеля́рский, чино́вничий
n конто́рщик, (official) слу́жщий, чино́вник

client – *n* клие́нт
~ state госуда́рство-клие́нт clientele *n* клиенту́ра

cliff – *n* скала́, утёс
climatic – *adj* климати́ческий
climax (culminate) – *vi* кульмини́ровать *pf & impf*

climb – *vi* ла́зить *impf,* лезть *pf; vt* влеза́ть *impf,* влезть *pf* на +
а.; поднима́ться *impf,* подня́ться, *n* подъём, восхожде́ние
~ down a ladder слеза́ть *impf,* слезть *pf* с сле́стницы
~ over a wall перелезть *pf* че́рез сте́ну
rate of ~ avn ско́рость подъёма climbing speed (helicopter) *n*
скороподъёмность *f* mountain climbing *n* альпини́зм

clincher (deciding argument) – *n* реша́ющий до́вод
clinic – *n* кли́ника, диспансе́р ~ system, health system
n, med диспансериза́ция clinical *adj* клини́ческий

AN ENGLISH – RUSSIAN MILITARY DICTIONARY

clockwise – по часово́й стре́лке
cloning – *n, sci* клони́рование
closed up – в строя́х closing-up (moving together) – *n*
сближе́ние

coal – *adj* у́гольный, *n* у́голь
~ basin *n* у́гольный бассе́йн ~ fields, deposits *npl* у́гольные
месторожде́ния ~ gas *n* каменноуго́льный газ
~ industry углепромы́шленность
~ mine, pit *n* у́гольная ша́хта
~ miner, collier *n* углеко́п, шахтёр
hard ~ (anthracite) *n* антраци́т
mine ~ добыва́ть *impf*, добы́ть *pf* у́голь *m*

coast, sea–~ *n* морско́й бе́рег, побере́жье
coastal *adj* берегово́й, прибре́жный
~ command берегова́я охра́на
~ strip *n* прибре́жье, прибре́жная полоса́
~ traffic *n, bus* кабота́жное пла́вание
~ waters прибре́жные во́ды, взмо́рье
Coast Guard – *n, US* берегова́я охра́на

cobelligerency – *n* совме́стное веде́ние войны́ cobelligerent *adj*
совме́стно вою́ющий *n* сою́зная воюющая сторона́

codo – *n* ко́декс, свод
~ of honor ко́декс че́сти ~ of laws свод зако́нов
~ word *n* ко́довое сло́во co-educational совме́стного обуче́ния
break a ~ разга́дывать *impf*, разгада́ть *pf* код

co-defendant – *n, leg* соотве́тчик
co-ed – *n, US, coll* учени́ца сме́шанной шко́лы
co-education *n* совме́стное обуче́ние
co-educational *adj* совме́стного обуче́ния

codify *vt* кодифици́ровать *pf & impf*
coercion – *n* принужде́ние
collaboration – *n* сотру́дничество
collaborator *WW II* коллаборациони́ст, сотру́дник

collate (text) – слича́ть *impf*, сличи́ть *pf*, сопоставля́ть *impf*,
сопоста́вить *pf* collating *n n* сличе́ние, сопоставле́ние

45

colleague – *n* сослужи́вец, сотру́дник
collection point – *n, mil* сбо́рный пункт

collective – *adj* коллекти́вный; *n, Sov agric, etc* коллекти́в
~ **farm** *n* колхо́з ~ **farmer** *n* колхо́зник
~ **of builders** *n* нау́чный коллекти́в
~ **bargaining** *n, Sov econ* коллекти́вные перегово́ры
work ~ *npl* трудовы́е коллективы
to collectivize *Sov, vt* коллективизи́ровать *pf &impf*

be ~**d** *Sov, vi* коллективизи́роваться *pf & impf*
collectivization *n, Sov* коллективиза́ция

collision – *n* столкнове́ние
~ **course** *n* курс (корабля́, самолёта), при ко́тором неизбе́жно столкнове́ние

colonelcy – *n* зва́ние/до́лжность/чин полко́вника

colonist – *n* колони́ст *m*, колони́стка; (settler) поселе́нец
colonization *n* колониза́ция
colonize колонизи́ровать *pf & impf*; колонизова́ть *pf & impf;*
(settle in) заселя́ть *impf*, засели́ть *pf*
colonizer *n* колониза́тор

column – *n* коло́нна
close up a ~ *mil* замыка́ть коло́нну
closed ~ *mil* со́мкнутая коло́нна
open ~ *mil* разо́мкнутая коло́нна
columnist (newspaper) *n* обозрева́тель

combat – *adj* боево́й; *n, mil* бой,
~ **air patrol** *n* боево́е патрули́рование в во́здухе
~ **alert duty** *n* боево́е дежу́рство ~ **arm** *n* боево́й род войск
~ **capability** *n* боева́я спосо́бность ~ **crew** *n* боево́й расчёт
~ **initiative** *n* боева́я акти́вность ~ **operations** *npl* боевы́е
де́йствия ~ **power** *n* боева́я мощь *f* ~ **readiness** *n*
боегото́вность *f* ~ **strength** *n* боево́й соста́в

combined, composite, collated – *adj* сво́дный
combustion – *n* воспламене́ние, сгора́ние **spontaneous** ~ *n*
самовоспламене́ние

AN ENGLISH – RUSSIAN MILITARY DICTIONARY

come into contact – *mil commo* устанáвливать *impf*, установи́ть *pf* свя́зь; входи́ть *impf*, войти́ *pf* в контáкт come into operation (equipment) вступáть *impf*, вступи́ть *pf* в эксплуатáцию

Cominform (1947-1956) – *n, Sov pol* Кóминфóрм
Comintern (1919-1943) – *adj, Sov* Коминтéрновский, *n* Коминтéрн

command – *n* руковóдство, *n* (verbal order) комáнда, приказáние, (formation) комáндование; комáндовать *impf*, управля́ть *impf*, упрáвить *pf* + *inst*
~, control *n* управлéние войскáми *или* си́лами
~, control and communication (C3) *n, US mil* руковóдство, управлéние и связь *f*
~ post *npl* пýнкти управлéния
~ post exercise *n* комáндо-штáбное учéние
~ post rehearsal *n* комáндо-штáбная трениро́вка
bomber ~ бомбарди́ро́вочная авиáция
come or fall under ~ *vi* подчиня́ться *impf*, подчини́ться *pf*, поступáть *impf*, поступи́ть *pf* в подчинéние; подчиня́ться *impf*, подчини́ться
fighter ~ *n* истреби́тельная авиáция
integrated ~ structure *n, mil* интегри́рованная структýра комáндования
joint subregional ~ межвидово́е суброегионáльное комáндование
strategic air ~ *n* стратеги́ческая бомбарди́ро́вочная авиáция

commander – *n* команди́р
~-in-chief *n, mil* главнокомáндующий + i.
~'s intent *n, mil* решéние на операцию
army ~ *n* комáндующий áрмией
army group, front ~ комáндующий фро́нтом
battalion ~ *n* комбáт
bridge, fording ~ *n* комендáнт пýнкта перепрáвы
brigade ~ *n* комбри́г
corps ~ *n* комко́р
division ~ *n* комди́в
front ~ *n* комфро́нта
subordinate ~ *n* нижестоя́щий команди́р
superior ~ *n* начáльник, вышестоя́щий начáльник
task force, overall ~ общевойсково́й команди́р

47

AN ENGLISH - RUSSIAN MILITARY DICTIONARY

commandment, the Ten Commandments *n, rel* де́сять за́поведей

commando - *n* комма́ндос
commissariat - *n* интенда́нтство commissary *mil officer* интенда́нт; вое́нный магази́н

commission - *n* коми́ссия Trilateral Commission *US pol* Трёхсторо́нняя коми́ссия War Crimes Commission (WCC, UN) коми́ссия по дела́м вое́нных престу́пников (КВП, ООН)

commit - (perform) соверша́ть *impf*, соверши́ть *pf*
~ atrocities зве́рствовать *impf*, соверша́ть *impf* злодея́ния
~ to action вводи́ть *impf*, ввести́ *pf* в бой be committed to a theory/detente/a policy станови́ть *impf*, стать *pf* приве́рженцем како́й де́лу /тео́рии/разря́дки/поли́тики

commitment - *n* приве́рженность *f*
~ to detente/a policy *n* приве́рженность делу разрядки/поли́тики remain commited to so, st *vi* остава́ться *impf*, оста́тьсяpf ве́рным кому, чему
committee, steering ~ *n* руководя́щий комите́т

commodity - *adj* това́рный, *n* потребле́ния, предме́т, това́р

Commonwealth ~ *n, pol* содру́жество
~ British брита́нское Содру́жество
~ of Independent States *Ru pol* Содру́жество не зави́симых госуда́рст

communicate with, get in touch with - свя́зываться *impf*, связа́ться *pf* с + i. establish a radio link with свя́зываться *impf* с + I, связа́ться *pf*

communication - *adj* связно́й, *n* связь *f*
~ by runner пе́ший связно́й, пе́шая связь
~ breakdown *n* коммуникати́вный срыв
~ center *n* у́зел свя́зи ~ message *n* радиогра́мма
~ message blanks *npl* бла́нки радиогра́мм
microwave ~ связь на ультракоро́ткие во́лны (УКВ)
satellite ~ спу́тниковая связь
sea lanes of ~ *npl* морски́е коммуника́ции
secured ~ защищённая связь secured ~ line ли́ния засекре́ченной свя́зи

two-way ~ двусторо́нняя связь
communications (equipment) *npl* ра́диоэлектро́нные сре́дства
CEOI *US mil* переговóрная табли́ца
communiqué – *n* коммюнике́ *indecl*

communist – *adj* коммунисти́ческий, *n* коммуни́ст *m*,
коммуни́стка *f*
Communist Manifesto (K. Marx, 1848) *hist, econ* «Манифéст
коммунисти́ческой па́ртии«
Communist Party коммунисти́ческая па́ртия; компа́ртия

company – *adj* ро́тный; *n, mil* ро́та,
advance guard ~ рóта в состáве авангáрда
assault ~ штурмовáя рóта **HQ** ~ штабнáя рóта
recovery ~ эвакуациóнная рóта
tank-borne ~ танкодесáнтная рóта
training ~ учéбная рóта
by companies – *adv* порóтно

compass – *adj* кóмпасный, *n* кóмпас
~ **bearing** *n* кóмпасный пéленг ~ **course** *n* кóмпасный курс
~ **point** *n* румб

compensatory – *adj* компенси́рующий
complainant – *n, leg* жáлобщик, истéц
complainer *n* ны́тик *m, f*

compliance – *n* устýпчивость *f*, подáтливость *f*
послушáние **in** ~ **with his orders** соглáсно его прикáзам
compliant *adj* устýпчивый, подáтливый, послýшный

complicated, intricate – *adj* замысловáтый
component – *n* компонéнт, составнáя часть, детáль
composite – *adj* свóдный
compressed – *adj* сжáтый
computed – *adj* вычи́сленный, расчи́танный

computer – *adj* кибернети́ческий, компью́терный, *n* компью́тер
~-**aided design** *n* автоматизи́рованное проекти́рование
~-**assisted** *adj* автоматизи́рованный
~ **graphics** маши́нная грáфика
~ **hacker** *n* компью́терный взлóмщик

~ **programmer** *n* программи́ст
~ **programming** *n* программи́рование
~ **science** *n* вычисли́тельная те́хника
~ **software** *npl* аппара́тно-програ́ммные сре́дства
~ **virus** *n* кибернети́ческая зара́за
laptop ~ наколе́нный компью́тер
computerize *vt* оснаща́ть *impf*, оснасти́ть *pf* ЭВМ
computerization *n* компьютериза́ция

concave – *adj* во́гнутый

concentrated – *adj* сосредото́ченный
concentration *n* сосредото́чение **artillery** ~ *n* артиллери́йский
обстре́л **fires** ~ *n* сосредото́чение огня́
concentric – *adj* концентри́ческий

concept – *n* поня́тие, конце́пция, за́мысел
~ **of the operation** *mil* за́мысел опера́ция бо́я **conceptual** *adj*
поня́тийный

conciliate – примиря́ть *impf,* примири́ть *pf*
conciliation *n* примире́ние **spirit of** ~ *n* примире́нчество
conciliator, compromiser *n* примире́нец
conciliatory *adj* примире́нческий
conclusive, decisive – *adj* реша́ющий

concrete, to lay ~ – *vt* бетони́ровать *impf,* забетони́ровать *pf*
~ **dragon teeth (obstacle)** *npl* железобето́нные тетра́эдры
~ **piercing** *adj* бетонобо́йный

conditions – *npl* усло́вия
field ~ *n* похо́дно-боева́я обстано́вка
weather ~ метеорологи́ческие усло́вия

conduct – *vt* води́ть *impf,* вести́ *pf*
~ **of operations** *n, mil* проведе́ние опера́ций
conducting, managing *n* управле́ние
conductivity – *n, tech* проводи́мость, электропрово́димость

confederates (Am Civil War, 1861-65) – *npl* конфедера́ты
Confederation of the Rhine (Fr, 1806-1813) – *n, Nap hist*
Ре́йнский сою́з

conference – *n* совещáние call a ~ созывáть *impf*, созвáть *pf*
совещáние конферéнцию
Conference on Security and Cooperation in Europe (CSCE; est.
1975) *n, pol* Совещáние по безопáстности и сотрýдничеству в
Еврóпе (СБСЕ)
Yalta ~ (WWII, 1945) Крымская конферéнция
Potsdam ~ (WWII, 1945) Потсдáмская конферéнция
Teheran ~ (WWII, 1943) Тегерáнская конферéнция

confession, death-bed ~ – *n* предсмéртное заявлéние

confidence-building measures *n, pol* мéры довéрия
confidential; off the record – не подлежáщий оглашéнию

confinement – *n* (restriction) ограничéние, (imprisonment)
заключéние
confirmation, confirming – *adj* подтверждáющий, *n*
подтверждéние
confiscate – конфисковáть *pf* & *impf* confiscation *n*
конфискáция
conflict of interests – *n* коллизия интéресов
conformity – *n* соотвéтствие
confrontation – *n* противостоя́ние confronting *adj*
противостоя́щий

Confucian – *adj* конфуциáнский, *n* конфуциáнец
Confucius *n* Конфýций
conglomerate – *n* конгломерáтный, *n* конгломерáт
conglomeration *n* конгломерáт
congratulation, letter of ~ – *n* поздравительное письмó
congratulatory *adj* поздравительный

congressman – *n, US pol* конгрессмéн
conjunction, in ~ with совмéстно/сообщá с + i.
connecting, linking – *adj* связýющий
conquer – завоёвывáть *impf*, завоёвать *pf*, покоря́ть *impf*,
покорить *pf*
connivance – *n* потвóрство, попустительство
connive at *vi* потвóрствовать *impf* + d.

conscientious – *adj* добросóвестный, сóвестливый
~ objector *n* откáзывающийся от воéнной слýжбы по убеждéнию

conscientiousness *n* добросо́вестность, со́вестливость *f*

conscript - *vt* призыва́ть *impf*, призва́ть *pf* на вое́нную слу́жбу; *n* новобра́нец, призывни́к
conscripted *adj* при́званный на вое́нную слу́жбу
~ **soldiers** солда́ты-призывники́
conscription *n* во́инская пови́нность, (call-up, draft) призы́в на вое́нную слу́жбу

conservationist - *n* боре́ц за охра́ну приро́ды

consignee - *n* консигна́нт, грузополуча́тель *m*
consignment *n* (act of ~) отпра́вка, (goods) груз, па́ртия това́ра
consignor *n* грузоотправи́тель *m*

consolidate - закрепля́ть *impf,* закрепи́ть *pf*
~ **a beachhead** **consolidation** *n* закрепле́ние, закрепле́ние успе́ха

conspiracy *n* - за́говор, конспира́ция
conspirator *n* загово́рщик, конспира́тор
conspiratorial *adj* загово́рщический, конспира́торский

constitutionality - *n, pol* конституцио́нность *f*
construction - *n* стро́йка ~ **industry** *n* стройиндустри́я

consul - *n, pol* ко́нсул **consular** *adj* ко́нсульский **consulate** *n* ко́нсульство **consulship** *n* до́лжность ко́нсула
consultant - *n* консульта́нт **consultation** *n* консульта́ция
consultative *adj* консультати́вный, совеща́тельный
consumable - *adj* съедо́бный

contact, make ~ *commo* входи́ть *impf,* войти́ *pf* в связь; (with enemy) входи́ть в соприкоснове́ние, (keep contact with one's troops) подде́рживать связь *f*; (keep contact with the enemy) подде́рживать соприкоснове́ние

contagion - *n* зара́за **contagious** *adj* зара́зный

container - *n* конте́йнер, та́ра, сосу́д
~ **ship** *or* **carrier** *n* контейнерово́з, конте́йнерное су́дно
containerized *adj* конте́йнерный ~ **cargo, freight** *n* конте́йнерный груз

containing the enemy *n* ско́вывание проти́вника
containment (of enemy forces) ско́вывание, сде́рживание, сде́рживающие де́йствия

contaminate – заража́ть *impf,* зарази́ть *pf* **contamination** *n* зараже́ние, загрязне́ние

contingency – (uncertainty) *n* случа́йность *f,* слу́чай; (possible event) возмо́жное обстоя́тельство
~ **operation** *n, mil* опера́ция в осо́бой обстано́вке
~ **plan** *n, mil* план де́йствий в осо́бой обстано́вке, вариа́нт пла́на ~ **planning** плани́рование де́йствий при разли́чных вариа́нтах обстано́вки **contingent** *n, mil* *n* континге́нт

continuous – *adj* круглосу́точный **contraband** – *n* контраба́нда
contraceptives – *npl* противозача́точные сре́дства

contract – *n* подря́д, ~ **to build a bridge** – подряди́ться *pf,* вы́строить *pf* мост **breach of** ~ наруше́ние догово́ра/контра́кта
contractor *n* подря́дчик

contradictory *adj* противоречи́вый
Contras (Nicaraguan freedom fighters) – *n, pol* «ко́нтрас»

control – *n* контро́ль *m,* контроли́ровать *Impf,* проконтроли́ровать *pf*
~ **by fire** держа́ть под огнем ~ **center** *as a n* опера́торная
~ **experiment** *sci* контро́льный о́пыт
~ **of sea lanes** контро́ль *m* над морски́ми коммуника́циями
~ **panel** *n* пульт управле́ния
~ **room** *n* диспе́тчерская; пункт управле́ния
~ **tower** *n* диспе́тчерская; контро́льно-диспе́тчерский пункт, диспе́тчерская вы́шка
airspace ~ *n, mil* контро́ль возду́шного простра́нства
air traffic ~ *n* управле́ние возду́шным движе́нием
altitude ~ *n* управле́ние высото́й полёта
arms ~ *n, pol* контро́ль над вооруже́ниями
battlefield airspace ~ контро́ль *m* возду́шного простра́нства над по́лем бо́я
exercise ~ осуществля́ть *impf,* осуществи́ть *pf* управле́ние
fire ~ *art* управле́ние огнём
fire support ~ *art* управле́ние огнево́й подде́ржкой

price ~s *econ* контро́ль над це́нами
radio ~ net *n, mil* распоряди́тель
regain ~ восстана́вливать *impf*, восстанови́ть *pf* управле́ние
remote ~ equipment *n* аппарату́ра дистанцио́нного управле́ния
situation is under ~ наведён поря́док
wage ~ контро́ль *m* «за́работной пла́ты«
forward air controller (FAC) *n* передово́й авианаво́дчик
controlled supply rate *n* контроли́руемая но́рма снабже́ния

controversial - *adj* спо́рный, противоречи́вый
convalescent - *n & adj* выздора́вливающий
convention, international ~ - *n, pol* междунаро́дная конве́нция;
(congress) съезд

conversion - *n, rel* обраще́ние в + a.
convert *n, rel* новообращённый ~ to Islam перейти́ в исла́м
he ~ed to Buddhism он перешёл в будди́зм
converter, transformer, transducer - *n,* преобразова́тель

convex - *adj* вы́пуклый, вы́гнутый
conveyor belt - *adj* конве́йерный, *n* конве́йер
convict, a convicted person - *adj & n, leg* осуждённый,
ка́торжник; осужда́ть *impf,* осуди́ть *pf* (в чём)

convoy - *adj* конво́йный, *n* конво́й, конвои́ровать *impf,* вести́
под конво́ем
~ escort vessel *n, nav* конво́йное су́дно
under ~, escort *adj* конво́йруемый coolie - *n* ку́ли

coordinate - координи́ровать *pf & impf*
coordinated *adj* координи́рованный, согласо́ванный, сла́женный
coordination *n* согласова́ние, координа́ция
space ~ *n* согласо́ванное разреше́ние на испо́льзование
возду́шного простра́нства

copper - *adj* ме́дный, *n* медь *f* ~ plating омедне́ние

cooperation - *n* сотру́дничество
bilateral military ~ *n, mil* двусторо́ннее вое́нное сотру́дничество

copy - срисо́вывать *impf,* срисо́вать *pf*
corps - *adj, mil* ко́рпусной, *n* ко́рпус ~ commander *n, mil*
комко́р

correction - *n* попра́вка
~ **for the movement of a target** *mil* попра́вка на движе́ние це́ли
~ **for wear** попра́вка на изно́с ~ **for wind** попра́вка на ве́тер

corridor, aerial - *n* возду́шный коридо́р

corrode - *n, sci* разъеда́ть *impf*, разъе́сть *pf*; ржаве́ть *impf*, заржаве́ть *pf*

corrosion *n* корро́зия, разъеда́ние, ржа́вчина
corrosive *adj* е́дкий, коррози́йный; *lit, fig* разъеда́ющий

corrugated - *adj* гофри́рованный

corrupt - *adj* коррумпи́рованный, растле́нный; коррумпи́ровать *pf & impf* **corrupter (person)** *n* растли́тель
corruption *n* корру́пция, растле́ние

Cosa Nostra - *n, US soc* «ко́за но́стра«
Cossack - *adj, Ru* каза́цкий, каза́чий
Cossacks (collective term) - *n* каза́чество

cost of living - *n, soc, econ* прожи́точный ми́нимум
sell at cost прода́ть по себесто́имости

cotton - (plant) *adj* хлопча́тый, *n* хло́пок
~ **gin** *n* хлопкоочисти́тельная маши́на
~ **mill** *n* хлопкопряди́льная фа́брика
~ **grower** *n* хлопково́д
~ **picker** (person) *n* хлопкоро́б, (machine) *n* хлопкоубо́рочная маши́на ~ **spinner** *n* хлопкопряди́льщик

counsel - *n* сове́т
Counsel of Europe (Strasbourg, Fr) Европе́йский сове́т
Counsel for Mutual Economic Aid (Comecon, 1949-90) - *Sov, pol* Сове́т Экономи́ческой взаимопо́мощи (СЭВ)

countdown - (space) *n* отсчёт вре́мени

counter - *prefix* противо-, контр-
counteraction *n* противоде́йствие
counterclaim *n, leg* встре́чный иск, контробвине́ние

counterclockwise про́тив часово́й стре́лки
counter-countermeasures *n* контрпротиводе́йствие

countermeasures *n, mil* ме́ры противоде́йствия, контрме́ры
electronic countermeasures (**ECM**) *n* радиоэлектро́нное контрпротиводе́йствие

counter-intelligence *adj* контрразве́дывательный
~ **officer** *n* контрразве́дчик
countermand отменя́ть *impf*, отмени́ть *pf*
countermeasure *n* контрме́ра, встре́чная ме́ра
electronic detection ~ *npl* защи́тные сре́дства от радиоэлектро́нного обнаруже́ния
countermine *n* контрми́на **countermining** *n* контрмини́рование

countermobility measures *n, mil engr* ме́ры по сниже́нию подви́жности
counter-productive *adj* нецелесообра́зный
counter-reformation *n, rel* контрреформа́ция
counter-revolution *n* контрреволю́ция
counter-revolutionary *adj* контрреволюцио́нный
countersign *n, leg, mil* контрассигна́ция, контрассигнова́ть *pf, impf*
counter-terrorism operation *n* опера́ция по борьбе́ с террори́змом

countless, incalculable – *adj* несме́тный

country – *n* страна́
consuming ~ *n, econ* страна́-потреби́тель
creditor ~ *econ* страна́-креди́тор
debtor ~ *econ* страна́-должни́к
dependent ~ *econ* зави́симая страна́
developed ~ *econ* ра́звитая страна́
developing ~ *econ* развива́ющаяся срана́
difficult ~ (for mobility) труднопроходи́мая ме́стность
grain/weapons exporting ~ *econ* страна́, экспорти́рующая зерно́/ору́жие
grain/weapons importing ~ *econ* страна́, импорти́рующая зерно́/ору́жие
in the ~ за го́родом
landlocked ~ страна́, не име́ющая вы́хода к мо́рю

manufacturing, producing ~ срана́-производи́тель
member ~ страна́-член
nonaligned ~ неприсоедини́вшаяся страна́
nonmember ~ страна́, не являющаяся членóм
planned economy ~ страна́ с пла́новой экономикой

county – *n, leg, pol* гра́фство

coup – *n, pol* переворóт
~ **d'etat** *n, pol* госуда́рственный переворóт ~ **de grace** *n, mil*
заверша́ющий уда́р

course – *n* (movement, process) ход, течéние
(school) курс ~ **of action** *n, mil* óбраз дéйствий
~ **of events** ход собы́тий ~ **of the battle** *n* ход бóя
~ **of treatment** *n, med* курс лечéния
be, go on ~ идти́, ходи́ть; éхать, éздить по ку́рсу
refresher ~ *n* повтори́тельный курс

court, take someone to court – *vi* суди́ться *impf* с кем-н

cover, escort, screen – *vt* прикрыва́ть *impf*, прикры́ть *pf* (+ i.)
n прикры́тие **under** ~ **of** под прикры́тием + g.
~ **and concealment** *n, mil* укры́тие от огня́ и наблюдéния
~ **one's tracks** замета́ть *impf*, замести́ *pf* следы́
fighter ~, **escort** прикры́тие истреби́телями

coveralls, overalls *n* комбинезóн
covering force, barrier, screen *n, mil* заслóн
covering force area *n, mil* зóна прикры́тия

covert – *adj* скры́тый, секрéтный
coward – *n* трус **cowardly** *adj* трусли́вый

crane – *n* кран
truck-mounted ~ *n* автокран
vehicle-mounted ~ автомоби́льный кран

crash – *n* ава́рия, крушéние
~ **landing** соверша́ть *impf*, соверши́ть *pf* авари́йную поса́дку,
n авари́йная поса́дка ~ **program** *n* ускóренная програ́мма

AN ENGLISH – RUSSIAN MILITARY DICTIONARY

car ~, accident *n* автомоби́льная катастро́фа

crate – *n* упако́вочная кле́тка
crater – *n* воро́нка
fill a ~ засыпа́ть *impf*, засы́пать *pf* воро́нку hasty road
~ поспе́шно со́зданная воро́нка shell ~ воро́нка от разры́ва
снаря́да
cratering *n* образова́ние воро́нок cratering charges *n* созда́ние
воро́нок на доро́гах с по́мощью подрывны́х заря́дов

create an opening – пробива́ть *impf*, проби́ть *pf* брешь
creeping annexation – *n, pol* «ползу́чая анне́ксия»

crew – *n* брига́да, кома́нда, расчёт, экипа́ж
gun ~ оруди́йный расчёт mortar ~ миномётный расчёт
tank ~ *n* та́нковый экипа́ж

Crimea – *n, geo* Крым native of ~ крымча́к *m*, крымча́чка
Crimean *adj* кры́мский

criminal – *adj* престу́пный
Criminal Investigation (CID) *n* Уголо́вный Ро́зыск
~ underworld престу́пный мир «дно»
criminologist *n* кримино́лог
criminology *n* кримино́логия

crippled, maimed – *adj* искале́ченный

crisis – *adj* кри́зисный, *n* кри́зис
~ management *n* урегули́рование кри́зисов
~ situation monitoring *n* наблюде́ние за кри́зисной ситуа́цией

criterion, standard, measure – *n* мери́ло, крите́рий
critic – *n* кри́тик
critical *adj* крити́ческий
criticism, critique *n* кри́тика criticize *vt* критикова́ть *impf*
crony – *n* дружо́к, закады́чный друг cronyism *n* панибра́тство
crook – *n, coll* (criminal) жу́лик, моше́нник, проходи́мец

crop –*n, agric* урожа́й, жа́тва
~ failure, poor harvest, local famine *n* недоро́д
~ production *n* растениево́дство ~ rotation *n* севооборо́т

bumper ~ *n* реко́рдный урожа́й **field** ~ **growing, cultivation** *n* полево́дство **one** ~ *adj* монокульту́рный **one** ~ **system** монокульту́ра **one** ~ **country** страна́ монокульту́ры **one** ~ **economy** *n* эконо́мика осно́ванная монокульту́ре

cross – переходи́ть *impf,* перейти́
~ **the Rubicon** *fig* переходи́ть Рубико́н
~**-examine** *leg* подверга́ть (кого́) перекрёстному до́просу
~ **examination** *n, leg* перекрёстный допро́с
~ **section of society** *n, soc* срез о́бщества
~**-wind** *n, wea* боково́й ве́тер

croup – *n, med* круп
crucial, decisive – *adj* реша́ющий

cruise – крейси́ровать *impf*
~ **missile** *n* крыла́тая раке́та
cruiser, missile carrying ~ *n, nav, mil* раке́тный кре́йсер

cruising – *adj* кре́йсерский
~ **altitude** *n* кре́йсерская ско́рость *f*
~ **range** *n, avn* да́льность *f* полёта
~ **speed** *nav/avn* кре́йсерская ско́рость *f*, кре́йсерская ско́рость *f* полёта

crusade – *n* похо́д; **to** ~ идти́ в похо́д про́тив (чего́/за что)
crusader, ~s *ns* крестоно́сец, крестоно́сцы *пр*
crusades (1096-1499) *n, hist* кресто́вые похо́ды

cryptanalysis – *n* дешифро́вка криптогра́мм **cryptanalyst** *n* деширо́вщик

crypto – *prefix* крипто-
cryptographer *n* шифрова́льщик **cryptographic** *adj* тайнописный
cryptography *n* криптогра́фия **cryptogram** *n* тайнопись *f*

Cuba – *n, geo* Ку́ба **in** ~ на Ку́бе
Cuban *adj* куби́нский
~ **missile crisis** (US, Sov, 1962) Кари́бский кри́зис
~ **Revolution** (US, Sov, 1959) Куби́нская револю́ция /

cuirass – *n, Fr mil* кираси́р **cuirassier** – *n, mil hist* кираси́р/ы
cul-de-sac – *n* тупи́к

culminate – *vi* достига́ть *impf*, дости́гнуть *pf* вы́сшей то́чки *или* апоге́я **culmination** *n* кульмина́ция

culpable – *adj* вино́вный **culprit** *n*, *lit* престу́пник, *fig* вино́вник **cult of personality** – *n*, *pol* ку́льт ли́чности

cultivable – *adj* (of soil) приго́дный для возде́лывания; (of plants) культиви́руемый **cultivate** (of land) возде́лывать *impf*, возде́лать *pf*; (of crops) культиви́ровать *impf* **cultivated area** *n* посевна́я пло́щадь **cultivation** *n*, *agric* (of soil) возде́лывание, культива́ция, обрабо́тка; (of plants) культиви́рование, разведе́ние **cultivator** *n*, *mech* культива́тор

culture shock – *n* культу́рный шок **Cultural Revolution (PRC, 1966-76)** *n*, *PRC* «Культу́рная револю́ция»

culvert – *n* труба́ **road** ~ ка́менная труба́

cumulo-cirrus – *n* пе́ристо-кучевы́е облака́ **~-nimbus** *n* ку́чево- дождевы́е облака́ **~-stratus** *n* слойсто-кучевы́е облака́ **cumulus** *n* (cloud) кучевы́е облака́

curfew – *n*, *mil*, *soc* коменда́нтский час **impose a** ~ вводи́ть *impf*, ввести́ *pf* коменда́нтский час **lift a** ~ *n*, *mil*, *soc* отменя́ть *impf*, отмени́ть *pf* коменда́нтский час

currency – *n* валю́та, де́ньги **paper** ~ бума́жные де́ньги **gold** ~ золота́я валю́та **hard** ~ конверти́руемая валю́та **soft** ~ неконверти́руемая валю́та

current – *n* (air, water) струя́, пото́к; (course, tendency) тече́ние, ход **alternating** ~ *n*, *elec* переме́нный ток **direct** ~ *n*, *elec* постоя́нный ток

curriculum курс обуче́ния, уче́бный план ~ **vitae** (кра́ткая) биогра́фия

current – *n* (air, water) струя́, пото́к; (course, tendency) тече́ние, ход

alternating ~ *n, elec* переме́нный ток **direct** ~ *n, elec* постоя́нный ток

curve – *n* крива́я
bell-shaped ~ *n* колоколообра́зная крива́я
technical growth ~ **(bar graph, trends, etc)** крива́я, техни́ческого прогре́сса

custodian – *n* (guardian) опеку́н, (property) администра́тор, (caretaker) сто́рож

custody – *n* (guardianship) опе́ка, попече́ние
in safe ~ на хране́нии, на сохране́нии

take into ~ брать *impf*, взять *pf* под стра́жу, аресто́вывать *impf*, аресто́вать
give into ~ брать *impf*, взять *pf* под стра́жу, аресто́вывать *impf*, аресто́вать

customary – *adj* всегда́шний, обы́чный, привы́чный,

cut-back, curtailment – *n* свёртывание
~-in *n* включе́ние
~ of production, production ~ свёртывание объёма
~-off *n* отсе́чка

cutthroat, thug – *n* головоре́з

czarist – *adj* ца́рский

AN ENGLISH – RUSSIAN MILITARY DICTIONARY

D

Dachau (WW II, Ge concentration camp) – Дахáу

daily, day's, 24-hour – *adj* сýточный
~ **allowance, quota** *n* сýточная нóрма
~ **ration** *n* сутодáча, сýточный паёк
~ **strength report** *n* сýточная вéдомость *f*
~ **subsistence allowance** сýточные дéньги
dairy – *adj* молóчный, *n* маслодéльня, сыродéльный завóд

Dalai Lama – *n, rel* далáй-лáма *m*
damaged – *adj* повреждённый
Damascus – *n, geo* Дамáск
damp-proof – *adj* влагостóйкий, влагонепроницáемый
Dardanelles – *n, geo* Дарданéллы
darkness, under the cloak of ~ под покрóвом темнотьı

Darwinian – *adj, soc* дарвинúстский **Darwinism** *n, soc* дарвинúзм
Darwinist *n, soc* дарвинúст

data – дáнные *no sing*
~ **base** *n, comp* бáза дáнных
incoming, in-put ~ входньıе дáнные
outgoing, output ~ выходньıе дáнные
raw ~ необрабóтанные дáнные
recon ~ дáнные развéдки

date-time group – *n* грýппа числó-час, временнáя грýппа

day – *n* день *m* **Day of Atonement** *n, rel* Сýдный день
~ **of reckoning** *n* час расплáты
eight hour work ~ восьмичасовóй рабóчий день
D-Day (1944) – *WW II Fr* день «д«
judgement ~ день стрáшного судá
V-E Day День Побéды в Еврóпе, День Побéды над Гермáнией
V-E/V-J Day – *mil, US, WWII* День Побéды над Япóнией
daylight, at ~ *n* на рассвéте
daylight-saving time *n* лéтнее врéмя
dead reckoning – *n, nav, aeron* навигациóнное счислéние
deadline *adj* предéльный, *n* конéчный срок

meet a ~ успевáть *impf* , успéть *pf* закóнчить рабóту к устанóвленному срóку

deadlock – *n* тупи́к be in a ~ быть в тупикé break a ~ выходи́ть *impf*, вы́йти *pf* из тупикá come to a ~ зайти́ в тупи́к; попáсть в безвы́ходное положéние
deadly, lethal *adj* смертонóсный, смертéльный

deal, make a – заключáть *impf*, заключи́ть *pf* сдéлку

death – *adj* смéртный, *n* смерть *f*
~ camp *n* «лáгерь *m* смéрти« ~ penalty *n* смéртная казнь
~ rate *n, soc* смéртность *f* ~ row *n* «скамья́ смéртников« at, on ~'s door при́ смéрти be burnt to ~ сгорéть *pf* зáживо bleed to ~ истéчь *pf* крóвью drink os to ~ умерéть *pf* от пья́нство life after ~ *n* посмéртная жизнь
fight to the ~ би́ться *impf* не на жизнь, а на смерть; смéртный бой natural ~ естéственная смéрть
sentence to ~ приговори́ть *pf* к смéрти
prisoner sentenced to ~ *n* смéртник
starve to ~ умерéть *pf* голóдной смéртью
stone to ~ заби́ть *pf* камня́ми
violent ~ наси́льственная смерть
work oneself to ~ рабóтать *impf* на изнóс

debate – *n* прéния, обсуждéние
debrief – проводи́ть *impf*, провести́ *pf* опрóс пóсле задáния
debriefing – *n* опрóс пóсле задáния
debris – *general* облóмки *mpl*; (glass fragments)оскóлки *mpl*; (cave ins, etc)развáлины *fpl*

debt – *adj* долговóй, *n* долг
debtor's prison *n* долговáя тюрьмá
debug (security measures) – обнаружить *pf* и нейтрализовáть *pf* & *impf* скры́тые срéдства подслушивания
decadence – *n* упáдочничество

deceased – *adj* покóйный
the ~ *as a n* усóпший, умéрший; покóйник

decentralize – децентрализóвать *pf* & *impf*
decentralized *adj* децентрализóванный decentralization *n* децентрализáция

AN ENGLISH – RUSSIAN MILITARY DICTIONARY

deception – *n* обма́н, заблужде́ние, ввод в заблужде́ние
~ **measures** *npl* ме́ры по введе́нию проти́вника в
заблужде́ние **deceptive** *adj* маскиро́вочный, обма́нчивый,
(fradulent) *adj* обма́нный

decimal system – *n* десяти́чная систе́ма

decipher – дешифри́ровать *pf & impf*, расшифро́вывать *impf*,
расшифрова́ть *pf* **decipherer** *n* дешифро́вщик **deciphering** *n*
дешифро́вка

decision making – *n* приня́тие реше́ния
decisive – *adj* реша́ющий
declaration of war – *n* объявле́ние войны́
declassify – рассекре́чивать *impf*, рассекре́тить *pf*
declassified *adj* рассекре́ченный

decode – дешифри́ровать *pf & impf*, декоди́ровать *pf & impf*,
раскоди́ровать *pf & impf*
decoded text *n* расшифро́ванный текст
decoder *n* дешифра́тор
decoding *n* дешифри́рование, дешифро́вка

decolonization – *n, pol* деколониза́ция
decolonize деколонизи́ровать *pf & impf*
decommunization *n, pol* декоммуниза́ция

decontaminate – *CW* дегази́ровать *pf & impf*, *n* дегаза́ция; *nuc*
дезактиви́ровать *pf & impf*, *n* дезактива́ция; (water)
обеззара́живать *impf*, обеззара́зить *pf; BW*
decontamination *n* обеззара́живание ~ **area** обеззара́живание
ме́стности **emergency** ~ *n* неотло́жная дегаза́ция
spot ~ *n* части́чная дегаза́ция

decree – декрети́ровать *pf & impf*
decoy – *n* ло́жная цель, *fig, trap* западня́, лову́шка; (person or
thing used) прима́нка, собла́зн; *vt* зама́нивать *impf*, замани́ть
pf ; *vt* прима́нивать *impf*, примани́ть *pf*

dedicated (subordinated) – *adj* предназна́ченный, подчинённый
corps dedicated – ко́рпусного подчине́ния

AN ENGLISH – RUSSIAN MILITARY DICTIONARY

dedovshina (Ru Army draftee hazing) – *n, Ru mil* дедовщи́на

de-escalate – прекраща́ть *impf*, прекрати́ть *pf* эскала́цию
de-escalation *n, pol* деэскала́ция

de facto/de jure recognition – *n* призна́ние де-фа́кто/де-ю́ре
default, by default – *n* умолча́ние, по умолча́нию

defeat (crushing, utterly) – *n* пораже́ние, разгро́м, громи́ть
impf, разгроми́ть *pf* ~ **in detail** пораже́ние по частя́м
~ **one's own purposes** вреди́ть *impf*, повреди́ть *pf* самому́ себе́
defeated *adj* поражённый, побеждённый
defeatism *n* пораже́нчество
defeatist *adj* пораже́нческий, *n* пораже́нец; паникёр, паникёрство

defect – *mil* дезерти́ровать *pf* & *impf*, перебега́ть *impf*,
перебежи́ть *pf*; перейти́ *pf* в ла́герь проти́вника; переходи́ть
impf, перейти́ *pf* в ла́герь проти́вника; *n tech, sci* брак, дефе́кт,
изъя́н, недочёт
defection *n* дезерти́рство
defective *adj* дефе́ктный, неиспра́вный, повреждённый
defector *n, pol* невозвраще́нец *m*, невозвраще́нка *f*; перебе́жчик
m, перебе́жчица *f*

defend – обороня́ть *impf*, оборони́ть *pf*; защища́ть *impf*,
защити́ть *pf*
~, **stick up for so** заступа́ться *impf*, заступи́ться *pf* за + a
defended position обороня́емая пози́ция
defender *n* обороня́ющийся, защи́тник

defense – *adj* оборо́нный, *n* оборо́на
~ **capabilities** *n* обороноспосо́бность *f* ~ **in depth** *mil* глубо́кая
оборо́на, эшелони́рованная оборо́на ~ **industry** *n* оборо́нная
промы́шленность ~ **potential** *n* обороноспосо́бность *f*
~ **against fires** противопожа́рная оборо́на
air ~ *mil* зени́тная оборо́на **all-round** ~ *mil* кругова́я оборо́на
anti-gas ~ *mil* противохими́ческая оборо́на
anti-missile ~ *mil* противораке́тная оборо́на
anti-sub ~ *mil* противоло́дочная оборо́на
civil ~ *soc* гражда́нская оборо́на **coastal** ~ берегова́я оборо́на
deliberate ~ подгото́вленная оборо́на
hasty ~ *mil* поспе́шно- за́нятая оборо́на

AN ENGLISH - RUSSIAN MILITARY DICTIONARY

mobile ~ *mil* манёвреная, подвижная оборо́на
prepared for ~ обороноспосо́бный
protracted ~ *mil* затжяна́я оборо́на
set up ~ in depth *mil* эшелони́ровать оборо́ну
static ~ *mil* позицио́нная оборо́на
defenses *n* оборони́тельные сооруже́ния defensible *adj*
защити́мый defensive *adj* оборони́тельный ~ dispositions *mil*
оборони́тельное расположе́ние

defer (postpone) - отсро́чивать *impf*, отсро́чить *pf*; откла́дывать
impf, отложи́ть deferment *n* отсро́чка, откла́дывание

deficit - *n, econ* дефици́т, недоста́ток, недочёт, нехва́тка
defile - *n, geo* дефиле́ tank ~ та́нковое дефиле́
deforestation - *n* обезле́сение become deforested обезле́сеть *pf*
defused, disarmed (ammo) *adj* обезвре́женный
degenerate - *adj* дегенерати́вный, дегенери́ровать *pf & impf*,
n дегенера́т
degraded, become ~ дегради́ровать *pf & impf* degradation *n*
деграда́ция
Degtyarev - *Ru adj* дегтярёвский, *n* Дегтярёв
dehydrated - *adj* обезво́женный
dehumanize - *vt* дегуманизи́ровать dehumanizing
расчелове́чение deify - обожествля́ть *impf*, обожестви́ть *pf*
dekulakization - *n, Sov, 1930s* раскула́чивание
dekulakize *vt* раскула́чивать
delayed - *adj* заме́дленный, заме́дленного действия

delegate - делеги́ровать *pf & impf*
~authority наделя́ть *impf*, надели́ть *pf* пра́вом *m*
delegate, delegated *adj* делега́тский
delegation *n* делега́ция

Delhi - *n, geo* Де́ли *m, indecl*
deliberate - *adj* наме́ренный, умы́шленный

deliver - *vt* доставля́ть *impf*, доста́вить *pf*
delivery *n* доста́вка ~ man *n* сда́тчик ~ point *n* сда́точный пункт
delousing - *n* дезинсе́кция

delta - *n, geo* де́льта ~-shaped *adj* де́льтови́дный ~-winged
aircraft *n* де́льтови́дный самолёт

AN ENGLISH – RUSSIAN MILITARY DICTIONARY

demagogue – *n* демагóг
demagogic *adj* демагогúческий **demagogy** *n* демагóгия
demands (needs) – *n* потрéбность *f*

demobilize – демобилизóвать *pf & impf*

democrat – *n, pol* демокрáт
democratize *vt* демократизúровать *pf & impf*
become ~d, become democratic *vi* демократизúроваться

demographer – *n, soc* демóграф
demographic *adj* демографúческий **demography** *n* демогрáфия

demolish (buildings, etc) – сносúть *impf*, снестú; разрушáть *impf*, разрýшить *pf*
demolition *n, lit* снос, разрушéние
~ gang *n* подрывнáя бригáда **~ target** *n* подрывáемый объéкт

demoralization – *n* деморализáция **demoralize** деморализовáть *pf & impf*

denazify (post-WWII pol process) – денацифицúровать *pf & impf*
denazification *n* денацификáция

density – *n* плóтность *f*
gun ~ *art* артиллерúйская плóтность **fire ~** *art* плóтность огня́
mine ~ плóтность минúрования **traffic** ~ плóтность движéния

denuclearize – *vt* превращáть *impf*, преврати́ть *pf* в безъя́дерную зóну

deny (refuse) – отказывать *impf*, отказáть *pf* (кому в чём
~ possession to the enemy не давáть *impf* проти́внику овладéть
pf чем **~ the enemy his goal** препя́тствовать *impf*, (+ d.)
воспрепя́тствовать проти́внику в достижéнии егó цéли

department – *n* вéдомство, департáмент **war ~** воéнное вéдомство **departmental** *adj* вéдомственный

departure – *n, gen* отхóд, отправлéние
point of ~ исхóдное положéние

AN ENGLISH – RUSSIAN MILITARY DICTIONARY

dependability – *n* надёжность *f*
depersonalize – *vt* обезли́чивать *impf*, обезли́чить *pf*
depleted (troop strength) – уме́ньшенной чи́сленности; поредѐвшие си́лы; (uranium) *adj* обеднённый

deploy – развёртывать *impf*, развёрну́ть *pf*; дислоци́ровать *pf & impf*
be deployed, stationed *vi* дислоци́роваться *pf & impf*
deployment, distribution, stationing *n, bus, mil* дислока́ция
deployment *n, mil* развёртывание
covert ~ скры́тое развёртывание
troop ~ развёртывание во́йск

depoliticization – *n* деполитиза́ция **depoliticize** деполитизи́ровать *pf & impf*
depopulate – *vt* обезлю́дить *pf* **depopulated** *adj* обезлю́женный
become ~ *vi* обезлю́деть *pf* **depopulation** *n* сокраще́ние населе́ния
depot, motor transport ~ - *n* автоба́за
deport – высыла́ть *impf*, вы́слать *pf*, ссыла́ть *impf*, сосла́ть *pf*, депорти́ровать *pf & impf* **deportation** *n* депорта́ция
deportee *as a n* вы́сланный, высыла́емый, со́сланный

deposit, ~s (of ore) – *ns* за́лежь *f, npl* за́лежи; ро́ссыпь
oil ~s за́лежи не́фти
uranium ore ~s за́лежи ура́на

depot – *n* депо́, склад
ammo ~ склад боеприпа́сов **arms** ~ склад вооруже́ния
issuing ~ выдаю́щий склад **POL** ~ склад ГСМ *или* горю́чего

depth – *n* глубь *f*, (deepness) глубина́
~ **charge** *n* глуби́нная бо́мба **disposition in** ~ *n* эшелони́рование

dereliction of duty – *n* наруше́ние до́лга
descent – *n* сниже́ние

desegregate – десегреги́ровать *pf & impf* **desegregation** – *n* десегрега́ция

desert – дезерти́ровать *pf & impf*
Desert Storm *US, mil. 1991* «Бу́ря в пусты́не»

deserter, defector *n* дезертúр, перебéжчик **desertification** *n, geo* превращéние в пустыню; опустынивание **desertion** *n* дезертúрство

design, idea, project, plan, scheme – *n* зáмысел; замышлять *impf,* замыслить *pf*
designated *adj* (selected) выделенный, (assigned) назнáченный

desired force ratio – *n, mil* желáемое соотношéние сил и срéдств

destabilize – дестабилизúровать *pf & impf* **destabilization** *n* дестабилизáция
destalinization – *n, Sov pol* десталинизáция, десталинизúровать *pf & impf*

destroy in detail – уничтожáть *impf,* уничтóжить *pf* по частям
destroyed *adj* поражённый, сбúтый
destroyer *n, nav* эсмúнец; эскáдренный минонóсец

det cord – *n* детонúрующий шнур
detach (to) – *mil* командировáть *pf & impf* **detachable, removable** *adj* съёмный **detached (for duty)** *adj, mil* командирóванный

detachment – *n* комáнда, отделéние, отряд, расчёт
assault штурмовóй отряд **construction** – строúтельная комáнда **guard** ~ сторожевóй отряд
gun ~ орудúйный расчёт **security** ~ *n* застáва

detail – *n* комáнда, наряд
daily duty ~ сýточный наряд **fatigue** ~ *n* рабóчая комáнда
guard ~ караýльный наряд **in** ~, **separately** (isolate, destroy) *adv* пóрознь по частям
detainee – *as a n* задéржанный

detect – обнарýживать *impf,* обнарýжить *pf*
detection, location (act of) **discovery, spotting** *n* обнаружéние; *radio* детектúрование, *radar & radio* обнаружéние, поúмка
détente – *n, pol* «разрядка»

deterioration – *n* пóрча, повреждéние

AN ENGLISH – RUSSIAN MILITARY DICTIONARY

deterrence – *n, pol* устрашéние, сдéрживание
mutual ~ *n* стратéгия взаúмного сдéрживания
nuclear ~ *n* устрашéние протúвника ядерным орýжием
deterrent force *npl* сúлы сдéрживания

detrain – *vi* высáживаться *impf*, вýсадиться *pf* из эшелóна
detraining *n* выгрузка из эшелóна
detrucking – выгрузка из автотрáнспорта

"Deutschland uber alles!" (Nazi Ge) – «Гермáния превыше всегó!«
devastate, ravage – опустошáть *impf*, опустошúть *pf*
devastating *adj* опустошúтельный **devastation** *n* опустошéние
deviationist – *n, pol* уклонúст

device – *n* аппарáт, прибóр, приспособлéние, срéдство, механúзм, устрóйство
detection ~ срéдство обнаружéния
deception ~s срéдства дезориентáции
infra-red ~ инфракрáсный прибóр
labor saving ~ приспособлéние, экономящее сúлы
launch ~ *n* метáтельная устанóвка, пусковáя устанóвка
mine-clearing blade ~ *n* ножевóй трал
mine-clearing ~ *n, pl* мúнные трáлы
night observation ~ (NOD) прибóр ночнóго вúдения (ПНБ)
passive IR ~ *n* беспоздсвéточный/пассúвный ИК ПНБ
radio-jamming ~ мешáющее устрóйство
remote-controlled ~ телеуправляемый прибóр
time saving ~ приспособлéние экономящее врéмя

deviltry; idiocy – *n, fig, coll* чертовщúна
diagnosis – *n, med, sci* диáгноз **diagnostician** *n* диáгност
diagnostics *n* диáгностика
diagonally – по диагонáльи
diagram – *n* схéма, диаграмма **signal** ~ схéма связи
dialogue – *n* диалóг **continue the East-West** ~ *pol* продолжáть диалóг мéжду Востокóм и Зáпадом
diaspora – *n* диáспора, рассéяние
dictation – *n* диктáнт, диктóвка **dictate** диктовáть *impf*, продиктовáть *pf*

dictator *adj* диктáторский, *n* диктáтор

70

dictatorship *n* диктату́ра, диктату́рство
~ **of the proletariat (Marx)** *n, pol* диктату́ра пролетариа́та

Dien Bien Phu (Fr Army defeat, Indochina, 1954) – *Fr mil*
Дьенбьенфу́
digging-in *n* самоока́пывание
dignitary – *n* сано́вник, высокопоста́вленное лицо́

diktat – *n, Ge pol* дикта́т

dimension – разме́р **overall** ~s габари́тные разме́ры
three dimensional *adj* трёхме́рный

dingy, inflatable – надувна́я ло́дка
diopter – *n* диоптри́я
diphtheria – *n, med* дифтери́я, дифтери́т

diplomacy – *n* диплом́тия **behind the scenes** ~ *n* кулуа́рная
диплома́тия **gunboat** ~ диплома́тия канонѐрок
low key ~ «ти́хая«/сде́ржанная диплома́тия
quiet ~ споко́йная диплома́тия **shuttle** ~ челно́чная диплома́тия

diplomatic – *adj* дипломати́ческий
~ **courier** *n* дипкурье́р ~ **corps** *n* дипко́рпус
~ **mail** *n* дипо́чта

direct support – *n* непосре́дственная подде́ржка
directed, guided *adj* напра́вленный
directed-energy weapons *n* ору́жие напра́вленной эне́ргии

direction – *n* направле́ние, управле́ние
~ **finder** *n* пеленга́тор ~ **of tank threat** танкоопа́сное
направле́ние ~ **of the main effort** направле́ние гла́вного уда́ра
~ **of troops** управле́ние войска́ми
radio ~-**finding** радиопеленга́ция
east-northeast ~ восто́чно-сѐверо-восто́чный
north-northeast ~ сѐверо-сѐверо-восто́чный
north-northwest ~ сѐверо-сѐверо-за́падный
southeast ~ ю́го-восто́чный
south-southeast ~ ю́го-ю́го-восто́чный
west-southwest ~ за́падно-ю́го-за́падный
directive, guideline – *n* директи́ва, указа́ние

AN ENGLISH – RUSSIAN MILITARY DICTIONARY

director – *n* руководи́тель
managing ~ *n* управля́ющий
board of ~**s, managerial board, directorate** *n, bus* дире́кция
directorate *n (group of directors)* директора́т, *(office of directors)* дире́кция
directorship *n* дире́кторство

disabled, incapacitated – *adj* нетрудоспосо́бный

disarmament and arms control – *n, pol* разоруже́ние и контро́ль над вооруже́ниями
disassembly – *n* разбо́рка

disaster – *n* бе́дствие
~ **area** *n* райо́н бе́дствия
~ **management** *n* управле́ние де́йствиями по ликвида́ции после́дстий бе́дствий
~ **preparedness** *n* гото́вность к бе́дствиям
~ **prevention** *n* план гото́вности к бе́дствиям
~ **response** *n* реаги́рование на бе́дствия
natural ~ *n* стихи́йное бе́дствие
disastrous, calamitous *adj* бе́дственный

disband – распуска́ть *impf,* распусти́ть *pf,* расформиро́вывать *impf,* расформирова́ть *pf*
disbanded *adj* расформиро́ванный **disbandment** *n* расформирова́ние

discharge – *adj* водоотли́вный
discharged *adj, med* вы́писавшийся из больни́цы
dischargee, separatee *adj, mil* уво́ленный, демобилизо́ванный

disciplinary – *adj* дисциплина́рный ~ **measures** *n* дисциплина́рные ме́ры **discipline** *n* дисципли́на, дисциплни́ровать *pf & impf*
commo ~ дисциплина́ свя́зи **radio** ~ дисциплина́ в эфи́ре
disciplined *adj* дисциплни́рованный

disclose – раскрыва́ть *impf,* разглаша́ть *impf*
discrepancy – *n* расхожде́ние, разногла́сие, противоречи́вость
discretion (prudence) – *n* осмотри́тельность, благоразу́мие, осторожность

AN ENGLISH – RUSSIAN MILITARY DICTIONARY

discriminatory – *adj* дискриминаци́нный

disease – *n* боле́знь *f*
contagious ~ зара́зная боле́знь **infectious** ~ инфекци́нная боле́знь **mad cow** ~ *n* энцефалопа́тия кру́пного рога́того скота́

disembark – выгружа́ться *impf*, вы́грузиться *pf*
disembarkation, unloading *n* вы́грузка
disgrace – *n* посрамле́ние
~ *or* **shame** os *vi* посрамля́ться *impf*, посрами́ться *pf*
dishonorable discharge – *n, mil* увольне́ние без по́чести и привиле́гии с вое́нной слу́жбы

disinfect – дезинфици́ровать *pf* & *impf*, обеззара́живать *impf*, обеззара́зить *pf* **disinfection** *n* дезинфе́кция, обеззара́живание

dismantle – *tech* демонти́ровать *impf* & *pf*, разбира́ть *impf*, разобра́ть *pf*
dismantled в разо́бранном ви́де
dismantling *n, tech* демонта́ж, разбо́р, разбо́рка; *n, Sov pol* (dismantling of Communist party control) департиза́ция

dismissal, sacking, firing – *n* увольне́ние
dismounted – *adj* пе́ший, *adv* пе́шим поря́дком **dismounting** *n* спе́шивание

disorganize – *vt* дезорганизова́ть *impf* & *pf*, **disorganization** *n* дезорганиза́ция **disorganized** *adj* дезорганизо́ванный, расстро́енный

dispatch, message – *n* депе́ша
coded ~ коди́рованная или шифро́ванная депе́ша
decode a ~ расшифрова́ть депе́шу

dispersion – *n* рассредото́чение
displaced – *n* смещённый **displacement** *n* (movement) смеще́ние, сдвиг
dispositions – *n* расположе́ние **battle** ~ боево́е расположе́ние
disproportionate – *adj* несоразме́рный, непоме́рный
disrupt, thwart (plans, commo, etc) – расстра́ивать *impf*, расстро́ить *pf*

73

AN ENGLISH – RUSSIAN MILITARY DICTIONARY

disseminate – *gen* распространя́ть *impf*, распространи́ть *pf*
dissemination, spreading *n* распростране́ние

distance – *n* расстоя́ние **at short** ~ с бли́жнего расстоя́ния
at long ~ с да́льнего расстоя́ния

ditch – *n* кана́ва, ров
anti-tank ~ противота́нковый ров **drainage** ~ водоотво́дная
кана́ва **irrigation** ~ ороси́тельная кана́ва

dive – *n* ныря́ние, *intrans* ныря́ть *impf*, нырну́ть *pf*
diver *n* водола́з
divine right of kings – *n, hist* боже́ственное пра́во
Divine Wind; Kamikaze WWII *Ja* «свяще́нный ве́тер«

DMZ – *n* демилитаризо́ванная зо́на
distort – извраща́ть *impf*, изврати́ть *pf* **distortion** *n* извраще́ние

division army, navy – *n* диви́зия
assault ~ диви́зия пе́рвого эшело́на
front line ~ фронтова́я диви́зия
neighboring ~ сме́жная диви́зия
three/four brigade ~ диви́зия трёх/четырёхбрига́дного соста́ва

DNA – *n, sci, indecl* ДНК
docker, dock worker – *n* портови́к

doctrine – *n, pol* доктри́на
~ **of the lesser evil** доктри́на «ме́ньшего зла«
Monroe Doctrine *US pol, 1823* доктри́на Монро́
Truman Doctrine *US pol, 1947* Тру́мэна доктри́на

document – *n* акт, докуме́нт **travel** ~s проездно́й докуме́нт
documentation *n* документа́ция
domesticate, tame – *n* прируче́ние прируча́ть *impf*, приручи́ть *pf*
domestication, taming *n* прируче́ние
domino theory – *n, pol theory* при́нцип «домино́«

doom – *n* обрече́ние; обрека́ть *impf*, обре́чь *pf*
doomed *adj* обречённый **doomsday; end of the world** *n*
светопреставле́ние

dose –*n* до́за
fatal, lethal ~ смерте́льная до́за **toxic** ~ токси́ческая до́за
dosimeter – *n* дозиме́тр **dosimetry** *n* дозиме́трия

double – *prefix* дву(х), *adj* двойно́й, дубли́ровать *impf,*
удва́ивать *impf,* удво́ить *pf*
~-check перепроверя́ть *impf,* перепрове́рить *pf*
~ dealing *n* двуру́шничество ~ **standard** *n* двойно́й станда́рт
~ **talk** *n* укло́нчивые ре́чи **serve a ~ purpose** служи́ть по двум
це́лям **doubled** *adj* удво́енный **doubling** *n* удвое́ние

draconian – *adj* драко́новский

draft, outline, sketch study – *n* эски́з
draftee – *n, mil* призывни́к **drafting (a message)** – *n*
составле́ние
dragon's teeth (antitank obstacles) – *n, mil, fem pl* на́долбы

drainage – *adj* водоотво́дный, *n* дрена́ж, канализа́ция,
осуше́ние, слив ~ **system** *n* водоотво́д
draining *adj* дрена́жный, осуши́тельный, сливно́й
dredge – *n* землечерпа́ние; черпа́ть *impf,* черпну́ть *pf* зе́млю,
"землесо́сить"
dredger *n* землечерпа́лка, землесо́с

dress rehearsal – *n* генера́льная репети́ция
dried, dehydrated – су́шеный ~ **meal** су́шеное мя́со
drill meeting – *n, USAR, NG* уче́бный сбор
drinkable, potable – *adj* питьево́й, го́дный для питья́

driving, leading – *n* вожде́ние
driving limit, range (of vehicle) *n* запа́с хо́да
drone – *n, avn* беспило́тный лета́тельный аппара́т (ЛА);
радиоуправля́емый самолёт **target** ~ *n* самолёт-мише́нь

drop –
~ **bombs** сбра́сывать *impf,* сбро́сить *pf* бо́мбы
~-tank *n* сбра́сываемый бак ~ **out (from school)** *n* недоу́чка
~ **out rate (schools, etc)** *n* проце́нт отсе́ва
~ **zone** *n, mil* ме́сто вы́садки/вы́броски
~ **zone, planned** *n, mil* райо́н, наме́ченный для вы́садки/
вы́броски

AN ENGLISH – RUSSIAN MILITARY DICTIONARY

drug – *n, med* нарко́тика ~ **addict** *n* наркома́н *m* наркома́нка *f*
~ **dealer** (slang) *n* торго́вец нарко́тиками; наркоделе́ц
~ **smuggling** *n* контраба́нда нарко́тиков
~ **trafficer** *n* лицо́, занима́ющееся незако́нной торго́влей
нарко́тиками; наркобаро́н **be on** ~s быть на нарко́тиках
hard/soft ~s *npl* си́льный/сла́бые нарко́тики

drunk – (person) *adj & n* пья́ный; (drinking bout) *sl* попо́йка
~ **driver** автоалкого́лик ~ **driving** вожде́ние в нетре́звом
состя́нии **drunkard** *n* алкого́лик, пья́ница *m,f* **drunken brawl**
пья́ная ссо́ра **drunkenness** *n* пья́нство

dry *adj* сухо́й ~ **cleaning** *n* химчи́стка **dry dock** *n, nav* сухо́й док
~ **land** *n* су́ша ~ **out** *vt, (vi)*иссуша́ть(ся), пересыха́ть *impf*,
пересо́хнуть *pf*

dual – *adj* двойно́й,
~ **nationality** *n* двойно́е по́дданство, (person with it) *n* бипатри́д,
биполи́д ~-**purpose** двойно́го назначе́ния, универса́льный
Duce, Il (Italy, WWII) – *n, pol* «ду́че«

dud – *n, mil* неразорва́вшийся боеприпа́с *или* снаря́д,
неразорва́вшаяся бо́мба
dug-in – *adj* око́панный, окопа́вшийся
Dumbarton Oaks Conference (forms the UN, 1944) –
Да́мбартон-Окс конфере́нция
dummy, fake, feint – *adj* ло́жный
Dunkirk operation/evacuation (WW II, 1940) – *Fr* Дюнкеркская
опера́ция
durability – *n* про́чность **durable** *adj* про́чный

duty – *adj* дежу́рный; *n, mil* дежу́рство
~ **officer** *n* дежу́рный офице́р ~ **room** *n* дежу́рка
~ **roster** *n, mil* лист наря́дов, расписа́ние дежу́рства
~ **watch** *mil* дежу́рная ва́хта/сме́на
active ~ *mil* действи́тельная (вое́нная)слу́жба
be on ~ (at a post) стоя́ть на посту́, дежу́рить *impf*
dereliction of ~ *n* наруше́ние обя́занности
go on ~ приходи́ть *impf*, заступа́ть *impf* на дежу́рство
go off ~ уходи́ть с дежу́рства, смени́ться с дежу́рства;
сдава́ть дежу́рство,
incoming ~ (worker) заступа́ющий дежу́рство

on ~ *n, mil* дежу́рный
outgoing ~ (worker) *n* сдаю́щий дежу́рство
24-hour ~`, detail *n* су́точный наря́д

duumvir – *hist, pol* дуумви́р duumvirate *n, pol* дуумви́рат
"dyed" (senior soldier who brutalizes Russian Army
draftees) – *ns* дéд, *npl* дéды

dynastic – *adj* династи́ческий dynasty *n* дина́стия
Ming ~ (Ch, 1368-1644) дина́стия Минь

AN ENGLISH – RUSSIAN MILITARY DICTIONARY

E

early – *adj* ра́нний
~ **warning** *n* заблаговре́менное предупрежде́ние
~ **warning post** *n, mil* пост да́льнего обнаруже́ния

earned income – *n, bus* трудово́й дохо́д **earnings, pay** *n, bus* за́работок, зарпла́та
earth-and-timber – *adj, mil* дерево-земляно́й
earthlings – *npl* земля́не

east – *adj* восто́чный, *n, adv* восто́к, на восто́к; к восто́ку
Far East Да́льний Восто́к
Middle East Бли́жний/Сре́дний Восто́к
Near East Бли́жний Восто́к

Easter Uprising (Ireland, 1916) – *n, hist* «восста́ние на пасха́льной неде́ле«
easterner (one who is pro-eastern in pol views) *n, pol* восто́чник
ebb and flow – *lit/fig* прили́в и отли́в

echelon – *n, mil* эшело́н
~ **in depth** эшелони́ровать *pf & impf* в глубину́ **in** ~ эшело́нами

ECM, ECCM – *n, mil* ко́нтррадиоэлектро́нный

eco-friendly – *adj* экологи́ческий безвре́дный
ecological *adj* экологи́ческий ~ **disaster** *n* экологи́ческое бе́дствие **ecologist** *n* эко́лог **ecology** *n* эколо́гия
ecosystem *n* экосисте́ма

economic – *adj* экономи́ческий
~ **or trade war** *n* экономи́ческая, торго́вая война́
~ **miracle (Ge under Adenauer)** *n, pol* экономи́ческое «чу́до«

edit (newspaper, text) – *vt* редакти́ровать *impf,* отредакти́ровать *pf*
edible – *adj* съедо́бный

effect – *n* возде́йствие, влия́ние, эффе́кт
blast ~ *n* де́йствие уда́рной волны́, фуга́сное де́йствие
fire ~ *n* действи́тельность *f* огня́, эффе́ктивность *f* огня́

efficiency - *n* коэффициéнт полéзного дéйствия, производи́тельность *f*, работоспосóбность *f*
effluence - *n* истечéние

Eisenhower Doctrine (US pol, 1957) - *n* доктри́на Эйзенхауэра
ejection seat - *n* катапульти́руемое сидéнье
El-Alamein - *n, WW II* Эль-аламéйн

elective - *adj* вы́борный
~ **office** *n* вы́борная дóлжность
electoral college - *n, US pol* коллéгия вы́борщиков
member of the ~ *n* вы́борщик

electric, electro - *prefix* электро-
~ **welding** *n* электросвáрка   ~ **arc welding** электродуговáя свáрка

electrical engineer *n* электротéхник
electrical engineering *n* электротéхника
electrician *n* элéктрик, электромехáник, электротéхник
electrified *adj* электризóванный
electrify электрифици́ровать *pf & impf;* электризовáть *impf,* наэлектризовáть *pf*
electromagnetic impulse *n, commo, sci* электромагни́тный и́мпульс
electromechanics *n* электротéхника

electronic - *adj* электрóнный, *mil* радиоэлектрóнный
~ **jamming** *n* воздéйствие радиоэлектрóнными помéхами
~ **protective measures** *n* радиоэлектрóнная защи́та
~ **warfare** *n* радиоэлектрóнная борьбá
~ **warfare barrage** *n, mil* загради́тельные рáдиопомéхи
ELINT operator - *n, mil* оперáтор-развéдчик

email, e-mail - *n* эллектрóнная пóчта

emancipate, liberate, set free - раскрепощáть *impf,* раскрепости́ть *pf;* освобождáть *impf,* освободи́ть *pf*
emancipated, liberated, set free *adj* освобождённый
emancipation, liberation *adj* освободи́тельный, *n* раскрепощéние, освобождéние   ~ **of women** раскрепощéние жéнщины
Emancipation Proclamation *n, US pol* Манифéст Ли́нкольна об освобождéния рабóв

AN ENGLISH – RUSSIAN MILITARY DICTIONARY

embargo – *n, econ, mil* эмба́рго
arms ~ эмба́рго на поста́вки ору́жия
impose, lay an ~ **on sth** налага́ть *impf* наложи́ть *pf* эмба́рго
observe the ~ соблюда́ть эмба́рго
oil ~ нефтяно́е эмба́рго
remove, withdraw an ~ снима́ть *impf*, снять *pf* эмба́рго
remove, withdraw an ~ **on grain** снима́ть эмба́рго на экспорт зерна́

embassy – *n, pol* посо́льство
~ **official** сотру́дник посо́льства
element (earth, air, etc) – *n* стихи́я
~ **of surprise** *n* фа́ктор внеза́пности **elemental** *adj* стихи́йный
embed on the ocean floor – *n* размеще́ние на морско́м дне
embezzle – растра́чивать *impf*, растра́тить *pf* **embezzler** *n* растра́тчик

emergency – *adj* чрезвыча́йный, *n* чрезвыча́йное положе́ние;
(for use in an ~) *adj* запасно́й, запа́сный, вре́менный
~ **landing** *n, avn* вы́нужденная поса́дка
~ **meeting** *n, pol* чрезвыча́йное заседа́ние
~ **powers** *n, pol* чрезвыча́йные полномо́чия
~ **relief operation** *n* ликвида́ция после́дстий чрезвыча́йных ситуа́ций

emigrant – *adj* эмигра́нтский, *n* эмигра́нт *m*, эмигра́нтка *f*
emigrate *vi* эмигри́ровать *pf & impf* **emigration** *n* эмигра́ция

emission – *n* излуче́ние, эми́ссия
emit излуча́ть *impf,* излучи́ть *pf* **emitter** *n* эми́ттер
Empire of the Rising Sun (20th cent. Ja) – *n* импе́рия восходя́щего со́лнца
emplacement – *n* око́п **artillery** ~ артиллери́йский око́п

employable – *adj* трудоспосо́бный **employee** *n* слу́жащий
employer *n* работода́тель **employment, full** *n* по́лная за́нятость

encapsulation – *n* капсули́рование

encircle – *vt* окружа́ть *impf,* окружи́ть *pf* **encirclement** *n*
окруже́ние **encircling maneuver** *n* обхо́дный манёвр, манёвр
на окруже́ние

AN ENGLISH - RUSSIAN MILITARY DICTIONARY

encrypted text - *n* зашифро́ванный текст

end user - *n, comp* коне́чный по́льзователь **endless** - *adj* несконча́емый

enemy - *n* проти́вник, враг; вра́жеский
~ **held** *or* **occupied** занима́емый проти́вником
~ **sighting** обнаруже́ние проти́вника
in the ~'s rear в тылу́ врага́
exploit ~ **weaknesses** испо́льзовать *pf* & *impf* сла́бые сто́роные проти́вника
outmaneuver the ~ превосходи́ть *impf*, превзойти́ *pf* проти́вника в мане́вренности
pin down the ~ ско́вывать проти́вника

enfilade, flanking fire - *n* продо́льный/фланки́рующий ого́нь
engagement - *n* бой, встре́ча **meeting** ~ *mil* встре́чный бой
engine stalling (**vehicle**) - *n* затуха́ние мото́ра

engineer - *n* инжене́р (civilian), *n, mil* сапёр
~ **land clearing** *n* очи́стка ме́стности
~ **support** *n* инжене́рное обеспече́ние

engineering *adj* инжене́рный, *n* инжене́рия, инжене́рное де́ло
~ **equipment** *n* инжене́рная те́хника
~-**technical** *adj* инжене́рно-техни́ческий
mechanical ~ *n* машинострое́ние

English-speaking - *adj* англоязы́чный
enlightened despot - *n, hist* просвещённый де́спот
Enlightenment, the ~ (**17ᵗʰ century Eur**) - Просвеще́ние

en masse - *adv* в ма́ссе, ма́ссовым поря́дком
enriched mixture - *n* обогащённая смесь *f*
enriching (**fuel, ores, etc**) *n* обогаще́ние

enroll - *vt, (vi)* зачисля́ть(ся), запи́сывать(ся), вноси́ть *impf*, внести́ *pf* в спи́сок
enrollee - внесённый в спи́сок

enroute, on the move - *avn* в во́здухе, в полёте; (**ground**) в *или* по пути

AN ENGLISH - RUSSIAN MILITARY DICTIONARY

enslave – *n, vt* порабощáть *impf,* поработи́ть *pf*
enslavement *n* порабощéние

Entente-Cordiale (Eng & Fr, 1903) – »сердéчное соглáсие«
Антанта
entourage, suite – *n* сви́та
entry into the atmosphere – вход в атмосфéру

environment – *adj* средовóй, *n* средá
environmental *adj* окуржáющий ~ **monitoring** монитóринг за
окружáющей средóй ~ **studies** *n* изучéние окуржáющей среды́
Environmental Protection Ageny (US) *n, pol, soc* Агéнство по
охрáне окружáющей среды́
environmentalism *n* экологи́зм
environmentalist *n* сторóнник защи́ты окружáющей среды́

envoy – *n, pol* парламентёр
epicurean – *adj* эпикурéйский, *n* эпикурéец **epicureanism** – *n,*
soc эпикурéйство
epidemiology – *n, med* эпидемиолóгия

equal – *adj* рáвный
~ **pay** *n, econ, pol* рáвная оплáта ~ **pay for equal work** *n, econ,*
pol рáвная оплáта за одинáковый труд
~ **pay of men and women** *n, econ, pol* рáвная оплáта трудá
мужчи́н и жéнщин
equalize *vt* вырáвнивать *impf,* вы́ровнять

equidistance – *n* равноудалённость *f* **equidistant** *adj*
равноотстоя́щий
equinox – *n* равнодéнствие
equip, supply – оснащáть *impf,* оснати́ть *pf* **equipping,**
equipment *n* оснащéние

equipment – *n* иму́щество, оборýдование, оснащéние, срéдство,
экипирóвка ~, **damaged byond repair** безвозврáтная потéря
ancillary ~ вспомогáтельное оборýдование
assault crossing ~ десáтно-перепрáвочное срéдство
captured ~ трофéй, трофéйное иму́щество
crushing ~ дроби́льное оборýдование
diving ~ водолáзное срéдство
drilling ~ буровóе оборýдование

earthmoving ~ землеройное оборудование
engineering ~ инженерное имущество, оборудование
erecting ~ монтажное оборудование

filling ~ заправочное оборудование
fire control ~ *n* прибор управления огнём (ПУО)
identification friend or foe (IFF) ~ *n* устройство "свой-чужой"
loading ~ погрузочное оборудование, погрузочно-разгрузочное
устройство **mobile** ~ передвижное оборудование
pontoon-bridging ~ понтонно-мостовое имущество
portable ~ переносное оборудование
remote-control ~ аппаратура дистанционного управления
service life of ~ живучесть оборудования
testing ~ испытательное оборудование
up-to-date ~ *n* современная техника

Eritrea - *n, geo* Эритрея

escalate *vt* эскалировать *pf & impf*, обострять *impf*, обострить *pf*
escalation *n* эскалация, расширение

escape - убегать *impf*, убежать *pf*; *n* побег, бегство
~ **and evasion** побег от плена из плена
~ **clause** пункт договора, освобождающий
сторону от обязательств/ответственности
escapee совершивший побег из плена, беглец, бежавший

escarpment - *n, geo, mil* эскарп
espionage - *n* шпионаж
esprit de corps - *n* корпоративный дух

estimate - *n* оценка, оценивать *impf*, оценить *pf*
commander's ~ **of the situation** оценка обстановки командиром
enemy situation ~ оценка положения противника
intel ~ оценка разведывательной информации; разведсводка
estimated time of arrival (ETA) предполагаемое время
прибытия, расчётное время прибывания
estimated ~ **of departure** расчётное время отправления

ethical - *adj* этический
ethics *adj* этичный, *n* этика **medical** ~ *n, med, soc* деонтология

AN ENGLISH - RUSSIAN MILITARY DICTIONARY

ethnic - *adj* этни́ческий
~ **cleansing** *n, pol* «этни́ческая чи́стка«
ethnological *adj* этнологи́ческий **ethnologist** *n* этно́лог
ethnology *n* этноло́гия

Eurasia - *n* Евра́зия
Eurasian *adj* еврази́йский, *n* евразиец *m*, евразийка *f*

Euro - *prefix* евро-
Eurocentrism *n, pol* европоцентри́зм
Eurocommunism *n, pol* еврокоммуни́зм
Eurocommunist *n, pol* еврокоммуни́ст
EuroMP *n, pol* депута́т Европарла́мента
Europarliament *n, pol* Европарла́мент

European - *adj* европе́йский
~ **Corps** *n, mil* Европе́йский ко́рпус ~ **Parliament** Европарла́мент
Europeanism *n, pol* европеи́зм **Europeanist** *n, pol* сторо́нник
европеи́зма **Europeanization** *n, pol* европеиза́ция **Europeanize**
n, pol европеизи́ровать *pf* & *impf* **Eurovision** *n, pol* Еврови́дение

evacuated - *adj* эвакуи́рованный
evacuation center эвакуацио́нный пункт
evacuee *as a n* эвакуи́рованный

evangelize - *vt* обраща́ть *impf*, обрати́ть *pf* в христиа́нство
even, odd - *adj* (numbers) чётный, нечётный
evict - *vt* выселя́ть *impf*, вы́селить *pf* **eviction** *n* выселе́ние
examination - *n* осмо́тр, экза́мен **medical** ~ медосмо́тр
examinee *n* экзамену́ющийся **examiner** *n, educ* экзамена́тор,
(of a prisoner or witness) сле́дователь

excavate - копа́ть *impf*, выка́пывать *impf*, вы́копать *pf;*
раска́пывать *impf*, раскопа́ть *pf;* копа́ть землеро́йные рабо́ты; *n*
вы́емка гру́нта

excavation *npl* выка́пывание, землеро́йные рабо́ты *fpl;* раско́пки
fpl, рытьё; ~ **and backfill** *n* рытьё (котлова́на) и засы́пка
(гру́нтом) ~ **machine** *n* маши́на для рытья́ котлова́нов
excavator *n* (person) землеко́п, (machine) экскава́тор
trench ~ транше́екопа́тель

exchange of prisoners – *n* обмéн военноплéнными
exculpatory – *adj, leg* опрáвдывающий

execute (carry out) – выполнять *impf*, выполнить *pf;*
исполнять *impf*, исполнить *pf* ~ **someone (kill)** стáвить когó к
стéнке; казнить когó **executed** *adj* казнённый **be ~d** быть
казнённым

execution *n* казнь *f* ~ **by hanging** кáзнь чéрез повéшение
~ **by electrocution** кáзнь на электрическом стýле
executioner, hangman, butcher *n* палáч

executive – *n* руководящий рабóтник; (one who carries out)
исполнитель *m*
~ **ability** административные спосóбности
~ **branch of government** исполнительная власть *f*
~ **(carrying out)** исполнéние

exercise – *n* упражнéние, учéние, тренирóвка
air movement ~ учéние по воздýшным перевóзкам
alert ~ боевáя готóвность на период учéний
battle-drill ~ тáктико- строевоé занятие
combined ~ совмéстное учéние
corps size ~ кóрпусное учéние
division size ~ дивизиóнное учéние
field training ~ **(FTX)** полевóе учéние
joint ~ совмéстная тренирóвка
joint combined arms ~ объединённое общевойсковóе учéние
sand table ~ *n* занятие на ящике с пескóм
staff planning ~ штáтное учéние по планированию
tactical ~ **without troops (TEWT)** *n* штабнáя воéнная игрá

exhaust (materials) – истощáть *impf*, истощить *pf;* (personnel)
изнемогáть *impf*, изнемóчь *pf*
exhausted (materials) *adj* истощённый; (personnel) *adj*
изнеможённый
exhausting *adj* изнурительный, утомительный

exile (banishment) – *n* изгнáние, ссылка, *n* (person) изгнáник,
as a n ссылный; ссылáть *impf*, сослáть *pf*
live in ~ жить в изгнáнии;
existentialism – *n, phil* экзистенциализм

AN ENGLISH – RUSSIAN MILITARY DICTIONARY

expected enemy/friendly kill ratio – ожидáемое соотношéние потéрь протúвника и своúх войс **expected tank kill** математúческое ожидáние поражéния танкóв
expeditionary force – *npl* экспедициóнные войскá

expend (materials, units) – расхóдовать *impf*, израсхóдовать *pf*
expendable (materials, units) *adj* из/расхóдуемый; спúсанный в расхóд
expenditure *n* израсхóдование, расхóд, трáта

prohibitive expenses – *n* непомéрно-высóкие издéржки *fpl*

experimental – *adj* прóбный, экспериментáльный
~ development work óпытно-констрýкторская рабóта

exploded – *adj* взóрванный   **explosive** *adj* взрúвчатый, взрывнóй
exploitation – *n* развúтие успéха, эксплуатáция
~ of the breakthrough *n* развúтие прорúва   **exploiter** *n, sl* выжимáла

export – *vt* экспортúровать *pf & impf*   **exportation** *n* экспортúрование
exposed – *adj* открúтый, незащищенный
exposé *n* экспозé   **exposure, indecent** ~ *n* обнажéние

ex-president – *n, pol* экс-президéнт
exterritorial, extraterritoriality *n, leg* экстерриториáлный
extinct (species, etc) – *adj* вúмерший

extradite – *vt, leg* выдавáть *impf*, вúдать *pf* (обвиняемого престýпника)
extradition *n, leg* вúдача, **obtain** ~ **of** *vi* добивáться *impf*, добúться *pf* вúдачи + *gen*
extra-terrestrial – *adj* внеземнóй

extremely – *adv* крáйне   **extremism** *n* экстремúзм
extremist *adj* экстремúстский, *n* экстремúст
extricate – *vt* высвобождáть *impf*, вúсвободить *pf*
~, get os from a difficulty вúпутаться *pf* из затруднéния
exturnal military threat *n, mil* внéшняя вóенная угрóза

eye - *n* глаз
~ **ball** *n* глазно́е я́блоко **an ~ for an ~** *coll* о́ко за о́ко
at ~ level на у́ровне глаз **blind in one ~** *adj* криво́й
give so a black ~ *lit, fig* подби́ть *pf* глаз **in the twinkling of an ~** в
мгнове́ние о́ка **keep an ~ on so, st** *coll* присма́тривать *impf*,
присмотре́ть *pf* за + *i.*; следи́ть *impf* за + *i.* (де́тьми, итд)
keep one's ~ open, peeled, etc *coll* смотре́ть *impf* в о́ба
measurement
by ~ *adj* глазоме́рный, *n* глазоме́р; *adv* глазоме́рно
take one's ~ off so, sth отводи́ть *impf*, отвести́ *pf* глаза́ от
кого́/чего́-н **with the naked ~** *coll* невооружённым гла́зом
eyesore *n* уро́дство **eyewash** *n, coll, fig* очковтира́тельство

AN ENGLISH – RUSSIAN MILITARY DICTIONARY

F

face piece (NBC mask, etc) – *n* лицевáя часть *f*
fact finding – *n* расслéдование обстоя́тельств; установлéние фáктов

faction – *adj, pol* фракциóнный, *n, pol* фрáкция, клúка
member of a ~ *n, pol, soc* фракционéр **factionalism** *n. pol* групповщúна, фракциóнность *f*

factor – *n* коэффициéнт, фáктор
consumption ~ *n* нóрма потреблéния **cost** ~ фáктор стóимости
efficiency; performance ~ коэффициéнт полéзного дéйствия
(КПД) **external** ~ внéшний фáктор **governing** ~ определя́ющий
фáктор **human** ~ человéческий фáктор **internal** ~ внýтренный
фáктор **limiting** ~ огранúчивающий фáктор
long term ~ долговрéменно-дéйствующий фáктор
loss ~ коэффициéнт потéрь
powerful ~ могýчий фáктор **random** ~ случáйный фáктор
reliability ~ коэффициéнт надёжности
safety ~ коэффициéнт безопáстности, запáс прóчности
short term ~ кратковрéменно-дéйствующий фáктор
subjective ~ субъектúвный фáктор
visibility ~ (radar) коэффициéнт вúдимости
factory *adj* фабрúчный, заводскóй

factual – *adj* дéйствúтельный
Fahrenheit – Фаренгéйт
30 degrees ~ 30Ф грáдусов по Фаренгéйту

fail-safe system – *n* самоотключáющаяся систéма,
предохранúтельное устрóйство
failure – *n, mech* откáз   ~ **control** откáз систéмы управлéния
engine ~ самовыключéние двúгателя

fait accompli – *n* совершúвшийся факт

fake, pretend (to be), to feign, simulate, sham *vi* притворя́ться +
i., *impf,* притворúться *pf* + i. **faked, simulated, shammed** *adj*
притвóрный **fakery, pretence, sham** притвóрство
faker, shammer притвóрщик

AN ENGLISH – RUSSIAN MILITARY DICTIONARY

fallout (radioactive) – n оса́док, оседа́ние; ра́диоакти́вные оса́дки, радиоакти́вная грязь

false alarm – n ло́жная трево́га
falsified – adj фальсифици́рованный, подло́жный

family, nuclear ~ нуклеа́рная семья́
~ planning n, med, soc контро́ль m над рожда́емостью

famine relief organization – n по́мгол (по́мошь f голода́ющим)
Far Eastern strategist – n страте́г-дальневосто́чник

farm production – n, agric сельскохозя́йственное произво́дство
~ laborer adj батра́цкий ~ workers, ~ laborers n батра́чество
work as a ~ hand батра́чить pf farmer n фе́рмер

fascism, convert to ~ – vi фашизи́роваться fascist – adj
фаши́стский, n фаши́ст m, фаши́стка f to make ~ vt
фашизи́ровать pf & impf

fast – n, rel по́стничать impf
~-flowing, moving adj скороте́чный ~-food n фаст-фуд
~-operating adj быстроде́йствующий faster n, rel по́стник
fasting n, rel по́стничество

fat-free – adj обезжи́ренный
Fatah, Al (Islamic terrorist group) – n «фатх«

fatal – adj ги́бельный, па́губный, сме́ртельный fatalism n
фатали́зм fatalist n фатали́ст fatality, death rate n сме́ртность f

fault-find, to carp критика́нствовать impf fault-finder n, coll
критика́н, приди́ра m, f
fault-finding adj приди́рчивый, n, tech дефето́вка, дефетоскопи́я

FBI – Федера́льное бюро́ рассле́дования FBI agent/s – ns
фэбэээ́ровец, npl фэбэээ́ровцы

feed – adj подаю́щий, пода́ча ~ mechanism подаю́щий
механи́зм
fearless – adj неустраши́мый

AN ENGLISH – RUSSIAN MILITARY DICTIONARY

feasibility – выполни́мость *f* ~ **study** изуче́ние выполни́мости (чего́)

Federal Reserve Board – *n, US, econ* Сове́т федера́льной резе́рвной систе́мы **federalism** *n, pol* федерали́зм

federalist *n, pol* федерали́ст; сторо́нник иде́и федерали́зма

feed – *n, tech* пита́ние, пода́ча
feeder mechanism *n, tech* пита́ющий механи́зм

feint, fake, dummy – *adj* ло́жный
felon – *adj* уголо́вный престу́пник, *n* фело́н
felonious *adj* престу́пный **felony** *n* уголо́вное преступле́ние
feminism – фемини́зм **feminist** фемини́стка **feministic** *adj* фемини́стский

fence – *n* и́згородь *f*, огра́да
~ **about, around, in, out** *vt* огора́живать *impf*, огороди́ть *pf*
~ **lined road** доро́ги с и́згородью
barbed wire ~ про́волочные колю́чие загражде́ния
hedge ~ живы́е и́згороди **rail** ~ огра́да
wooden ~ деревя́нные забо́ры **fencing** *n* частоко́л

ferro-concrete – *adj* железобето́нный, *n* железобето́н
ferry, transportation *n* перево́зка, транспортиро́вка
fertilize – *vt* удобря́ть *impf*, удобри́ть *pf*
fertilizer, fertilizing *n* удобре́ние
feverish – *adj, med* лихора́дочный, *n* лихора́дка
fiasco – *n* фиа́ско *indecl*, прова́л **suffer a** ~ потерпе́ть фиа́ско и́ли прова́л
fictional – *adj* вы́мышленный, вы́думанный

field – adj полево́й, *n* по́ле
~ **(power) generator** полева́я электроста́нция ~ **jacket** полева́я шине́ль ~ **organization** полева́я организа́ция ~ **test** испы́тывать *impf* в полевы́х усло́виях; проводи́ть полевы́е испыта́ния
~ **set up (of units, equipment)** *mil* развёртывание войск и те́хники в полевы́х усло́виях ~ **type** полево́го ти́па
level playing ~ *npl* ра́вные пози́ции **plowed** ~ *n, agric* па́шня
~**, ferocious** *adj* свире́пый

AN ENGLISH – RUSSIAN MILITARY DICTIONARY

grow fierce, savage свирепе́ть
impf
fierceness, savageness, truculence *n* свире́пость *f*

fifth column – *n, WW II hist, pol* «пя́тая коло́нна«
fifties, the ~ – *US soc* пятидеся́ты го́ды

fight – *n* бой, дра́ка, сраже́ние, схва́тка
~ outnumbered вести́ бой проти́в чи́сленно превосходя́щих сил
проти́вника

fighter – *n, avn* истреби́тель, бое́ц (person)
~-bomber *n* истреби́тель-бомбардиро́вщик
~ escort *n* сопровожде́ние истреби́телями
A-4 - Skyhawk ~ *U.S.* «Скайхок« A-7 - Corsair ~ *U.S.* «Корсар«
Air-recon ~ истреби́тель-разве́дчик all-weather ~ всепого́дный
истреби́тель close support ~ истреби́тель непосре́дственной
Подде́ржки F-14 Tomcat ~ *U.S.* «Томкэт«
F/A-18 Hornet ~ *U.S.* «Хорнет« F-100 Super Sabre ~ *U.S.* «Супер
сейбр« F-104 Starfighter ~ *U.S.* «Старфайтер«
Focke-Wolfe - 190 ~ *U.S.* «Фокке-Вульф - 190«
ground attack ~ истреби́тель-штурмови́к
Harrier ~ *Br* «Харриер« Jaguar ~ *Br* «Ягуар« jet ~ истреби́тель
Messerschmidt -109 ~ *Ge* «Мессершми́тт -109«
Mirage ~ – *Fr* «Мира́ж« strike ~ aircraft – уда́рный истреби́тель
Zero ~ – *Ja avn WW II* «Зеро«

fighting – *adj* боево́й, *n* бой, сраже́ние
~ ready боеспосо́бный ~ spirit боево́й дух close up ~ бли́жний
бой hand-to-hand ~ рукопа́шный бой; воева́ть врукопа́шную;
самозащи́та без ору́жия (самбо)
low density ~ *or operation* опера́ция с ма́лой пло́тностью
испо́льзования сил и сре́дств
mock ~ уче́бный бой
prolonged ~ дли́тельный бой
rearguard ~ арьерга́рдный бой
street ~ городско́й *или* у́личный бой

figurehead – *n, fig* номина́льный глава́, номина́льный
руководи́тель, подставно́е лицо́
filibuster – *US pol* занима́ться обстру́кцей; по-флибустье́рский

AN ENGLISH – RUSSIAN MILITARY DICTIONARY

final solution – *Nazi, WW II* конéчное решéние
finalize *vt* завершáть *impf,* завершúть

finance – *vt* финансúровать *pf & impf* , *vi* финансúроваться
~d, be *vi* финансúроваться
finances *m, bus* финáнсы
financial *prefix* финáнсово-; *adj* финáнсовый
~ and industrial *adj* финáнсово- промы́шленный
~ and economic *adj* финáнсово- хозя́йственный

find out, learn – *coll* раскумéкать **finder** *n* (person) нашéдший
fine – *n, leg* дéнежный штраф, **~ so** штрафовáть *impf,*
оштрафовáть *pf* когó-н.

finned – *adj* оперённый **Finno–Ugrian** *adj* фúнно- угóрский

fire – *n, mil* огóнь *m,* стрельбá; (job, fire, discharge) увольня́ть
impf, увóлить *pf*
~ adjustment корректúрование огня́, пристрéлка
~ alarm контролёр плáмени **~ and maneuver** ведéние огня́ в
сочетáнии с манёвром; огóнь и манёвр
~ control system кóмплекс управлéния огнём
~ direction center (FDC) *art* пункт для указáния целéй
~ extinguisher огнетушúтель **~ for adjustment** пристреля́ть
~ for effect переходúть к стрельбé на поражéние, *n* огневóе
поражéние **~ illumination** огóнь на освещéние
~ on the move стрельбá с хóду *или* на хóду
~ plan огневáя систéма **~ power** огневáя мощь, сúла
~ superiority огневóе превосхóдство
~ support base бáза огневóй поддéржки
accurate ~ мéткий огóнь *m*
adjust ~ *art* корректúровать *impf* огóнь
barrage ~ *art* огневóй вал; заградúтельный огóнь
call, request for ~ *n, art* вы́зов огня́; вызывáть *impf,* вы́звать *pf*
огóнь **cease ~** *art* прекратúть *pf* огóнь
come under ~ подв ергáться обстрéлу; попадáть *impf,* попáсть
под огóнь **concentrated ~** сосредотóченный огóнь
controlled ~s *art* контролúруемая óчередь огня́
coordinated ~s *art* согласóванный, дрýжный огóнь
counterbattery ~ *art* кóнтрабатарéйная борьбá
countermortar ~ *art* контрминомётная борьбá
covered firing position *art* закры́тая огневáя позúция
covering ~ *art* огневóе прикры́тие

AN ENGLISH - RUSSIAN MILITARY DICTIONARY

cross ~ *art* перекрёстный огóнь
deep ~s *art* огóнь на большýю дáльность/глубинý
defensive ~ заградúтельный огóнь
direct support ~ *art* непосрéдственная огневáя поддéржка
direct support reinforcing ~ *art* непосрéдственная огневáя
поддéржка, усилéнными срéдствами
dummy ~ position лóжная огневáя позúция
exchange of ~ *n* перестрéлка
effective ~ действúтельный огóнь
employ ~s испóльзовать огневы́е срéдства
enfilade ~ продóльный огóнь
field of ~ сéктор обстрéла
final protective ~ (FPF) *art* огневáя завéса; сплошнóй
заградúтельный огóнь
flanking ~ *art* фланкúрующий продóльный огóнь
general support ~ *art* огóнь óбщей поддéржки
general support reinforcing ~ *art* óбщая огневáя поддéржка
усúленными срéдствами
harassing ~ *art* измáтывающий огóнь incendiary ~ стрельбá
зажигáтельными боеприпáсами indiscriminate ~ сплошнóй
огóнь
interdiction ~ *art* огóнь на воспрещéние
intermittent ~ прерывистый огóнь
long-range ~ *art* дáльный огóнь
mass ~ *art* сплошнóй огóнь
mutual ~ огневóе взаимодéйствие
naval support ~s корабéльная артиллерúйская поддéржка
neutralization ~ огóнь на подавлéние
non/conventional ~s не/обы́чный *или* не/я́дерный вид огня́
open ~ on st откры́ть огóнь по + d.
overwatching ~ *art* поддéрживающий огóнь с мéста
(чéрез гóлову продвигáющихся подразделéний)
plunging ~ *art* навеснáя стрельбá set ~ to поджигáть, поджéчь
point-blank ~ огóнь в упóр
random ~ беспоря́дочный
return ~ отвéтный огóнь
salvo ~ *art* зáлповый огóнь
smoke ~s *art* огóнь *или* стрельбá на задымлéние *или* на
ослеплéние suppression ~s *art* огóнь на подавлéние
unobserved ~ огóнь по ненаблюдáемым цéлям
volley ~ зáлпами *или* зáлповый огóнь
firing squad *n, mil* комáнда для расстрéла

AN ENGLISH – RUSSIAN MILITARY DICTIONARY

fireproof *adj* огнеупо́рный ого́нь
fire-resistant, ~-resisting *adj* огнесто́йкий
fire-worship *n, rel* огнепокло́ничество **fire-worshipper** *n, rel* огнепокло́нник

firing – *n, mil* стрельба́, (job, work layoff) увольне́ние
~ **from a range card** стрельба́ по ка́рточке огня́
~ **on the move at moving targets** стрельба́ (из та́нка, и.т.д.) с хо́ду по дви́жущимся це́лям ~ **pin** уда́рный механи́зм
~ **squad** кома́нда, наря́женная для расстре́ла (for execution); салю́тная кома́нда (honor guard)

first – *adj* пе́рвый
~ **generation (science)** пе́рвого поколе́ния
~/**second hand information** све́дения из пе́рвых/вторы́х рук
~ **strike** пе́рвый уда́р ~-**strike weapons** *n, mil* ору́жие для пе́рвого уда́ра **consider a** ~ **strike** замышля́ть пе́рвый уда́р

fit, suitable – *adj* го́дный
~ **for military service** го́дный к боево́й слу́жбе
fittest, survival of the ~ *n, soc, sci* есте́ственный отбо́р
fitness, suitability, validity *n* го́дность

flag – *n* флаг
~ **at half mast** флаг до полови́ны
~ **of convenience** – *n, bus* удо́бный флаг
~ **of truce** парламентёрский флаг
~ **rank** *n* адмира́льский чин, ~ьское зва́ние
show, raise the ~ поднима́ть *impf*, подня́ть флаг; *coll* напо́мнить о своём существова́нии
flagship *n* адмира́льский кора́бль *m*

flame – *n* пла́мя
flamethrower *n* огнемёт ~ **operator** огнемётчик
portable ~ ра́нцевый огнемёт
flammable *adj* воспламеня́ющийся ~ **substance** *n* горю́чее ОВ

flank – фланки́ровать, *n, mil* фланг
~ **attack** обхо́дная ата́ка
draw back a ~ оття́гивать фланг
expose a ~ оголя́ть фланг
extend a ~ удлиня́ть фланг

left ~ левофланго́вый maneuver around a ~ обходи́ть с фла́нга
offer a ~ подставля́ть фланг
present one's ~ подставля́ть свой фланг refuse a ~ отводи́ть
фланг наза́д
refused ~ отведённый наза́д фланг right-flank *adj*
правофланго́вый screen a ~ прикрыва́ть *impf*, обеспе́чивать
impf фланг
turn a ~ обходи́ть *impf* фланг vulnerable ~ уязви́мый фланг

flanking *adj* фланго́вый, фланки́рующий
~ fire фланки́рующий *или* обходя́щий продо́льный ого́нь
outflank обходи́ть *impf*, обойти́ *pf*
outflanking movement обхо́дное движе́ние

"flash" *commo* – "вне вся́кой очерёдности"
flash suppressor *n* пла́мегаси́тель *m*

flax – *n, agric* (plant) лён, (fibre) куде́ль ~-growing *n*
льново́дство flaxen *adj* льняно́й

fleet, surface – *n* надво́дный флот
Fleming ~ *n* флама́ндец *m*, флама́ндка *f*
Flemish *adj* флама́ндский, *n* флама́ндец *m*, флама́ндка *f*

the ~ *n* флама́ндцы *mpl*
fishing ~ *adj* рыболо́вный under sea ~ подво́дный флот

flexible response – *n, mil, pol* ги́бкая страте́гия; ги́бкое
реаги́рование

flight – *n* полёт полёт вне расписа́ния
~ overpass пролёт над це́лью low level ~ полёт на ма́лой высоте́
nap of the earth ~ полёт с огиба́нием рельефа ме́стности
unscheduled ~ *n* полёт вне расписа́ния

floating – *adj* пла́вающий, плаву́чий

flood – *vi* разлива́ться *impf*, разли́ться *pf*, *vt* затопля́ть *impf*,
затопи́ть *pf*; наводя́ть *impf*, наводни́ть *pf*, *n* наводне́ние
~-plain *n* заливно́й луг
~ relief *n* по́мощь пострада́вшим от наводне́ния

95

AN ENGLISH – RUSSIAN MILITARY DICTIONARY

flooding *n* затоплéние

flowchart – *n, bus, tech* блок-схéма

flying, piloting – *n* вождéние самолёта
~ **nap of the earth, contour flying** брéющий (брить) полёт
~ **saucers** *npl, soc* летáющие тарéлки
instrument ~ полёт при пóмощи прибóров; полёт по автопилóте
flyover *avn, n* пролёт

fodder, forage – *adj* фурáжный, *n* фурáж, фуражи́ровать *impf* ·
foraging *n* фуражирóвка

fog of war – *n, fig* неáсность боевóй обстанóвки
folding – *adj* складнóй, раскиднóй

food – *prefix* прод-, *adj* продовóльственный, пищевóй; *n* пи́ща,
~ **industry** пищевáя промы́шленность ~ **poisoning** пищевóе
отравлéние ~ **requisitioning** продразвёрстка ~ **stuffs** продýкты
питáния, продовóльствие, съестны́е припáсы, съестнóе
perishable foodstuffs скоропортáщееся продовóльствие

foot – *adj* ножнóй
one-~ *adj* фýтовый
footdragging *n, coll* проволóчка; умы́шленное затáгивание
footgear, protective *n* защи́тная óбувь **foot-path** – *n* тропá,
тропи́нка **peace footing** ми́рное положéние
war footing *n* боевóе положéние
put on a war ~ приводи́ть *impf* , привести́ *pf* в состоáние боевóй
готóвности

force, ~s – *n* си́ла, войскá
~ **a water barrier** форси́ровать *pf & impf* вóдной прéграды;
форси́ровать вóдную прегрáду ~ **feed** наси́льственно корми́ть
~ **multiplier/multiplication** фáктор повышéния боевы́х
возмóжностей войск ~ **on hand** нали́чные войскá
~ **reconstruction** *n* восстановлéние боеспосóбности войск и сил
~**s allocated to NATO** войскá, вы́деленные для включéния в ОВС
НАТО
air mobile ~ перевози́мые вертолётами войска на вертолётах
amphibious assault ~ *n* морскóй десáнт **assault** ~ десáнт
blue ~s (CPX, etc) *mil* «си́ние«

contingency ~ *n* резерв; резе́рвная операти́вно такти́ческая гру́ппа **covering** ~ войска́ о́бщего прикры́тия
desired ~ **ratio** *n, mil* жела́емое соотноше́ние сил и сре́дств
enveloping ~ *n* обхва́тывающая группи́ровка
expeditionary ~ экспедицио́нные войска́
exploiting ~ войска́ разви́тия успе́ха
follow on ~ войска́ второ́го эшело́на
forward area ~ войска́ пе́рвого эшело́на
general-purposes ~ *nfpl* си́лы о́бщего назначе́ния
general-purposes naval ~ морски́е си́лы о́бщего назначе́ния
ground ~s назе́мные войска́
ground ~s **aviation** *n* авиа́ция сухопу́тных войск
helicopter assault ~ *n* возду́шно-штурмова́я гру́ппа
holding ~ ско́вывающая гру́ппа
hunter-killer ~ поиско́во-уда́рная гру́ппа
immediate reaction (IRF) ~ войска́ бы́строго реаги́рования
Implementation Force(s), (IFOR; NATO) Си́лы выполне́ния соглаше́ния (ИФОР)
insurmountable ~ непреодоли́мая си́ла
landed ~s *npl* поса́дочные деса́нты
main ~ гла́вные си́лы
opposing ~ противобо́рствующая си́ла, противостоя́щая си́ла
rapid deployment (RDP) ~ си́лы бы́строго развёртывания, «СБР«
red ~s **(command post exercise, etc.)** *n* «красные«

retaliatory ~s си́лы для нанесе́ния отве́тного уда́ра
sealift ~s си́лы и сре́дства мо́рских перево́зок
search and destroy ~ поиско́во-уда́рная гру́ппа
show of ~ демонстра́ция си́лы
special-operations ~ си́лы спецопера́ции
Stabilization Force(s), (IFOR; NATO) Си́лы стабилиза́ции
thin out ~s уменьша́ть *impf* пло́тности боевы́х поря́дков
work ~ рабо́чая си́ла

forecast – *n* прогно́з
long range ~ долгосро́чный прогно́з **weather** ~ прогно́з пого́ды
ford – *n* брод, *vi* переправля́ться вброд **by** ~ *adv* вброд
fordability спосо́бность преодолева́ть брод

foreign – *prefix* внешне-; *adj* иностра́нный, заграни́чный; (alien) чужо́й ~ **affairs** междунаро́дные дела́ *npl*
~ **aid** *n* иностра́нная по́мощь

AN ENGLISH – RUSSIAN MILITARY DICTIONARY

~ currency *adj* инвалютный, *n* инвалюта
~-economic *adj* внешнеэкономический
~ intelligence service *n* служба внешней разведки
~-policy *adj* внешнеполитический, *n* внешняя политика
~-trade *adj* внешнеторговый

forensic – *adj* судебный
forest – *n* лесной forester *n* лесник forestry *n* лесное хозяйство
forfeiture of pay *n* денежное взыскание

forged – *adj* подложный ~ document подложный документ
forger *n* подделыватель *m*, фальсификатор
forgery *n* подлог, подделка

forklift – *n* вилочный автопогрузчик

form – *n* бланк
~ of government государственный строй, форма правления
message ~ бланк донесения requisition ~ бланк требований

formation – *n* строй, боевой порядок, (mil units) воинское
формирование
air ~ лётный строй armored ~ *n* танковое соединение
assault ~ боевой порядок в наступлении
battle ~ боевой порядок bounding overwatch ~ боевой порядок
«перебежки поэшелонно» deployed ~ развёрнутый порядок
open ~ разомкнутый порядок *или* строй

staggered ~ шахматный порядок
T -~ боевой порядок в виде буквы «Т«
V -~ боевой порядок «углом назад«
wedge ~ боевой порядок «углом вперёд«

fortification – *n, mil* укрепление, фортификация

forward – *adj* передний
~ defenses *n* предполье
~ defensive area *n* прифронтовая полоса
~ edge of the battle area (FEBA) передний край обороны
forward air controller (FAC) *n* передовой авианаводчик

foster child – *n, leg, soc* приёмный ребёнок foster mother
приёмная мать

AN ENGLISH – RUSSIAN MILITARY DICTIONARY

four-cylinder (engine) – *adj* четырёхцилиндро́вый
foxhole – *n, mil* блинда́ж; око́п, одино́чный око́п; ро́вик
стрелко́вая; *adj* яче́йковый, *n* яче́йка
fradulent – *adj* обма́нный, (deceptive) обма́нчивый
fragmentary – *adj* отры́вочный, фрагмента́рный
franc tireur – *Fr hist* франтирёр

Franciscan – *adj, rel* франциска́нский, *n* франциска́нец
Francophile – *adj* франкофи́льский, *n* франкофи́ль
Francophone *adj* франкоязы́чный
Frank *n, Fr/Ge hist* франк Franko- *prefix* франко

fraternal – *adj* бра́тский fraternization – *n* бра́тство, брата́ние
fraternize – брата́ться; обша́ться *impf*
fratricide – *n* взаи́мное уничтоже́ние fratricidal *adj*
братоуби́йсвтенный

free will – *n, phil, rel* свобо́да во́ли
Free World – *n, pol* стра́ны свобо́дного ми́ра

freedom – *n, leg, soc* свобо́да ~ of assembly свобо́да собра́ний
~ of conscience свобо́да со́вести ~ of religion свобо́да
вероисповеда́ния *или* ве́рований
  of speech свобо́да сло́ва ~ of the press свобо́да печа́ти
~ of the seas свобо́да судохо́дства *или* морепла́вания
~ of worship свобо́да отправле́ния религио́зных ку́льтов
~ to strike свобо́да ста́чек

freelancer – *n* лицо́, рабо́тающее без догово́ра freethinker *n,*
soc вольноду́мец
freeze – *n* (frost) замора́живание, моро́з, замора́живать *impf,*
заморо́зить *pf*
freeze-dried *adj* обрабо́танный ме́тодом замора́живания *или*
высу́шивания freeze-dry бы́стро замора́живать и зате́м
высу́шивать в ва́куме wage ~ *n, econ* замора́живание
за́работной пла́ты, замора́живание зарпла́ты

French – *adj* францу́зский
~ Foreign Legion *n, Fr mil* францу́зский иностра́нный легио́н
~ Indochina – *n, geo, hist* Францу́зский Индокита́й
~ French of General De Gaulle – *WWII* «Свобо́дная Фра́нция»
генера́ла де Го́лля

AN ENGLISH - RUSSIAN MILITARY DICTIONARY

Frenchified *adj* офранцуженный   Frenchifiy, Gallicize *vt* офранцузить *pf*

frequency - *n, commo* частота́ assigned ~ назна́ченная частота́ audio ~ звукова́я частота́ microwave ~ сверхвысо́кая частота́ radio ~ *n* радиочастота́

freshman - *n, soc* первоку́рсник
frogman - *n, mil* водола́з-разве́дчик,
front side (building, etc) - *n* лицева́я сторона́
frontage *n* ширина́ фро́нта

frontier - *adj* пограни́чный ~ guard *n* пограни́чник; ~ or border guards пограни́чная стра́жа frontline *adj* фронтово́й

frost-bite - *n* обмороже́ние, обмора́живние
frost-bitten *adj* обморо́женный

fuel - *adj* то́пливный, *n* горю́чее, то́пливо
~ point *n* запра́вочный пу́нкт ~ standardization *n* стандартиза́ция горю́чего и то́плива fueling *n* запра́вка горю́чим
fossil ~ окамене́лое то́пливо

fulcrum - *n, sci* то́чка опо́ры, то́чка приложе́ния си́лы
fumigation - *n* оку́ривание
functional - *adj* функциона́льный
fungicide - *n, med* фунгици́д fuselage - *n, avn* фюзеля́ж
fuze, firing device ~ - *n* взрыва́тель
all-purpose ~ универса́льный взрыва́тель delayed action ~ взрыва́тель заме́дленного де́йствия

AN ENGLISH - RUSSIAN MILITARY DICTIONARY

G

gaffe (speech) – *n, soc* неуме́стный посту́пок; опло́шность *f;* ло́жный шаг
gambit – *n, pol* про́бный шар; пе́рвый шаг

game – *n* игра́ ~ theory *n* тео́рия игр
battle simulation ~ вое́нная игра́ с модели́рованием
сраже́ния end ~ *n* э́ндшпиль Olympic Games Олимпи́йские
и́гры war ~ вое́нная игра́ war gaming проведе́ние игр
zero-sum ~ игра́ с /нулево́й су́ммой/нулевы́м исхо́дом

gap – *n* отстава́ние
bomber ~ *US, pol,* 1950s отстава́ние в бомбардиро́вочной
авиа́ции missile ~ *US, pol,* 1950s отстава́ние в чи́слах я́дерных
раке́т plug, fill a ~ *vt* заполня́ть *impf,* заполни́ть *pf, vt*
ликвиди́ровать *pf & impf* пробе́л, разры́в

garden, cultivated – *adj* садо́вый, *n* сад
gardener, grower *n* садово́д
gardening, horticulture *adj* садово́дческий
gardening, horticultural establishment *n* садово́дчество

Gary Powers and the U-2 incident (US pol, 1960) – Гэ́ри Па́уэрс
и «у-2« де́ло
garrison – *n, mil* гарнизо́н

gas – *adj* га́зовый, *n* газ
~ chamber (WW II) *n* га́зовая ка́мера
~ engine га́зовый дви́гатель ~-proof *adj* газонепроница́емый
"gas!" (verbal warning) *n* " га́зы!"
carbon dioxide ~ уга́рный газ exhaust ~ выйхлопно́й газ
liquified ~ сжижённы low on ~ недоста́ток в горю́чем
marsh ~ боло́тный газ mustard ~ горчи́чный газ; ипри́т
nerve ~ не́рвно-паралити́ческое ОВ poison ~ *n, mil*
отравля́ющее вещество́ (ОВ), ядови́тый газ
used or waste ~ отрабо́танный газ vomiting ~ рво́тный газ

gasmask *n* противога́з
gasahol *n, US econ* спиртово́е горю́чее
gaseous *adj* газообра́зный
~-proofing герметиза́ция

AN ENGLISH – RUSSIAN MILITARY DICTIONARY

gastrointestinal – *adj, med* желу́дочно-кише́чный

Gaullism (post WW II Fr) – *n, Fr pol* голли́зм/дего́ллевская поли́тика **Gaullist** *adj, Fr pol* голли́стский, *n* голли́ст
gay liberation – *n, soc* движе́ние гомосексуали́стов
gear; tackle, rigging – *n* снасть *f*
in high ~ на большо́й ско́рости
geiger counter – *n, sci* счётчик Гейгера

general – *prefix* ген-
~ **council** *n* генсове́т
~ **elections** *nmpl* всео́бщие вы́боры
~ **plan** *n* генпла́н
~ **purpose** о́бщего назначе́ния
~ **staff** *n* генштаб
General Agreement on Tariffs and Trade (GATT; US 1948) – Генера́льное соглаше́ние по тари́фам и торго́вле (ГАТТ)
General Assembly *n, UN* Генера́льная ассамбле́я (ООН)
General Electric *n, US firm* «Дже́нерал Эле́ктрик«
consul-~ *n, pol* генко́нсул **consulate-~** *n, pol* генко́нсульство
generalissimo *n* генерали́ссимус
generally, commonly accepted *adj* общепри́знанный
generalship *n* вое́нное иску́сство

Geneva Convention (1864, and the 20th cent) – *n, leg* Жене́вская Конве́нция
genocide – *adj* геноци́дный *n* геноци́д
gentry, landed – *n, hist* землевладе́льческая аристокра́тия

geo – *prefix* гео- **geologist** *n* гео́лог
geopolitics *adj, pol* геополти́ческий, *n* геополи́тика
geosynchronous *adj, sci* геосинхро́нный

German-Austrian Anschluss – *Ge pol, 1938* а́ншлюс - присоедине́ние Австрии к Германию **German studies** *n* германи́стика **Germanic** *adj* герма́нский
Germanization германизи́ровать *pf & impf*; *n, soc* онеме́чение, *n* германиза́ция **Germanize** *vt* германизи́ровать *pf & impf* ; *vt* онеме́чивать *impf*, онеме́чить *pf*
Germanophile *n* германофи́л **Germanophobe** *n* германофо́б
Germanophobia *n* германофо́бия **German-speaking** *adj* германоязы́чный

AN ENGLISH – RUSSIAN MILITARY DICTIONARY

Gestapo – *Ge WW II adj* гестáповский, *n* гестáпо, гестáповец (agent)

get out of control вне контрóля, вы́йти *pf* из-под контрóля
get out of hand вы́йти *pf* из-под контрóля
get-together *n* сбóрище
get *or* go under way *vi* направля́ться *impf*, напрáвиться *pf*

Gethsemane – *n, rel* Гефсимáния
ghetto – *n, indecl* гéтто
~ blaster (radio) *n, soc* переноснóй радиомагнитофóн

ghost town – *n, soc* гóрод-при́зрак
GI – *n, US mil* "джи-áй" *indecl* GI Jane *n, US pol* жéнщина-солдáт

glass – *n* стеклó bullet-proof ~ броневóе стеклó
laminated ~ слóйстое стеклó

glide – плани́ровать *impf*, сплани́ровать *pf* glider *n* планёр
global warming – *n, sci* глобáльное потеплéние
gnostic – *n, hist, rel* гнóстик
go too far, to overdue it – *coll* перебáрщивать в + p. *impf*, переборщи́ть в + p. *pf*

God save the Queen/King! – *coll* бóже, храни́ королéву!/короля́!
Golan Heights (Mideast geo) – *n* Голáнские высóты

gold rush – *n* золотáя лихорáдка
good Samaritan – *n, rel* дóбрый самаритя́нин
goose step – *WW II Ge mil* строевóй шаг
Gorbachev supporter – *Ru pol* горбачеви́ст
Gordian knot – *lit/fig* гóрдиев у́зел

Goth, ~s – *n, hist* гот, *npl* готы Gothic *adj* готи́ческий
Ostrogothic *adj* остгóтский Ostrogoth *n* остгóт
Visigothic *adj* вестгóтский Visigoth *n* вестгóт

governance – *n* управлéние чем-л, руковóдство чем-л
government – *adj* госудáрственный, прави́тельственный; *n* госудáрство, прави́тельство
buffer ~ *pol* «бýферное« госудáрство

AN ENGLISH – RUSSIAN MILITARY DICTIONARY

caretaker ~ вре́менное прави́тельство
center-right ~ правоцентри́стское прави́тельство
de facto ~ прави́тельство, при́знанное де-фа́кто
~-in-exile прави́тельство в изгна́нии

Her/His Majesty's Government госуда́рство Её/Его́
Вели́чество
misgovern плохо́е управля́ть *impf* + i.; плохо́е руководи́ть *impf*
+ i.
misgovernment *n* плохо́е управле́ние, руково́дство (чем)
nonaligned ~ неприсоедини́вщееся госуда́рство
nonbelligerent ~ невою́ющее госуда́рство
overthrown ~ све́ргнутое госуда́рство
provisional ~ *Ru, March - November 1917* Вре́менное
прави́тельство
puppet ~ марионе́точное прави́тельство
satellite ~ госуда́рство-сателли́т, сателли́т
secular ~ све́тское госуда́рство
self-~ *n* самоуправле́ние self-governing *adj* самоуправля́ющийся
US-backed ~ госуда́рство, поддержива́емое США
governmental *adj* прави́тельственный
governorship *n* губерна́торство

grader (road const) – *n* гре́йдер, струг
graffiti – *nfpl* на́дписи (на сте́нах)

grain, core, kernel, seed – *n, agric* зерно́
~ carrier (ship) *n* зерново́з ~-growing *adj* зерново́й
~ trade зернова́я торго́вля
state ~ farm *Sov* зерносовхо́з
state ~ purchases *nfpl* госуда́рственные хлебозагото́вки
granary *n, agric* зернохрани́лище

Grand Old Party (GOP) – *US pol* Республика́нская па́ртия
grant recognition – *n* предоста́вить *pf* призна́ние
grapevine (pol, rumors, etc) – *n* исто́чник полити́ческих
слу́хов; (soldier talk) *n* "солда́тский телегра́ф"
graph – *n* гра́фик update a ~ ревизова́ть *pf & impf* гра́фик
grass roots movement – *n* стихи́йное движе́ние
grass roots show of support *n* стихи́йное проявле́ние подде́ржки
grease, lubricant – *n* сма́зка to grease, lubricate сма́зывать *impf*,
сма́зать *pf*

Great Depression (1929-1936) - *n, soc, econ* Вели́кая депре́ссия
Great Leap Forward (1958-60 in PRC) *n, soc* «большо́й скачо́к«
Great Powers (Europe, pre-WW I to post WW II) *n, Eur hist* вели́кие держа́вы
Great Wall of China *n* Вели́кая кита́йская стена́

Green Berets - *n, mil* «зелёные бере́ты«
green movement - *n, pol, soc* движе́ние «зелёных«
Greenpeace - *n, soc* «грнипис«
greenhouse effect - *n, sci* тепли́чный *или* парнико́вый эффе́кт

grid - *geo, adj* гра́дусный, *n* гра́дусная се́тка, сеть *f*

grenade - *n, mil* грана́та **grenadier** *n, mil* гранатомётчик
rocket propelled (**RPG**) ~ реакти́вная грана́та
training ~ уче́бная грана́та

gross national product (**GNP**) - *n, econ* валово́й проду́кт страны́
(ВПС)

ground - *adj* назе́мный, *n* земля́, ме́стность, грунт, по́чва
~ **avenue of approach** по́лоса назе́мных подхо́дов
~ **based** назе́много бази́рования ~ **control** назе́мное
управле́ние ~-**controlled** *adj* ~ **crew** назе́мная кома́нда
~ **feature** *n* местный предмет ~ **flight support facilities** сре́дства
назе́много обеспе́чения полётов ~ **zero** (**nuclear**) *n* эпице́нтр
я́дерного взры́ва **clayish** ~ гли́нистыи грун i
compact ~ пло́тный грунт, слежа́вшийся грунт
excavated ~ вы́нутый грунт
fishing ~**s** места́, отведённые для ры́бной ло́вли
from the ~ **up** сни́зу до́верху **low lying** ~ низи́на
nature of bed ~ (**river, etc**) грунт дна **packed** ~ пло́тный грунт
sandy ~ песча́ный грунт **sloping** ~ пока́тая ме́стность
soft ~ мя́гкий *или* сла́бый грунт **stoney** ~ камени́стый грунт
testing ~ испыта́тельный полиго́н
thawed ~ та́лый грунт **training** ~ *n* уче́бное по́ле
unstable ~ неусто́йчивый грунт **groundless** *adj* необосно́ванный

group - *n* гру́ппа **age** ~ *n* возрастно́й контиге́нт
amphibious ~ *n, nav* деса́нтный отря́д, отря́д вы́садки
army ~ *n* фронт, гру́ппа а́рмий **blood** ~ гру́ппа кро́ва

AN ENGLISH – RUSSIAN MILITARY DICTIONARY

command ~ гру́ппа управле́ния, кома́ндование sub-group *n* подгру́ппа

guard, watch – *n* стра́жа flank ~ *n* боково́е *или* фланго́вое охране́ние

guidance – *n* управле́ние, наведе́ние, руково́дство
command ~ *mil* кома́ндное управле́ние mid-course ~ наведе́ние на сре́днем уча́стке траекто́рии

guillotine – *n* гильоти́на to guillotine *vt* гильотини́ровать *pf & impf*
guinea pig – *fig* подо́пытный ркро́лик

gulag – *Sov hist, pol* Гла́вное управле́ние исправи́тельно-трудовы́х лагере́й (ГУЛА́Г)

Gulf of Tonkin – *n, geo, mil, pol, hist* Тонки́нский зали́в

gun – *n* пу́шка, ору́дие, огнестре́льное ору́жие
~ crew section *n* оруди́йный расчёт ~ layer *n, art* наво́дчик-ору́дия ~ stabilizer стабилиза́тор пу́шки
high velocity ~ пу́шка с высо́кой нача́льной ско́ростью снаря́да
low velocity ~ пу́шка с ни́зкой нача́льной ско́ростью снаря́да
mini-~ (M-134; 6 barreled) *n* «ми́ниган»
tank turret-mounted machine ~ *n* ба́шенный пулемёт
gunboat – *n* каноне́рская ло́дка

gung-ho – *adj, coll* разуха́бистый, у́харский

gunner – *n* наво́дчик (crew-served weapon), огневи́к
assistant ~ помо́щник наво́дчика
RPG ~ *mil* стрело́к-гранатомётчик

AN ENGLISH – RUSSIAN MILITARY DICTIONARY

H

habeas corpus – *n, leg* Хáбеас Кóрпус
habitable, habitability – *adj* обитáемый
hacker, computer ~ – *n* компью́терный взлóмщик
hamlet – *n* деревýшка

Hanoi – *adj* Ханóйский, *n, geo* Ханóй
Hasidic – *adj, rel* хасúдский
Hague, the – Гаáга
Hague Conventions (on treatment of POWs, neutral nations, cultural places and individual rights) *n, leg* Гаáгские конвéнции

half – *prefix* пол-, полу-
~-baked idea/measures *n* непродýманная идéя; непродýманные мéры ~-life *n, sci* перúод полураспáда
~-tracked *adj* пóлугýсеничный

Hamas (Islamic terrorist organization) – ХАМАС, Хамас
hammer and sickle – *n, Sov* серп и мóлот
hand-to-hand fighting – *n* рукопáшный бой; воевáть врукопáшную; самозащúта без орýжия (самбо)
get out of hand *coll, vi* извóльничаться *pf*

handicapped, mentally ~ – *adj* ýмствонно неполноцéнный
physically ~*adj* физúчески неполноцéнный
hang-gliding *adj* дельтаплáнерный, *n* дельтапланерúзм
hang-glider *n* (plane) дельтаплáн, (person) дельтапланерúст *m*, дельтапланерúстка *f*

handling – *n* обращéние machine gun ~ обращéние с боеприпáсами ammo ~ обращéние с спулемётом improper ~ непрáвильное обращéние

hara-kiri (Ja, WWII) – харакúри *indecl*
harbor – *n* гáвань, порт
hardliner – *n, pol* сторóнник «жёсткого кýрса« в полúтике
hardware store – *n* магазúн скобяны́х издéлий
hardy, robust, sturdy – *adj* выно́сливый, *n* выно́сливость *f*

Hare Krishna – *adj, rel* кришнайтский Hare Krishna follower – *n* кришнайт

AN ENGLISH – RUSSIAN MILITARY DICTIONARY

harvest – *adj* уборочный *n, agric* (yield) урожай, уборка
bad ~ *n* неурожай **bad** ~ **year** *n* неурожайный год
harvester *n* (person) жнец *m*, жница *f*, (machine) уборочная
машина **harvesting** *n* жатва, сбор урожая, уборочная

Hashemite – *adj* хашимитский, хашимит *n*
Hasidic – *adj, rel* хасидский
hasty – *adj* поспешный
hatch – *n* люк, лючок **hawk** – *n, lit/fig* ястреб
heading, direction, course – *n* курс, пеленг, направление
heart attack – *n* сердечный приступ
headquarters, general ~ (GHQ) – *n, mil* ставка **parent** ~
головной штаб

heat – *n* жара, теплота; *vt* нагревать *impf* нагреть *pf*
~proof or resistant *adj* жаростойкий, жаропрочный
~ stroke *n* тепловой удар ~ **wave** *n* полоса/ период сильной
жары **heating** *n* обогревание, отопление

heavy – *adj* тяжёлый
~ caliber *adj, mil* крупнокалиберный ~-**duty** *adj* сверхпрочный,
ноский ~-**ladened** *adj, lit* тяжело нагруженный, *fig* удручённый
~ losses *n, mil* большие потери

heavily – *prefix* тяжело-
~ armed *adj* тяжеловооружённый ~ **armored** *adj*
тяжелобронированный ~ **engaged, commited** *adj* ведущий
тяжёлый бой; сильно обстреливаемый противником
~ protected *adj* обороняемый крупными силами
~ reinforced *adj* получивший сильные подкрепления

hectar – *n, agric* гектар
hedgehog – *n, lit/fig* ёж **antitank** ~ *n, mil* противотанковый ёж
(ПТ) **hegemony** – *n, pol* гегемония
"Heil Hitler!" (hist., Nazi period) – «хайл Гитлер!»
heinous – *adj* гнусный, омерзительный

helicopter – *n, mil* вертолёт; вертушка (slang)
~ borne перевозимый на вертолётах; аэромобильный
~ borne перевозимый на вертолётах; аэромобильный
~ carrier десантный вертолётоносец
~ inserted десантированный вертолётами

AN ENGLISH – RUSSIAN MILITARY DICTIONARY

~ landed высáживаемый с вертолётов
air-to-air ~ вертолёт-истребúтель
air cavalry ~ вертолёт развéдывательного подразделéния
airmobile ~ трáнспортно-десáнтный вертолёт
all-weather attack ~ всепогóдный удáрный вертолёт
attack ~ удáрный вертолёт
carrier based ~ пáлубный вертолёт
combat support ~ вертолёт боевóго обеспéчения
ECM ~ вертолёт РЭП EW ~ вертолёт РЭБ
heavy lift ~ тяжёлый трáнспортный вертолёт
hunter-killer ~ landed высáживаемый с вертолётов–поискóго-удáрный вертолёт
light lift ~ лёгкий вертолёт
logistics support ~ трáнспортный вертолёт тыловóго обеспечéния medevac ~ санитáрный вертолёт
medium lift ~ средний трáнспортный вертолёт
mock-up ~ макéт вертолёта
multi-purpose ~ многоцелевый
night capable ~ ночнóй вертолёт
rocket armed ~ вертолёт с ракéтным вооружéнием
ship based ~ корабéльный вертолёт
special operation ~ вертолёт специáльного назначéния, спецназначéния
troop lift ~ трáнспортно-десáнтный вертолёт

British helicopters:
EH-102, "Мерлин", "Merlin" (Br & It)
HAEW.Mk2, "Си Кинг (Mark 2)", "Sea King"

French:
SA-16, SA-319 "Алуэтт" III Alouette
SA-330 "Пума", "Puma"
SA-330, "Суепр Пума", "Super Puma"
SA-341/342 "Газель", "gazelle"
SA-360, 365 "Дофэн", "Dauphin"
SA-532, "Кугар", "Cougar"

German (FRG):
Bo.105
VK.117 (Ge, Ja)

Italian:
A.109 "Хирундо", "Chirundo"
A.129 "Мангуста", "Mongoose"

U.S. helicopters:
AH-1 Cobra ~ «Хью кóбра«
AH-64 Apache ~ «Апач«
CH-47 Chinook ~ «Чинýк« (трáнспортно-десáнтный вертолёт)
CH-53 Sea Stallion ~ «Си Стэльён«
EH-60A Quick Fix (EW) ~ «Квик Фикс«
MD McDonald-Douglas ~ МД-500, 530, 900 "Иксплорер"
OH Kiowa ~ «Кайóва«
SH-60B ~ "Sea Hawk" "Си Хóук"
UH-1 Iroquois ~ «Ирокéз«
UH-1/SH-2 ~ "Sea Sprite" "Си Спрайт"
UH-60 Blackhawk ~ «Блэк Хóук«

V-22 Osprey ~ «Оспрей«

Soviet/Russian helicopters:
Ми-8, Ми-14, Ми-17
Ми-24, "летáющий танк" (flying tank)
Ми-26, Ми-28, Ми-34
Ка-27, Ка-29, Ка-31, Ка-32, Ка-50, Ка-52

heliport, helipad – *n* вертолётная площáдка, вертодрóм

helmet – *n* шлéм, кáска **CVC** ~ *n* шлемофóн
put on, remove ~s надевáть *impf*, надéть *pf* кáски; снимáть *impf*, снять *pf* кáски

hemisphere – *n, geo* полушáрие
herbivorous – *adj* травоя́дный
heraldry – *n, hist* герáльдика

herding, rounded up, rounding up *adj* сгóнный, *n* сгон
herdsman, driver *n* сгóнщик

heresy – *n* éресь **heretic** *n* еретúк *m*, еретúчка *f*
heretical *adj* еретúческий

AN ENGLISH – RUSSIAN MILITARY DICTIONARY

hermetically sealed – *adj* герметизо́ванный
hero worship – *n, soc* преклоне́ние пе́ред геро́ями, *pej* культ
ли́чности
heroin addict – *n, coll* геро́йнщик

hibernate – *vi* находи́ться *impf* в зи́мней спя́чке   **hibernation** *n*
зи́мняя спя́чка
hideout – *n* убе́жище, укры́тие

high – *adj* вы́сший
~ **class** *adj, soc* высо́кого кла́са
~ **command** *n, mil* верхо́вное *или* вы́сшее кома́ндование
~-**powered** *adj* (of an engine) большо́й мо́щности
~-**pressure work** напряжённая рабо́та
~-**priced** *adj* дорогосто́ящий
~-**ranking** *adj* высокопоста́вленный; *also as a n*
~ **school** *n* сре́дняя шко́ла
~ **seas** *n* откры́тое мо́ре, (on high seas) в откры́том мо́ре
~-**speed, quick-acting** *adj* быстроде́йствующий; быстролётный,
высокоскоростно́й, сверхскоростно́й
~-**technology** *n* высокосло́жная техноло́гия
in ~ places *fig* в верха́х, в вы́сших сфе́рах
the higher ups *n, soc, mil* верхи́ *mpl*, высокопоста́вленный
Highlander *adj* го́рский, го́рец *m*, горя́нка *f*
Highlands *n, geo* се́вер и се́верозá́пад Шотла́ндии

hijack – *vt* угоня́ть *impf*, угна́ть *pf;* уго́н, похище́ние
~ **an airliner** угна́ть авиала́йнер   **hijacker, skyjacker** *n, pol*
уго́нщик *m*, похити́тель *m*

Hindu – *adj* инду́ский; *n, rel* инду́с *m*, инду́ска *f*
Hinduism *n, rel* индуи́зм   **Hindustani** *n, indecl* хиндуста́ни *m*
Hispanic world – *n, geo, soc* испа́но-португалоязы́чный мир
Hispanist – *n, soc* испани́ст

hit the target – *vt* попада́ть *impf*, попа́сть *pf* в цель
first round hit – *n* попада́ние с пе́рвого вы́стрела
hitchhiker – *n* автосто́повец *m*, автосто́повца *f;* автосто́пщик *m*,
автосто́пщица *f*   **hitchhiking** *n* автосто́п

Hitler youth – *n, Ge pol* гитлерю́генд   **Hitlerian** *adj* ги́тлеровский
Hitlerism *n* гитлери́зм   **Hitlerite, ~s** *n* ги́тлеровец *m*, ги́тлеровцы

AN ENGLISH – RUSSIAN MILITARY DICTIONARY

Hizbollah (Islamic terrorist group) – n »Хезбо́лла«
Ho Chi Minh trail – n, mil hist тропа́ Хо-ши-мина
hoard, set aside (for later use) – vt припря́тывать impf, припря́тать pf
Hohenzollern, ~s (Ge hist, 1415-1918) – Гогенцо́ллерн, Гогенцо́ллерны

hoist – поднима́ть impf, подня́ть pf hoisting adj подъёмный
hold out, to ~ – vi продержа́ться pf

holocaust – n ма́ссовое уничтоже́ние
nuclear ~ я́дерная катастро́фа
Holocaust (WW II) n, hist холоко́ст

holy – adj свято́й
~ war n свяще́нная война́
Holy of Holies lit, fig Свята́я Святы́х Holy Land n, geo Свята́я земля́ Holy Roman Empire n, Ge hist Свяще́нная Ри́мская импе́рия Holy See (Papacy) n, rel Святе́йший Престо́л
His Holiness (title for the Pope and Patriarchs) его́ святе́йшество

home – n дом
~-made adj самоде́льный ~ owner n домовладе́лец m, домовладе́льца f senior citizens' ~ дом престаре́лых

homeless – adj бездо́мный
~ person бомж (без определённого ме́ста жи́тельства), npl бездо́мные

homicide – n, leg уби́йство
~ squad n отря́д сыскно́й полиции по рассле́дованию уби́йств justifiable ~ уби́йство при смягча́ющих обстоя́тельствах

homing – adj, mil самонаводя́щийся, n самонаведе́ние
~ device n самонаводя́щееся устро́йство ~ instinct n тя́га домо́й
homo sapiens – n хо́мо са́пиенс

homogeneous – adj одноро́дный, гомоге́нный
homogenize vt, (vi)гомогенези́ровать(ся) impf
Hong Kong – n, geo Гонко́нг
honor guard (firing squad) – n салю́тная кома́нда
horizon, skyline – n горизо́нт

horizontally – *adj* горизонта́льный

horse – *adj* ко́нный, лощади́ный; *n* конь, ло́щадь *f*
~ **doctor, farrier** *n* конова́л ~-**drawn** на ко́нной тя́ге
~ **market** *n* ко́нная я́рмарка ~- **breeding** *n* коннозаво́дство
~-**stealing** *n* конокра́дство ~-**thief** *n* конокра́д
horsepower *n* лощади́ная си́ла

hospital – *n* го́спиталь
~ **dischargee** *n* вы́писавшиися из го́спиталя
~ **orderly** *n* санита́р го́спиталя

hostage – *n* зало́жник **taking of** ~s взя́тие зало́жников
hostile – *adj* вражде́бный, *n* "чужо́й"
hostilities, renewal of ~ возобновле́ние вое́нных де́йствий
hot line – *n, US/SU pol* «горя́чая ли́ния« **hot spot** «горя́чая
то́чка«; оча́г вое́нной опа́сности

Hotchkiss (Fr firm) – *n* «Го́чкис« **hourly** *adj* ежеча́сный
~ **pay** почасова́я пла́та

House of Hanover – *n Br, Ge hist* Ганно́верская дина́стия
House of Lords/Commons *n, Br, pol* Пала́та ло́рдов/о́бщин
House of Representatives *n, US pol* Пала́та представи́телей
lower house of Congress *n, US pol* ни́жняя пала́та Конгре́сса
upper house of Congress *n, US pol* ве́рхняя пала́та Конгре́сса
housekeeping – *n, soc* домово́дство

hovercraft – *n* кора́бль на возду́шной поду́шке
hovering (helicopter) *n* полёт в режи́ме зависа́ния
howitzer battery – *n* га́убичная батаре́я
Huguenot (Fr Protestants) – *adj, Fr hist* гугено́тский, *n* гугено́т

human – *adj* челове́ческий, *n* челове́к; **make** ~ очелове́чивать
impf, очелове́чить *pf* ~ **race** *n, soc* челове́ческая ра́са, род
людско́й ~ **rights activist** *n, soc* боре́ц за права́ челове́ка
~ **immunodeficiency virus, HIV** – *n, med* ви́рус иммуно-дефици́та
челове́ка (ВИЧ)
HIV- negative с отрица́тельной реа́кций на ВИЧ
HIV- positive с положи́тельной реа́кций на ВИЧ
humanitarian – *adj* гума́нный, челове́чный, человеколюби́вый
n гумани́ст ~ **aid** *n* гуманита́рка; гуманита́рная по́мощь

humanity (human race) челове́чность f, (human nature) челове́чество

humid - adj вла́жный become humid, damp влажне́ть impf, повлажне́ть pf humidity n вла́жность f
hundredfold - adj стокра́тный, adv во́ сто крат, в сто раз
hundredth adj со́тый a ~ со́тая

hunger-march - n голо́дный похо́д
~-strike n голодо́вка
hungover - adj, coll страда́ющий с похме́лья/перепо́я

hunting - adj охо́тничий, n охо́та ~ ground охо́тничье уго́дье
hut - n бара́к
hydrant, fire ~ пожа́рный кран, гидра́нт hydraulics - n гидра́влика

hydro - prefix гидро-
~-electric power adj гидроэнергети́ческий, гидроэлектри́ческий
~-electric power engineering n гидроэнерге́тика
~-electric power station n гидроэлектроста́нция
~-engineering adj гидротехни́ческий
~-engineering n гидроте́хника
~-engineering complex n гидроу́зел
~-power n гидроэнергия
hydrography n гидрогра́фия hydroplane n полуглиссёр

hygiene - n гигие́на hygienic adj гигиени́ческий

hypersonic - adj гиперзвуково́й

hypothetical - adj гипотети́ческий

I

Iberia - *n, geo* Ибéрия Iberian *adj* ибери́йский
icon painting - *n* и́конопись *f*

identification - *adj* опознавáтельный, *n* распознавáние,
опознавáние
~ card (ID) *n* идентификациóнная кáрточка
~ friend or foe (IFF) *n* систéмы опозновáния «свой-чужóй»
~ papers докумéнты удостовéряющие ли́чность *f*
positive target ~ *n* достовéрное опозновáние цéли
identify опознáть *impf,* опознáть *pf;* распознавáть *impf,*
распознáть *pf*

ideology - *n* мировоззрéние
ignorant (uninformed) - *adj* несвéдущий
Ilyushin (Ru. aircraft manufacturer) - Илью́шин, Ил.

ill-fated - *adj* злополу́чный illegals - *npl* нелегáлы

illiteracy - *n* безгрáматность, негрáматность *f*
illiterate *adj* негрáматный
illuminate - освещáть *impf,* освети́ть *pf*
illuminated *adj* засвéченный illumination device *n* аппарату́ра
подсвéтки

imagery - *n* изображéние, отображéние
imam (Islamic priest) - *n, rel* имáм
immunity, radar jamming ~ - *n* помехозащищённость *f*
immunization - *n, med* вакцинáция, иммунизáция, приви́вка

impassible - *adj* непроходи́мый
impeachment - *adj, pol* импи́чмент
impenetrability - *adj* непробивáемость *f,* непроницáемость *f*
(on foot) непроходи́мость
imperial - *adj* импéрский
impetuous - *adj* стреми́тельный

Implementation Force (IFOR, NATO) - Си́лы выполнéния
соглашéния (ИФОР)
implied - *adj* подразумевáемый, предполагáемый
impose/lift martial law - вводи́ть *impf,* ввести́ *pf* воéнное
положéние, отменя́ть *impf* отмени́ть *pf* воéнное положéние

impoverish – *vt* обедня́ть *impf*, обедни́ть *pf* **impoverishment** *n* обедне́ние, обнища́ние

impractical – *adj* невыполни́мый, неосуществи́мый

imprison – *vt* заключа́ть *impf*, заключи́ть *pf* в тюрьму́; заточа́ть *impf*, заточи́ть *pf*
imprisonment *n* тюре́мное заключе́ние
sentence to life ~ приговори́ть кого́-л. к пожи́зненному заключе́нию

improvised – *adj* импровизи́рованный, *adv* экспро́мтом
imprudent – *adj* неосмотри́тельный
impunity – *n* безнака́занность, безнака́занно
imput, injects – *n* ввод, вво́дная

in – в, по, при
~ **absentia** *adverb, leg* зао́чно
~ **action** в бою́, в де́йствии
~ **peacetime** в ми́рное вре́мя
~ **short supply** *adj* дефици́тный, недоста́точный
~ **single file** (walking) гусько́м
~ **the a.m., p.m.** полу́ночи, полу́дни ~ **wartime** во вре́мя войны́
~ **working condition, order; be operable** в рабо́чем состоя́нии

inactivate – переводи́ть *impf*, перевести́ *pf* в резе́рв; *vt* расформиро́вывать *impf*, расформирова́ть *pf*
inactive *adj* безде́йственный, безде́йствующ ий **inactivity** *n* безде́йствие

inaugural – *adj* инаугурацио́нный, **inauguration** *n* инаугура́ция
inalienable – *adj* неотъе́млемый, неотчужда́емый
inappropriate – *adj* неуме́стный
inattentive – *adj* невнима́тельный
inaudible – *adj* неслы́шный
inclement – *adj* суро́вый
incoming – *adj* входя́щий, приближа́ющийся
incompatible – *adj* несовмести́мый
inconceivable – *adj* невообрази́мый
increase – *n* повыше́ние **increased** *adj* повы́шенный
incremental increase – *n, econ* надба́вка
indemnity – *n, econ, pol* индемните́т

AN ENGLISH - RUSSIAN MILITARY DICTIONARY

index – *n, econ* йндекс card ~ *n* картотéка
cost of living ~ *econ* йндекс стóимости жйзни

Indian – *adj* индййский, *n* индйец *m*, индййца *f*

individual – *n* óсобь, индивйдуум, лйчность
Indo-China – *adj* индокитáйский, Индокитáй; *n* Кохинхйна
Indo-Soviet *adj* индййско-совéтский
indoctrination *n* внедрéние, индоктринáция

Industrial Revolution (19ᵗʰ cent) – *n, hist* промы́шленная
революция
industrialization *n* индустриализáция
industrialize *vt* индустриализйровать *impf*

industry – *n* промы́шленность
heavy ~ *n* тяжёлая промы́шленность
light ~ *n* лёгкая промы́шленность
manufacturing ~ обрабáтывающая промы́шленность
metal-working ~ *adj* металлообрабáтывающий

inedible – *adj* несъедóбный
ineffective – *adj* вы́веденный из стрóя, неиспрáвный
make ~ (troops, equipment) – выводйть *impf* , ввестй *pf* из стрóя

Inevitable – *adj* неотвратймый
infallibility – *n* непогрешймость *f*
infant mortality – *n* дéтская смéртность

infantry – *adj* пехóтный, *n* пехóта
APC mounted ~ пехóта, перевозймая на БТР
dismounted ~ *n* спéшенная мотопехóта, мотопехóта,
дéйствующая в пéшем порядке
~ heavy с преоблáданием пехóты
~ pure состоящии тóлько из пехóтных частéй
light/heavy ~ лёгкая/тяжёлая пехóта
motorized/mechanized/mounted ~ мотопехóта
mountain ~ гóрная пехóта
strip ~ from the tanks отсекáть *impf*, отсéчь *pf* пехóту от тáнков
infantryman, infantrymen *n* пехотйнец, пехотйнцы

AN ENGLISH – RUSSIAN MILITARY DICTIONARY

infiltrate – проника́ть *impf*, прони́кнуть *pf*
infiltration *n, fig, mil, pol* проникнове́ние, инфильтра́ция
infiltrator просочи́вшиися проти́вник

inflation – *n, econ* инфля́ция **single/double digit** ~ инфля́ция, вы́раженная одно/дву/зна́чной ци́фрой
inflammable liquids – *n* легковоспламеня́ющаяся жи́дкость

in-flight *adj* происходя́щий в полёте, на борту́ самолёта

influence – *n* (general) возде́йствие, влия́ние; (pulling strings) блат; возде́йствовать *pf & impf* на + а.; влия́ть *impf*, повлия́ть *pf* на + а

inform – *vt* информи́ровать *impf*; осведомля́ть *impf*, осве́домить *pf;* сообща́ть *impf*, сообщи́ть *pf*
informant *n* информа́тор

information – *n* информа́ция, све́дение
~ **security threat** *n* угро́за информацио́нной безопа́сности
~ **superhighway** *n* информацио́нная сверхмагистра́ль
according to ~ по полу́ченным све́дениям
false ~ ло́жное све́дение **recon** ~ разведда́нные
up-to-date ~ *n* после́дние да́нные

informer – *n* доно́счик *m*, доно́счица *f* (against so); информа́тор, осведоми́тель
infrared – *adj* инфракра́сный
~ **homing action** инфракра́сное самонаведе́ние
~ **illumination** инфракра́сное облуче́ние
infrastructure – *n* инфраструкту́ра

initiative – *n* инициати́ва
take the ~ брать *impf*, взять *pf* на себя́ инициати́ву
yield the ~ уступа́ть *impf*, уступи́ть *pf* инициати́ву
initiator *n* инициа́тор

injury – *n* ра́на, уши́б
self-inflicted ~ *n* членовреди́тельство; нанесе́ние себе́ поврежде́ние
in-law – *n* сво́йственник, родня́ со стороны́ му́жа/жены́
in-laws *n* свояки́ *mpl* **daughter-in-law** *n* неве́стка, сноха́

AN ENGLISH – RUSSIAN MILITARY DICTIONARY

father-in-law (husband's) *n* свёкор, **(wife's)** *n* тесть
mother-in-law (husband's) *n* свекро́вь **(wife's)**, *n* тёща
son-in-law *n* зять

inner – *prefix* внутри-
~-party *adj* внутрипарти́йный ~ **tube** *n* автока́мера
~-union *adj* внутрисою́зный

inmate (prison) – *n* заключённый
innovative – *adj* нова́торский
innuendo – *n* инсинуа́ция
insecticide – *n* сре́дство от насеко́мых, инсектици́д
insertable – *adj* вдвижно́й

inside out – *adv* наизна́нку **turn** ~ вы́вернуть наизна́нку
insider trading *n, econ* незако́нное испо́льзование делово́й
информа́ции при сде́лках на би́рже

insignia – *n* зна́ки разли́чия ро́да во́йск
insolate – изоли́ровать *pf & impf* **insolation** *adj* изолиро́вочный, *n*
изолиро́вка

inspect, conduct an inspection – *vt* инспекти́ровать *impf*
~ **troops** инспекти́ровать войска
inspection *adj* инспекцио́нный, *n* инспе́кция, осмо́тр, смотр,
formal ~ пла́новый осмо́тр **general** ~ инспе́кторский осмо́тр
inspector general (IG) *n, mil* генера́л-инспе́ктор
medical ~ медици́нский осмо́тр **morning** ~ у́тренний осмо́тр
spot-check ~ вы́борочный осмо́тр **visual** ~ вне́шний осмо́тр

install – *vt* монти́ровать *impf,* смонти́ровать *pf,* устана́вливать
impf, установи́ть *pf*

installation *n* (action) монта́ж, устано́вка; (structure)
сооруже́ние, устано́вка, учрежде́ние
military ~ вое́нные сооруже́ние
installment *n, bus* рассро́чка **by, in ~s** в рассро́чку
purchase by ~s купи́ть в рассро́чку/рассро́чкой платежа́

instruction – *n* (order) распоряже́ние, указа́ние; (training)
обуче́ние **instructive** *adj* поучи́тельный

instrument – *n* аппара́т, прибо́р
~ **flying** *n* полёт при по́мощи прибо́ров; полёт по автопило́те
recording ~ *n* самопи́сец

insulin – *n, med* исули́н

insurance – *adj* страхово́й, *n, bus* страхова́ние
~ **against damage** страхова́ние от поврежде́ний

~ **policy** *n* страхово́й по́лис **all risks** ~ страхова́ние от все́х
ри́сков **compulsory** ~ обяза́тельное страхова́ние
fire ~ страхова́ние от огня́ **life** ~ страхова́ние жи́зни
long-term ~ долгосро́чное страхова́ние
marine ~ морско́е страхова́ние
natural hazard ~ страхова́ние от стихи́йных бе́дствий
short-term ~ краткосро́чное страхова́ние
take out ~ *vi* страхова́ться *impf*, за/от/страхова́ться *pf*
insurer *n* страхова́тель *m*, страховщи́к

intelligence – *adj, mil* разве́дывательный, *n* разве́дка
~ **center** *n* разведце́нтр
all source ~ *n, mil* обобщённая разве́дывательная информа́ция
all source ~ **analysis** *n, mil* ана́лиз разве́дывательной
информа́ции из всех исто́чников **intel network, spy network** *n*
агенту́ра
intel study *n, mil* разрабо́тка по разве́дке **signals** ~ (**SIGINT**) *n*
радиоразве́дка

intensified – *adj* уси́ленный **intensify** нара́щивать *impf*,
нарасти́ть *pf*
intent – *n* у́мысел **intentional** *adj* умы́шленный, наме́ренный

inter – *prefix* меж
~~**allied** *adj* межсою́знический
~~**governmental** *adj* межправи́тельственный
~~**parliamentary** *adj* межпарла́ментский
~~**party** *adj* межпарти́йный
~~**planetary** *adj* межпланет́ный
~~**state** *adj* межшта́товский
~~**tribal** *adj* межплеменно́й

intercept – подслу́шивать *impf*, подслу́шать *pf*
interception *n* (commo) *n* подслу́шивание, (rockets, vehicles, etc) перехва́т **radio** ~ *n* радиоперехва́т **interceptor** *n* интерце́птор, перехва́тчик

interchangeable *adj* взаимозаменя́емый, заменя́емый, сме́нный
interchangeabilty *n* взаимозаменя́емость *f*

intercom *n* селе́ктор, (tank) танкофо́н ~ **system** *n* перегово́рная систе́ма **intercommunications** *n* вну́тренняя связь
interdepartmental *adj* межве́домственный, внутриве́домственный

interdependence взаимосвя́занность *f* **interdependent** *adj* взаимосвя́занный

interest rate – *n, bus* проце́нтная ста́вка
Interior Ministry Troops (Ru Federation) – *n, pol* вну́тренние войска́

interference – *n, commo, radar* поме́ха, радиопоме́ха
~-free *adj* помехоусто́йчивый **artificial** ~ иску́сственная поме́ха
atmospheric ~ атмосфе́рная поме́ха **external** ~ вне́шняя поме́ха
interlacing, intermixing – *n* скреще́ние

intermediary, mediator, go-between – *adj* посре́днический, *n* посре́дник; (to mediate, to act as go-between) посре́дничать *impf* ; (mediation) *n* посре́дство
intermediate – *adj* посре́дствующий

intern – *vt* интерни́ровать *pf & impf*,
~ **enemy citizens** интерни́ровать гра́ждан проти́вной стороны́
internee *as a n* интерни́рованный **internment** *n* интерни́рование
~ **camp** *n* ла́герь *m* для интерни́рованных

internal – *adj* вну́тренний
~ **armed conflict** вну́тренний вооружённый конфли́кт
~ **strife** *n* вну́тренние раздо́ры
~ **threat** *n* вну́тренняя угро́за
internallly displace person (DP) *n* вну́тренне перемещённое лицо́
Internal Revenue Service (US, IRS) Гла́вное нало́говое управле́ние

AN ENGLISH – RUSSIAN MILITARY DICTIONARY

international – *adj* международный
~ **date line** *n* линия перемены даты
~ **law of reprisal** *n* международное право возмездия
~ **terrorism** *n* международный терроризм
International Atomic Energy Commission (IAEC) *n, UN*
международное агенство по атомной энергии
International Court of Justice *n, leg* международный суд
International Monetary Fund (IMF) *n, econ* международный
валютный фонд
internationalization *n, pol* интернационализация
internationalize *pol, vt* интернационализировать *pf & impf*

Interpol – *n, Eur* «Интерпол»
interpolate – *vt* интерполировать *pf & impf* **interpolation** *n*
интерполяция

interpretation – *n* перевод
air-photo ~ *n* расшифровка, дешифрирование аэроснимков,
фотографическое дешифрирование
photo ~ *n* дешифровка

interrogate – *vt* допрашивать *impf*, допросить *pf*
interrogator *n* допросчик, следователь *m* **interrogated (person)**
as a n допрашиваемый

interruption/interrupted; intermittent – *n* перебой, перебойный
intertribal – *adj* межплеменной

intervention – *n* вмешательство, интервенция
armed ~ вооружённая интервенция
interventionist *adj, pol* интервенционистский *n, pol* интервент

Intifada (Palestinian uprising) – *n, pol* «интифада» (палестинское
восстание)
intravenous – *adj* внутривенный

invade – *vt (vi)* вторгать(ся) *impf*, вторгнуть(ся) *pf*
invader *n* захватчик, вторгшийся противник
invasion *n* вторжение ~ **of Europe** вторжение в Европу
~ **of privacy** нарушение покоя/уединения; вторжение в личную
жизнь

inventory - *n* (document) инвентарь*m*, реéстр, рóспись *f;*
(action) инвентаризáция **spot** ~ частúчная инвентаризáция

investigate - *sci* исслéдовать *impf & pf,* (crime, etc)
расслéдовать *impf & pf*
investigation *n* обслéдование, расслéдование, слéдствие; *sci*
исслéдование **background** ~ *n* провéрка анкéтных дáнных
criminal ~ *n* расслéдование уголóвного дéла
line of duty (LOD) ~ служéбное расслéдование
investigative *adj* слéдственный **investigator** *n* слéдователь

invulnerable - *adj* неуязвúмый
ionosphere - *n meteo* ионосфéра

IOU - *n, coll* долговáя распúска

Irish Republican Army (IRA) - *n, pol* Ирлáндская
Республикáнская áрмия

irredentist - *n, It hist* ирредентúст
irrefutable - *adj* неоспорúмый, неопровержúмый
irregulars - *n, mil* нерегулярные войскá
irrelevant *adj* - неподходящий, неумéстный
~ **to the matter at hand** неотносящийся к дéлу

irreparable - *adj* безвозврáтный
~ **loss or mistake** *n* безвозврáтная потéря
~ **mistake** непоправúмая ошúбка
irreplaceable - *adj* незаменúмый **irresistable** - *adj* неотразúмый
irreversible - *adj* необратúмый **irrevocable** - *adj* безотзывный

irrigate - (water supply) *vt* орошáть *impf,* оросúть *pf*
irrigation *adj* ирригацióнный, *n* орошéние

Iron Curtain - *n, pol hist* желéзный зáнавес
Islam - *n, rel, pol* мусульмáнство; ислáм **Islamic** *adj*
мусульмáнский, ислáмский **Islamification** *n, pol, rel*
исламизáция

islander - *n* островитянин *m,* островитянка *f*
British Isles *n* Британские островá **islet** *n* островóк

AN ENGLISH – RUSSIAN MILITARY DICTIONARY

isolate – *vt* обособля́ть *impf*, обосо́бить *pf* isolated *adj* обосо́бленный isolation *n* изоля́ция, обособле́ние isolationism *n, pol* изоляциони́зм isolationist *n* изоляциони́ст

issue (theme, topic, question) – *n* вопро́с, предме́т осбужде́ния soft pedal an ~ спуска́ть *impf*, спусти́ть *pf* на то́рмозах реше́ние вопро́са

isthmus – *n, geo* переше́ек
items on an agenda – пу́нкты пове́стки дня
iterate – повторя́ть *impf*, повтори́ть *pf*; возобновля́ть *impf*, возобнови́ть *pf*
iteration *n* повторе́ние, возобновле́ние

AN ENGLISH - RUSSIAN MILITARY DICTIONARY

J

jack-knifing – *n, veh* виляние прицепа
jacket, field – *n* полевая куртка
jailbreak – *n* побег из тюрьмы
Jain – *n, rel* член секты джайна   Jainism *n, rel* учение секты джайна

jam – *n, mil* помеха, подавление
~-proof, jam-free *adj, mil* помехоустойчивый
jammer (radar, etc) *n, mil* передатчик/станция помех
jammer-repeater *n, mil* ретранслятор помех
jamming *n, mil* радиоэлектронное подавление (РЭП)
~ immunity помехозащищённость *f*
~ target *n, mil* объект, подавляемый помехами
barrage ~ *n, mil* заградительная/прицельная помеха
directional ~ *npl, mil* направленные помехи

Japanese – *prefix* японо-, *adj* японский
~-American *adj* японо-американский
~-Bristish японо-английский
~-Chinese японо-китайский
~-Soviet японо-советский

jeep – *n, coll* газик
Jeffersonian – *adj* Джефферсоновский, *n* последователь Джефферсона
Jehovah – *n, rel* Иегова *m*   Jehovah's witness *n, rel* иеговист

jellied incendiary mixture – *n* загущенная зажигательная смесь

Jerusalem – *n, geo* Иерусалим
Jesuit – *adj, rel* иезуитский, *n, rel* иезуит
jettison – *lit, fig* выбрасывать *impf,* выбросить (за борт)
jettisonable *adj* сбрасываемый

Jew – *n, rel* еврей *m,* еврейка *f*
~-baiting *n* преследование евреев
Jewess еврейка   Jewish *adj* еврейский   ~ quarter еврейский квартал   Jewry *n, collective pl* евреи *mpl,* еврейство

AN ENGLISH – RUSSIAN MILITARY DICTIONARY

jihad – *n, ls, rel* джихáд jingo, by ~ ! – *coll* ёлки-пáлки!

job – *n* рабóта
~ description *n* профессиогрáмма
~ promotion *n* повышéние по слýжбе ~ pay promotion
повышéние по зарплáте ~ satisfaction *n* удовлетворённость
рабóтóй ~ security гарáнтия рабóты odd ~, odd work случáйная
рабóта ~ vacancies *n* незáняты рабóчие местá
jobless *adj* безрабóтный

jogger – *n, soc, sport* джóггер

join the armed forces – поступáть *impf*, поступи́ть *pf* на воéнную
слýжбу
Joint Chiefs of Staff – *n, US mil* объединённый комитéт
начáльников штабóв

jot down – крáтко запи́сывать *impf*, записáть *pf*
jotting down, note-taking *n* зáписи *nfpl*

journal, daily staff – *n* журнáл учёта ежеднéвной дéятельности
штáба journalism *n* журнали́стика journalist, free lance
~ внештáтный журнали́ст

joystick – *n* координáтная рýчка
Judaic – *adj* иудéйский Judaism *n, rel* иудаи́зм

judgeship – *n* судéйская дóлжность
judicial *adj* судéбный ~ proceedings судéбный процéсс
judiciary *n, mpl* сýдьи

judo *n* дзюдó *indecl* judoist *n* дзюдои́ст *m*, дзюдои́стка *f*
juggernaut – *n, fig* безжáлостная неумоли́мая си́ла

jumping-down, jumping-off – *n* спры́гивание
junction – *n* ýзел road ~ ýзел дорóг, дорóжный ýзел
Jungian – *adj, phil* юнгиáнский

junior – *adj* млáдший ~ (school) *n* студéнт трéтьего кýрса
~ grade officers *n, mil* млáдший офицéрский состáв

junk (vessel) – *n* джóнка ~ food *n* неполноцéнная пи́ща

AN ENGLISH – RUSSIAN MILITARY DICTIONARY

junkie – *n, m* наркома́н, наркома́нка *f*
junta – *n, pol* ху́нта

Jurassic period – *n, geo* ю́рский пери́од

jurisdiction (legal authority) – *n* юрисди́кция **have ~ over** име́ть *impf* юрисди́кцию над + i.
jurisprudence *n* юриспруде́нция **jurist** *n, leg* юри́ст,

juror *as a n* прися́жный *m,* прися́жная *f,* прися́жные *fpl*
jury *n* жюри́, прися́жые *npl*

justice – *n* (fairness) справедли́вость *f;* (magistrate) судья́
~ of the peace мирово́й судья́
administer ~ отправля́ть *impf,* отпра́вить *pf* правосу́дие
bring so to ~ отдава́ть *impf,* отда́ть *pf* кого́-н. под суд
do ~ to отдава́ть, отда́ть до́лжное + d.

justifiable *adj* опра́вданный
~ homicide *n* убийство в це́лях самозащи́ты
justification *n* оправда́ние
justified *adj* опра́вданный

justify *vt* опра́вдывать *impf,* оправда́ть *pf*
~ one's self vt, (*vi*) опра́вдывать(ся), оправда́ть(ся)

juvenile – *adj* ю́ный, ю́ношеский, малоле́тный; *n* подро́сток *m,* де́вочка–подро́сток *f*
~ court *n, leg* суд по дела́м несовершенноле́тних
~ delinquency *n, leg, soc* де́тская престу́пность
~ delinquent *n, leg* несовершенноле́тний правонаруши́тель

juxtapose – *vt* помеща́ть *impf,* помести́ть *pf* бок о́ бок
juxtaposition *n* сосе́дство, бли́зость; (for comparison) сопоставле́ние

127

AN ENGLISH – RUSSIAN MILITARY DICTIONARY

K

Kaiser – *adj, Ge, A/H* ка́йзеровский, *n* ка́йзер
kamikaze – *WWII Ja* камикадзе (indecl)/лётчик-сме́ртник

Kampuchea – *n, geo* Кампучи́я
Kampuchean *adj* кампучи́йский, *n* кампучи́ец *m*, кампучи́йка *f*
kangaroo court – *n, soc* шемя́кин суд
Katyn massacre (of Polish officers by Sov NKVD, 1940) – Каты́нский расстре́л
KGB – *n, Sov* КГБ
KGB agent *n, coll* кагебе́шник *или* геби́ст

keep –
~ abreast of the times быть вро́вень с ве́ком; не отста́ть от жи́зни ~ an eye peeled гляде́ть *impf*/смотре́ть *pf* в о́ба
~ abreast of the combat situation быть в ку́рсе де́ла; быть в ку́рсе боево́й обстано́вки
~ on the lookout, ~ an eye peeled гляде́ть *pf*, смотре́ть *pf* в о́ба
~ out of someone's way/sight *vi* стара́ться не попада́ться кому́ на глаза́ ~ up the pace with *vi* угна́ться за + i.

kerosene – *adj* кероси́новый, *n* кероси́н
Keynesian – *adj, Eng, 1930s econ* кейнсиа́нский
Keynesianism – кейнсиа́нство

Khmer Rouge (Campuchea, Cambodia) – «кра́сные кхме́ры«
kibbutz – *n* кибу́ц kibitzer *n, coll* непро́шенный сове́тчик при игре́ в ка́рты

kick in the door – *vt* взла́мывать *impf*, взлома́ть *pf* дверь
kick start the economy – *econ, vt* дать толчо́к эконо́мике
kidnap – *vt* похища́ть *impf*, похити́ть *pf*
kidnapped *adj* похище́нный kidnapper *n* похити́тель *m*

Kievan – *adj* ки́евский, *n* ки́евлянин *m*, ки́евлянка *f*
Kievan Russia (8th century A.D.) Ки́евская Русь

kill - убива́ть *impf*, уби́ть *pf*
~ on the spot уби́ть/напова́л/на ме́сте
~ probability вероя́тность *f* пораже́ния

~ time убить врéмя
target ~ пораже́ние цели
killed in action (KIA) па́вший в бою́, уби́тый в бою́

killer (murder) n уби́йца m, f
mercy killing n, soc уби́йство из милосе́рдия

kilo - n кило́ indecl
kiloton - n, nuc килото́нна
kingdom of heaven - n, rel ца́рство небе́сное
kismet (Islamic for fate) - n кисме́т

kit - n компле́кт, набо́р
accessories ~ набо́р принадле́жностей
decon ~ дегазацио́нный компле́кт
detector ~ (CW) химдете́ктор
first aid ~ n апте́чка, санита́рная су́мка
repair ~ ремо́нтный компле́кт
spare ~ набо́р запа́сных частей
tool ~ набо́р инструме́нта

Knesset (the Israeli Parliament) n, pol кне́ссет; изра́ильский
парла́мент
knlghtliuud n, hlot рыцарство
knocked-out - adj подби́тый ~ tank подби́тый танк

know-how, technical ~ техни́ческие на́выки mpl
knowledgeable - adj хорошо́ осведомлённый
~ about st све́дущий в + prep

Kobzar (Ukrainian national bard-singer) - n кобза́рь m
Kolchakovschina (White Army rule under Admiral
Kolchak, Rus. Civil War) - колча́ковщина
kolkhoz - Sov agric колхо́з, (member) колхо́зник m

Komsomol - adj, Sov комсомо́льский, n комсомо́л
~ member n, Sov комсомо́лец, комсомо́лка
Koran - Is, rel Кора́н
Kremlin - adj кремлёвский, n Кре́мль m
Kremlinology/Kremlinologist - кремлеве́дение/ кремленоло́гия
Kremlinologist - n, pol кремлеве́д, кремлено́лог

AN ENGLISH – RUSSIAN MILITARY DICTIONARY

Krishna – *n, rel* Кришна *m* **Krishna-Consciousness** *adj* кришнайтский

Kronstadt uprising (Sov, 1921, 1922) – *n* кронштадтские восстания

Ku Klux Klan – *n, US soc* куклуксклан ~ **Klaner** куклуксклановец

kulak, peasant – *adj*, *Sov agric* кулацкий; *n* кулак *m*, кулачка *f*
kulaks (collective term) *n* кулачество
middle peasant ~ *adj* середняцкий, *n* средняк
poor peasant ~ *adj* бедняцкий, *n* бедняк

Kuomintang (1929-1949) – *adj, Ch hist, pol* гоминдановский, *n* гоминдан; (member) *n* гоминдановец *m*, гоминдановка *f*

Kwantung army – *n, Ja, WW II* квантунская армия

L

labor – *adj* (Br pol) лейбори́стский *n* труд ~ **colony** трудовая коло́ния ~ **camp** исправи́тельно-трудово́й ла́герь *m* ~ **dispute** *n* трудово́й конфли́кт ~ **exchange** би́ржа труда́ ~**-intensive** *adj* трудоёмкий ~ **pains** роди́лные муки́ ~ **relations** трудовы́е отноше́ния ~**-saving** *adj* рационализа́торский, трудосберега́ющий ~ **turnover** теку́честь рабо́чей си́лы **ministry of** ~ министе́рство труда́ **forced** ~ принуди́тельные рабо́ты **shortage of** ~ нехва́тка рабо́чей си́лы **skilled** ~ квалифици́рованная рабо́та **unskilled** ~ чёрная рабо́та

Labor Day – *US soc* День *m* труда́
Labor government *Br pol* лейбори́стское прави́тельство
Laborism *n,* лейбори́зм
Laborist or Laborite *n, Eng pol* лейбори́ст *m,* лейбори́стка *f*
Laborite *adj* лейбори́стский

lag – *n* заде́ржка, запа́здывание
lagging, falling behind *n* остава́ние
laissez-faire – *n., econ* экономи́ческое невмеша́тельство
lame duck – *n., pol* должно́стное лицо́, утра́тившее своё пре́жнее влия́ние
laminated – *adj* пласти́нчатый

land – *n* земля́ (**dry**) ~ су́ша **no man's** ~ *mil* ничья́ земля́, ниче́йная полоса́ **promised** ~ *n, bib, fig* земля́ обетова́нная
land sea-borne troops *nav* выса́живать *impf* морско́й деса́нт
land shortage *n* малоземе́лье

landing – *adj* деса́нтный, *n* деса́нт, вы́садка, поса́дка, приземле́ние ~ **by a helicopter landing force** *n* вы́садка вертолётного деса́нта ~ **craft** деса́нтно-вы́садочное сре́дство, деса́нтно-вы́садочная ба́ржа ~**-deck** *nav* поса́дочная па́луба ~ **force** *n* деса́нтные войска́ пе́рвого эшело́на ~ **gear** шасси́ *indecl* ~**-ground** взлётно-поса́дочная площа́дка ~ **operation** *n, mil* деса́нтная опера́ция, вы́садка войск ~ **party, expeditionary force** *n, mil* деса́нт ~ **permit** *n* разреше́ние на поса́дку ~ **strip** *n* поса́дочная площа́дка ~ **ship, craft** *n* деса́нтное су́дно

AN ENGLISH – RUSSIAN MILITARY DICTIONARY

airborne ~ *n* вы́садка поса́дочного деса́нта
amphibious ~ *n* вы́садка морско́го деса́нта

forced landing *n* вы́нужденная поса́дка
seaborne-assault ~ *n* вы́садка морско́го деса́нта
three-point ~ *n* поса́дка на три то́чки

landless *adj* беззе́мельный, *n* беззе́мельные крестья́не
landmark *n* назе́мный ориенти́р
land-poor *adj* малоземе́льный
Landtag – *n, Aus, Ge parliament* ланта́г

lapse, slip-up – (slight mistake) *n* упуще́ние, опло́шность; (of memory) прова́л па́мяти; (of the tongue) обмо́лвка, огово́рка

large – *prefix* крупно-
~-**calbre** *adj* крупнокали́берный
~-**scale** *adj* крупномасшта́бный

laser – *adj* ла́зерный, *n* ла́зер ~ **indicator** ла́зерный целеуказа́тель ~ **rangefinder** ла́зерный дальноме́р ~ **ranging** определе́ние да́льности с по́мощью ла́зерного дальноме́ра

last-ditch (attempt) – *adj* отча́янный
lasting *adj* про́чный ~ **peace** про́чный мир

latecomer – *n* опозда́вший
lateral shift (of troops, reserves, etc, and chess) – *n* рокиро́вка
Latin America – *n, geo* Лати́нская Аме́рика; **Latin American** *adj* Латиноамерика́нский

latitude *n* широта́ ~ **25 degees N** 25 гра́дусов се́верной широты́
latitudinal *adj* широ́тный

latrine – убо́рная, отхо́жее ме́сто

launch – *adj* пусково́й, *n* пуск
~ **pad** пусково́й стол, ста́ртовая платфо́рма/площа́дка
~ **silo** пускова́я ша́хта **no notice** ~ пуск без заблаговре́менного предупрежде́ния ~ **a counterattack** *vi* поднима́ться *impf*, подня́ться *pf* в контрата́ку ~ **an attack** поднима́ться, подня́ться в ата́ку; атакова́ть

~ **on warning** (LOW) – *n, пис, pol* концéпция «зáпуска« пóсле предупреждéния **single** ~ одинóчный пуск **unauthorized** ~ несанкциони́рованный пуск **underwater** ~ подвóдный пуск

launcher – *n* (rocket) стáртовая *или* пусковáя устанóвка **grenade** ~ *n* гранатомёт **mobile** ~ подви́жная пусковáя устанóвка **self-propelled** (SP) ~ самохóдная пусковáя устанóвка **tracked** ~ гу́сеничная пусковáя устанóвка **wheeled** ~ колёсная пусковáя устанóвка

laundering – *n* сти́рка
laundry and bath *adj* бáнно-прáчечный

law – *n* закóн
~ **and order** поря́док, закóнность и поря́док
~ **of probability** *n* теóрия вероя́тностей
~ **of diminishing returns** *sci* закóн сокращáющихся дохóдов
~ **of supply and demand** *n, econ* закóн спрóса и предложéния
~-**abiding** *adj* законопослу́шный
~-**breaker** *n* правонаруши́тель *m*
~-**enforcement agencies** правохрани́тельные óрганы
above the ~ вы́ше закóна **break the** ~ нарушáть *impf*, нару́шить *pf* закóн **declare martial** ~ объявля́ть *impf*, объяви́ть *pf* воéнное положéние **keep the** ~ соблюдáть *impf*
in international ~ по междунарóдному прáву
pass a ~ принимáть *impf*, приня́ть *pf* **rule of** ~ правопоря́док
take the ~ **into one's own hands** поступáть *impf*, поступи́ть *pf* самочи́нно **violate the** ~ нарушáть *impf*, нару́шить *pf* закóн
within the ~ в рáмках закóна
bring a lawsuit against so возбуждáть *impf*, возбуди́ть *pf* судéбное дéло прóтив когó-н.
lawlessness *n* беззакóнность *f*

layoffs – *n, bus* увольнéния

lead – *adj* свинцóвый, *n, sci* свинéц
leader, column or convoy ~ колонновожáтый
leadership – руковóдство, управлéние + i.
collective ~ коллекти́вное руковóдство

~ on a collective basis руково́дство на коллекти́вной осно́ве
troop ~ руково́дство/управле́ние войска́ми

leaflets – *npl* листо́вки, лету́чки
drop ~ сбра́сывать *impf*, сбро́сить *pf* листо́вки

league – *n* ли́га League of Nations *n, pol* Ли́га На́ции
Covenant of the ~ of Nations уста́в Ли́ги На́ций
Arab League *n, pol* Ли́га Ара́бских госуда́рств (1945)

leak – *n* уте́чка
oil ~ течь *f* ма́сла security ~ разглаше́ние вое́нной та́йны
leakage, seepage *n* проса́чивание
leakproof, airtight *adj* гермети́ческий, безуте́чный

leapfrogging – *tac* движе́ние перека́том

leave – *n* о́тпуск
~ of absence (бессро́чный) о́тпуск; о́тпуск по семе́йным
обстоя́тельствам
grant ~ увольня́ть *impf*, уво́лить *pf* в о́тпуск
lebensraum – *Ge pol, 1930 - 1945* «жи́зненное простра́нство«

left – *prefix* лево-
~ left(wing) Labor (Br)*n, pol* леволейбори́стский
~ (wing) radical *adj, pol* леворадикали́стский
~ (wing) revisionist *adj, pol* леворевизиони́стский
~ (wing) reform *adj, pol* левореформи́стский
extreme ~ *adj, pol* левоэкстреми́стский
shift or move to the *pol* леве́ть leftism *n, pol* левизна́
leftist, ~s *adj, pol* лева́цкий, *ns* лева́к; *npl* ле́вые
center-leftist *adj* левоцентри́стский
the ultra-left *n* кра́йне ле́вый ultra-leftism *n* лева́чество

legal – *adj* зако́нный, правово́й, юриди́ческий
~ system, judiciary *n* судоустро́йство

legalization *n* легализа́ция legalize *vt* легализи́ровать *pf & impf*
be ~d *vi* легализи́роваться *pf & impf* become ~ or be legalized *vi*
легализи́роваться legalized *adj* узако́ненный

legate - *n, pol* легáт
legislate - издавáть *impf*, издáть *pf* закóны **legislation**
законодáтельство **legislative** *adj* законодáтельный
legitimist - *n* легитимйст **legitimization** *n* узаконéние,
легитимáция

legitimize узакóнивать *impf*, узакóнить *pf*
lemming - *n* лéмминг

Lend-Lease - *n, US, WWII* ленд-лйз **Lend-Lease act** закóн о
ленд-лйзе
Leninism - *n, Sov pol* ленинйзм **Leninist** *adj, Sov pol* лéнинский,
n лéнинец

letter - *n* письмó
~ **bomb** бóмба в конвéрте; письмó начинённое взрывчáткой
~ **of recommendation** рекомендáтельное письмó
cover ~ сопроводйтельное письмó

levee, embankment - *n* нáбережная
level - *n* ýровень *m* **parity** ~ рáвный ýровень чйсленности

liaison - *n* связь *f* взаимодéйствия
air ~ связь взаимодéйствия авиáции **artillery** ~ связь
взаимодéйствия артиллéрии **staff** ~ связь взаимодéйствия
штабóв

liable, man ~ **for call-up** (including reserves) *n, mil*
военнообязанный

liar - *n* лгун, лжец **notorious** ~ завéдомый лжец, извéстный лгун
liberated - *adj* освобождённый
liberation, release, emancipation *n* освобождéние

lie - лгать *impf*, солгáть *pf*, *n* ложь *f* ~ **low** (stay out of sight)
притайться *pf*, затайться *pf*
~ **to someone's face** лгать в глазá комý **blatant** ~ нáглая ложь
obvious ~ завéдомая ложь **white** ~, **fib** невйнная ложь
pack of lies сплошнáя ложь

life - жизнь *f* ~-**and-death** - *adj* жйзненно вáжный, решáющий
in private/public ~ в чáстной/ общéственной жйзни

service ~ (equipment, etc) срок слу́жбы
liftoff – *n* сход, сходи́ть *impf*

light – *adj* световóй, *n* свет, освещéние
~-proof *adj* светонепроница́емый ~-year *n, sci* световóй год
black-out driving ~ *n* фáра маскирóвочного свéта
artificial ~, lighting, illumination иску́сственное освещéние

limit – *n* предéл ~ of advance *n, mil* конéчный рубéж
~ of endurance предéл вынóсливости

line – *adj* линéйный, *n* ли́ния, путь *m*, рубéж
~ of communication(s) ли́ния свя́зи
~ crosser *n* перебéжчик
~ of departure исхóдный рубéж; исхóдная ли́ния
~ of least resistance ли́ния наимéньшего сопротивлéния
~ of march путь движéния
~ of sight ли́ния визи́рования
~ of путь отхóда
assault ~, ~ of departure рубéж атáки, исхóдная ли́ния атáку; исхóдный рубéж
boundary ~ разграничи́тельная ли́ния
close air support (CAS) coordination ~ рубéж координáции непосрéдственной авиациóнной поддéржки
early warning radar ~ ли́ния рáннего предупреждéния
Curzon Line (Polish boundary with S.U. after the Russo-Polish War, 1919) – « ли́ния Керзóна «
Distant Early Warning ~ (DEW line) ли́ния «Дью»; ли́ния ДРЛО
final coordination ~ конéчный рубéж координáции final defensive ~ (FDL) конéчный рубéж оборóны
final deployment ~ рубéж развёртывания в боевóй порядок fire coordination ~ (FCL) ли́ния координáции огня́
subscriber's ~ абонéнтская ли́ния
fire ~ рубéж огня́, огневóй рубéж
fire-no fire ~ рубéж откры́тия и прекращéния огня́
fire support coordination ~ (FSCL) рубéж координáции огневóй поддéржки forward ~ of troops (FLOT) передний край свои́х войск
gun-target ~ ли́ния «орýдие-цель«
lateral ~s of commo рокáдные пути свя́зи
phase ~ (PL) рубéж регули́рования
picket ~ пози́ция сторожевóго охранéния

restrictive fire ~ рубе́ж ограниче́ния огня́
skirmish ~ стрелко́вая ли́ния
supply ~ путь снабже́ния *или* подво́за

support coordination ~ рубе́ж координа́ции подде́ржки
gridline ли́ния координа́тной се́тки

limit – *n* (end point) преде́л, *bus* лими́т
upper/lower ~ ми́нимум/ ма́ксимум

linkage – *pol, fig* ли́нкидж, поли́тика «увя́зок« (увя́зка)
linkup (troops) *n* соедине́ние во́йск
~ **on the Elbe** *1945, WW II, US/Sov* встре́ча на Эльбе

list – *n* спи́сок, пе́речень *m, avn, nav;* (banking, tilting) крен,
дать крен **black** ~ *n, mil* чёрный спи́сок **casualty** ~ *n, mil*
спи́сок поте́рь **gray** ~ *n, mil* се́рый спи́сок **target** ~ *n, mil*
ка́рточка целей **white** ~ *n, mil* белый спи́сок

lit, illuminated – *adj* освещённый
moon-lit освещённый луно́й
star-lit освещённый звёздами

literacy – *n* гра́мотность *f*
littoral, seaside – *adj* примо́рский, *n* примо́рье
live broadcast – *n* прямо́й эфи́р

living – *n* жизнь *f*
~ **at others' expense** *n* иждиве́нство ~ **conditions** уло́вия жи́зни
~ **standard** *n* жи́зненный у́ровень ~ **wage** прожи́точный
ми́нимум **cost of** ~ сто́имость *f* жи́зни
earn one's ~ зараба́тывать *impf*, зарабо́тать *pf* себе́ на жизнь
long/short lived *adj* долгоживу́щий, короткоживу́щий

load – *n* груз, нагру́зка, *fig* бре́мя; грузи́ть *impf*, погрузи́ть *pf*
на+ acc ~-**bearing** *adj* грузоподъёмный ~-**bearing element** *n*
несу́щий элеме́нт **maximum** ~ **capability** максима́льный
перево́зимый груз **organic** ~ *mil* та́бельный груз **oversized** ~
негабари́тный груз **palletized** ~ груз на поддо́нах **unit basic** ~ *n,*
mil шта́тное та́бельное иму́щество **useful** ~ поле́зная нагру́зка
loader (crewman) *n, mil* заряжа́ющий, *freight, person* гру́зчик

loafer – *n* безде́льник *m*, безде́льница *f*
lobby – *n, pol* лобби́, занима́ться лобби́рованием
lobbyer, lobbyist *n* лобби́ст **lobbying** *n* лобби́рование

local – *adj* ме́стный ~ **authority** ме́стные вла́сти
locality – *n* ме́стность *f* **localize** *vt* локализова́ть *pf & impf*
location, sound ~ *n, mil* звукоме́трия **target** ~ *n* по́иск цели

lock on , to ~ – *n* захва́т, захва́тывать *impf*, захва́тать *pf*
lock-on (radar) – *n* захва́т це́ли
Lockerbie affair (Scotland, 1988) – n «де́ло Ло́керби»

locomotive – *n, rr* локомоти́в
diesel ~ *n* теплово́з **electric** ~ *n* электрово́з **steam** *n* парово́з
logbook – *n* формуля́р; эксплуатацио́нные докуме́нты

logistical, supply – *adj* хозя́йственный
logistics *n, mil* материа́льно-техни́ческое обеспе́чение

"Long March" – *Ch, 1934-36* «Се́веро-За́падный похо́д»
long-range *adj* да́льний; *adj, ammo* дальнобо́йный, *avn*
да́льнего де́йствия; (forcast, policy, etc) *adj* долгосро́чный

longitudinal – *adj* продо́льный
longitudinally *adv* в меридиона́льном направле́нии

loop – *n* ли́ния, сеть; *hotloop, mil* , *commo* постоя́нно
де́йствующая ли́ния свя́зи **loophole** – *n, fig* лазе́йка
loot – *n* добы́ча, нагребле́ние; гра́бить *impf*, разгра́бить *pf*
looter *n* граби́тель **looting** *n* грабёж, мародёство

lose – *vt* теря́ть *impf*, потеря́ть *pf*
~ **control to** теря́ть, потеря́ть управле́ние
~ **one's bearings** теря́ть ориентиро́вку
~ **one's life** ги́бнуть *impf*, поги́бнуть *pf*
loser (a failure) *n* неуда́чник

loss – *n* поте́ри ~ **of life** поте́ри уби́тыми
losses *npl, mil* поте́ри **collateral** ~ ко́свенные поте́ри **combat**
~ боевы́е поте́ри **inflict heavy** ~ **on the enemy** наноси́ть тяжёлые
поте́ри проти́внику **irreplaceable** ~ незамени́мые,
безвозвра́тные поте́ри **overall** ~ о́бщие поте́ри

preventable ~ предотврати́мые поте́ри
suffer ~ нести́ *impf*, понести́ *pf*, поте́ри

lot – *n* па́ртия, се́рия
ammo ~ па́ртия боеприпа́сов **parking** ~ парк; ме́сто стоя́нки

loudspeaker – *n* громкоговори́тель *m*
love-hate relationship – *n* любо́вь- не́нависть *f*

low – *prefix* мало-, низко-
~-**frequency** *adj* низкочасто́тный
~-**lying** *adj* ни́зменный
~-**lying areas** ни́зменности *fpl*
~ **on fuel** *n* недоста́ток горю́чего ~-**paid** *adj, econ*
низкоопла́чиваемый ~-**powered** *adj* маломо́щный
lowland *n* ни́зменность, низи́на **lowlander** *n* жи́тель низи́н

loyalist – *n, pol* лояли́ст

lubricate, grease, oil – *vt* ма́зать *impf*, на/по/ма́зать *pf*
lubricated, oiled *adj* прома́сленный **lubrication** *n* сма́зка

Luftwaffe – *WW II, Ge mil* лю́фтваффе

lull – *n* зати́шье, операти́вная па́уза

luminous – *adj* люминесце́нтный

lure – *vt* зама́нивать *impf*, замани́ть *pf*; *n* зама́нчивость *f*

AN ENGLISH – RUSSIAN MILITARY DICTIONARY

M

Machiavellian – *adj, pol* макиавеллевский

machine – *n* механизм, машина
~-tool *adj* станкостроительный **~-tool industry** *n* станкостроение **ditching ~** *n* канавокопатель **drilling ~** *n* сверлильный станок **entrenching ~** траншейная машина **doom's day ~** «машина судного дня» **earth digging, excavating ~** землеройная машина **entrenching ~** *n* траншеекопатель *m* **heart-lung ~** *n* аппарат «сердце-лёгкие» **hoisting ~** *n* подъёмная машина **pile driver ~** сваезабойная машина **pipe bending ~** трубогибочная машина **pipe laying ~** трубоукладочная машина **vending ~** *n* автомат **~ gunner** *n* пулемётчик **machinery** *nfpl* техника **machinist** *n* машинист

made-up, fictitious – *adj* выдуманный
Mafia – *lit* мафия, *fig* клика **Mafioso** *lit* мафиози

magazine – *n, mil* магазин
banana type ~ рожковый магазин
carousel type ~ магазин карасельного типа **drum type ~** барабанный магазин **magazine fed ~** с магазиной подачей; магазинная подача

Maginot Line – *Fr mil. 1930s* «линия Мажино»
Magna Carta – *Eng, 1215 A.D.* Великая хартия вольностей

mail order business – *n* посылторг
maim – *vt* калечить *impf*, искалечить *pf*
maiming, mutilation *n* увече

main effort – *n, mil* главный удар
main frame computer – *n* большая ЭВМ

maintenance – *n* техническое обслуживание и ремонт
~ manual руководство *или* инструкция по эксплуатации/уходу и ремонту **crew ~** техническое обслуживание силами экипажа/расчёта **cyclical ~** техническое обслуживание по циклическому методу **depot ~** заводской ремонт

direct support ~ непосре́дственное техни́ческое обслу́живание
general support ~ о́бщее техни́ческое обслу́живание

~ **schedule** регла́мент техни́ческого обслу́живания
~ **unit** *n* ремо́нтное подразделе́ние
major overhaul ~ кру́пный/капита́льный ремо́нт
preventive ~ *n* профилакти́ческое техобслу́живание; пла́ново-предупреди́тельное техобслу́живание
scheduled ~ пла́новое техобслу́живание

majority – *n* большинство́
~ **not by/by a margin** не/значи́тельным большинство́м
~ **decision** реше́ние, при́нятое большинство́м голосо́в
left-wing ~ ле́вое большинство́
overwhelming ~ подавля́ющее большинство́
required ~ тре́буемое большинство́
right-wing ~ пра́вое большинство́
silent ~ *US pol* молчали́вое большинство́
simple ~ просто́е большинство́
by a two-thirds ~ большинство́м в две тре́ти
command a ~ по́льзоваться подде́ржкой большинства́
large ~ незначи́тельным большинство́м
constitute a ~ составля́ть большинство́ симуля́нтка

make – де́лать *impf*, сде́лать *pf*
~ **believe, pretend** вы́думывать *impf*, вы́думать *pf*
~ **or take a stand** ока́зывать *impf*, оказа́ть *pf* сопротивле́ние
makeshift – *adj* подру́чный, вре́менный

malaria – *adj,med* маляри́йный, *n* маляри́я
male nurse – *n, med* медбра́т
malfunction – *n* неиспра́вность, заде́ржка механи́зма
malinger – симули́ровать *pf & impf* **malingerer** *n* симуля́нт *m*,
malnourishment – *n* недоеда́ние
mammal – *n* млекопита́ющее

manage – *vi* управлля́ть, руководи́ть, заве́довать *all impf + i.*
micro ~ *n* чрезме́рный контро́ль и вмеша́тельство
manageable *adj* выполни́мый
management *n* управле́ние
economic ~ *n, econ* хозя́йствование
intel ~ **and collection** управле́ние, сбо́ром

AN ENGLISH – RUSSIAN MILITARY DICTIONARY

разве́дывательных да́нных
internal affairs ~ управле́ние вну́тренними дела́ми
manager *n, coll* управде́л, управдела́ми, управле́нец
managerial *adj* управле́нческий
managing, control, controlling *adj* управля́ющий

man *or* staff – *mil* (crews, units) комплектова́ть *impf,*
укомплектова́ть *pf, avn* пилоти́ровать *impf*
~-packed (carried) *n* вью́чная перено́ска
~ the guns обслу́живать *impf,* обслужи́ть *pf* ору́дия
man-hour *n, bus* челове́ко-час
man-hunt *n* ро́зыск, полице́йская о́блава
man-made, artificial – *adj* иску́сственный
condemned ~ *n* сме́ртник
manned *avn, adj* пилоти́руемый, (crews, units)
укомплекто́ванный
manpower *n* рабо́чая си́ла
manslaughter *n* непредумы́шленное уби́йство, уби́йство по
неосторо́жности
mantrap *n* западня́

mandated territory – *n, leg, UN* подманда́тная террито́рия
Manhatten Project (US) – Манхе́ттенский прое́кт
Mannerheim line (Finnish mil., WW II) – «ли́ния Маннерге́йма«

maneuver – *n* манёвр; маневри́ровать *impf,* сманеври́ровать *pf*
~ space манёвренное простра́нство attack ~ манёвр в
наступле́нии decoy, deception ~ отвлека́ющий/ло́жный манёвр
enveloping ~ *n* охва́т, охва́тывающий манёвр
evasive ~ манёвр уклоне́ния от удара execute a ~ осуществля́ть
impf, осуществи́ть *pf* манёвр hammer and anvil ~ манёвр
«мо́лот и накова́льня«
lateral ~ манёвр вдоль фро́нта on ~s на манёврах
pre-emptive spoiling ~ упрежда́ющий манёвр
retrograde ~ отступа́тельный манёвр
maneuverability *n* манёвренность *f,* маневрспосо́бность *f*
maneuverable *adj* манёвренный

manifest – *n* лист, манифе́ст
air ~ полётный лист freight ~ грузово́й манифе́ст

manned – *adj, avn* пилоти́руемый
~ **(staffed)** *adj* укомплекто́ванный
~ **space station** *n* пилоти́руемая орбита́льная ста́нция
manning *n* укомплектова́ние
~ **and equiping** укомплектова́ние вооружённых сил

man-of-war vessel, warship *n* вое́нный кора́бль
manpower – *n* рабо́чая си́ла
~ **intensive** *n, soc, mil* тре́бующий бо́льшего коли́чества ли́чного
соста́ва (ЛС) ~ **surplus** *n* изли́шек рабо́чей си́лы

manslaughter *n* уби́йство по неосторо́жности,
непредумы́шленное уби́йство

manual (printed material) – *n* уста́в, наставле́ние
~ **(physical means)** *adj* ручно́й ~ **labor** ручно́й труд
~ **override** *n* ручно́е отклоне́ние
instruction ~ *n* па́спорт
training ~ *n* наставле́ние по боево́й подгото́вке

manufacture, production – *n* вы́работка, выраба́тывать *impf,*
вы́работать *pf;* (produce) изготовля́ть *impf,* изгото́вить *pf,* изготовле́ние;
(on a large scale) *n* произво́дство, производи́ть *impf,* произвести́ *pf*
manufactured goods *npl* промтова́ры

manufacturing *adj* обраба́тывающий
~ **industry** *n* обраба́тывающая промы́шленность
~ **town** *n* промы́шленный го́род

Maoism – *n, pol* маои́зм **Maoist** *adj, pol* маои́стский

map – *n* ка́рта
~ **legend, key** *n* обозначе́ния, усло́вные ~**-maker** *n* карто́граф
~**-reading** чте́ние ка́рт ~ **symbol** *n* топографи́ческий усло́вный
знак
battle *or* **operational** ~ рабо́чая ка́рта, такти́ческая ка́рта
contour ~ ко́нтурная ка́рта **folding** ~ раскладна́я ка́рта
intermediate scale ~ средне-масшта́бная ка́рта
large scale ~ кру́пномасшта́бная ка́рта
orient a ~ **to terrain** ориенти́ровать *pf & impf* ка́рту на ме́стности
out of scale, off scale ~ внемасшта́бная ка́рта
post/plot on a ~ наноси́ть *impf,* нанести́ *pf* обстано́вку на ка́рту

relief ~ рельéфная кáрта **rough sketch** ~ *n* крокú
route ~ маршрýтная кáрта
sketch ~ (of both sides' dispositions) отчётная кáрта, крокú
small scale ~ мелкомасштáбная кáрта
strip ~ маршрýтная кáрта
1/100,00 scale ~ *n, mil* километрóвка
1/50,000 scale ~ *n, mil* полукилометрóвка
situation ~ кáрта обстанóвки
topographical ~ топографúческая кáрта

Maquis (WW II Fr resistance movement) – *n* макú
Maoism – *n, Ch pol* маоúзм **Maoist** *adj* маоúстский

march – *n* мáрш
blackout ~ мáрш в услóвиях светомаскирóвки
interrupted ~ лóманный мáрш
forced ~ форсúрованный мáрш

margin – *n* (extra amount) запáс, коэффициéнт
~ **of error** допустúмая погрéшность
by a narrow ~ с небольшúм преимýществом
safety ~ запáс прóчности

marine, merchant ~ – *n, econ, mil* торгóвый флот
marines – *n, mil* морскáя пехóта
maritime powers – *n, mil, pol* морскúе держáвы

mark – *n* модель *f*, ориентúр, отмéтка; обозначáть *impf*,
маркировáть *impf* **overshoot the** ~ стрелять *impf* с перелётом
cat eyes blackout ~ *mil* затемнённая зáдняя фáра

marker *n* знак обозначéния, указáтель
infrared ~ *mil* инфракрáсный (ИК) фонáрь
panel ~ *mil* опознавáтельное сигнáльное полóтнище

market ~ *adj* рыночный, *n* рынок
bear ~ рынок быков **black** ~ «чёрный рынок«
bull ~ рынок медведéй
~ **demand** *n* рыночный спрос ~ **economy opponent** *n*
антирыночник ~ **forces** *nfpl* рыночные сúлы
Common Market *n, econ* Общий рынок
marketing *n, econ* мáркетинг

marksman - *n* стрело́к
marksmanship *n* стрелко́вая подгото́вка
Marshallization of Europe (post WW II) *n, econ, pol* маршаллиза́ция Евро́па

martial law - *n, mil* вое́нное положе́ние
impose/lift ~ **law** вводи́ть *impf*, ввести́ *pf*, отменя́ть *impf* отмени́ть *pf* вое́нное положе́ние

Marxism-Leninism - *n, pol* маркси́зм-ленини́зм
Marxist *adj* маркси́стский, *n* маркси́ст *m*, маркси́стка

mass - *adj* ма́ссовый
~ **arrests** ма́ссовые аре́сты
~ **burial** ма́ссовое захороне́ние
~ **grave** бра́тская моги́ла
~ **media (news)** сре́дство ма́ссовой информа́ций (СМИ)
~ **meeting** *coll* массо́вка
~ **production** *n, bus* ма́ссовое произво́дство
massed *adj* масси́рованный

massacre - *lit, vt* перебива́ть *impf*, переби́ть *pf, n* бо́йня

massing - *n, mil* масси́рование
~ **of fires** масси́рование огня́
~ **of forces** масси́рование сил и сре́дств
massive retaliation - *US pol, 1950s* масси́рование возме́здие

mastery - *n* (authority) власть, (knowledge) владе́ние, (supremacy) госпо́дство, (skill) мастерство́
~ **of the seas** госпо́дство на мо́ре
gain the ~ **of** добива́ться *impf*, доби́ться *pf* госпо́дства над + *i.*

matchmaker - *n* сва́ха; сват (also the term for the son-in-law or daughter-in-law's father)

material - *n* материа́л, вещество́
building ~ строи́тельный материа́л
war ~ боево́е иму́щество
~**s at** *or* **on hand** *npl* подру́чные сре́дства

AN ENGLISH – RUSSIAN MILITARY DICTIONARY

mating (linking, joining together) – *n* пристыкова́ние
matrix – *n* ма́трица

Mauser – *n, Ge* Ма́узер
maximize – максима́льно увели́чивать *impf,* максима́льно увели́чить *pf*
maximum load capability *n* максима́льный перевози́мый груз
May Day parade – *n, pol* первома́йский пара́д

McCarthyism (US pol, 1950s) – *n* маккарти́зм

means – *n* сре́дство
~ of enemy attack сре́дство нападе́ния проти́вника
~ of suppression *n* спо́соб подавле́ния

measures – *nfpl* ме́ры
concealment ~ ме́ры маскиро́вки; мероприя́тия по скры́тию
confidence building ~ ме́ры по укрепле́ния дове́рия
cost-cutting ~ ме́ры по сокраще́нию расхо́дов
effect harassing ~ наноси́ть *impf* беспоко́ящие ме́ры
incentive ~ ме́ры поощре́ния **precautionary** ~ ме́ры
предосторо́жности **punitive** ~ ме́ры уголо́вного наказа́ния
safety ~ ме́ры безопа́стности **measured** *adj* изме́ренный
measuring *n* измере́ние

Mecca - *lit/fig* Ме́кка
make a pilgrimage to ~ отправля́ться на пало́мничество в Ме́кку

mechanism – *n* механи́зм, устро́йство
anti-recoil ~ противоотка́тное устро́йство
breech ~ *n* затво́р; затво́рный механи́зм
tank autoloader ~ *n* автома́т заряже́ния ору́дия та́нка
mechanization *n* механиза́ция
mechanize *vt, (vi)* механизи́ровать(ся) *pf & impf*

medal – *n* меда́ль *f,* о́рден
Achievement Medal меда́ль за безупре́чную слу́жбу
Air Force Commendation Medal «Благода́рственная» меда́ль за
слу́жбу в ВВС
Army Achievement Medal «Благода́рственная» меда́ль за слу́жбу
в СВ
Bronze Star Medal о́рден «Бро́нзовая звезда́»

Distinguished Service Cross Medal крест «За выдаю́щиеся заслу́ги»
Joint Service Medal «Благода́рственная« меда́ль за слу́жбу в объединённых о́рганах ВС
Medal of Honor о́рден почёта
Meritorious Service Medal медаль «За осо́бые заслу́ги в слу́жбе»
Navy Commendation Medal «Благода́рственная« меда́ль за слу́жбу в ВМС
Navy Cross Medal Вое́нно-морско́й кре́ст
Service Medal меда́ль-знак отли́чия за слу́жбу
Silver Star Medal о́рден «Сере́бряная звезда́«
Vietnam Service Medal меда́ль «За слу́жбу во Вьетна́ме«

mediate – посре́дничать *impf*
mediated *adj* посре́днический **mediation** *n* посре́дничество, опосре́дствование **mediator** *n* посре́дник

medical – *adj* лече́бный, медици́нский
~ **assistance** *n* лече́бная по́мощь ~ **ethics** *n* деонтоло́гия
~ **triage** *n* медици́нская сортиро́вка ра́неных

medicine – *adj* медици́нский, *n* медици́на
emergency – *n* иоотло́жная медици́нская по́мощь

medium – *prefix* средно-, *adj* сре́дий, *n* среда́
~-**calibre** *adj* среднекали́берный
~-**scale** *adj* среднемасшта́бный
~-**term** *adj* среднесро́чный

meeting, mass-~, rally – *adj* минтинго́вый, *n* ми́нтинг
emergency ~ *n* лету́чка
hold a mass-~, meeting *or* **rally** минтингова́ть *impf*
record minutes of a ~ протоколи́ровать *pf & impf*

megalopolis – *n, soc* го́род-гига́нт **megatonnage** – мегатонна́ж
Mein Kampf (Hitler biography) – «Ма́йн ка́мпф«/«Моя́ борьба́«
member – *n* член **crew member** член экипа́жа

memorandum – *n* мемора́ндум; служе́бная запи́ска
~ **of understanding** мемора́ндум о взаимопонима́нии

AN ENGLISH - RUSSIAN MILITARY DICTIONARY

Menshevik - *adj* меньшеви́стский, *n* меньшеви́к
mentally handicapped - *adj* у́мственно отста́лый
mentor - *n* наста́вник, ме́нтор
mercantile - *adj* торго́вый
mercantilism *n, econ hist* меркантили́зм **mercantilist** *n, econ* меркантили́ст
mercenary, soldier of fortune - *n* наёмник, наёмный солда́т

merchant - *adj* купе́ческий, *n* купе́ц
~s (collective plural) *n* купе́чество ~ **marine, fleet** *n* торго́вый флот
mercy killing; to euthanize - *n* эйтана́зия, эйтанази́ровать *impf*

meridian - *n* меридиа́н
magnetic ~ магни́тный меридиа́н **true** ~ и́стинный меридиа́н
Merovingian(s) (1st Frankish Dynasty, 5th century to 751 AD)
- Мерови́нг(и)

message - *n* депе́ша, донесе́ние, посла́ние, сообще́ние
coded ~ зашифро́ванное сообще́ние, кодогра́ма
~ **center** *n* пункт сбо́ра доносе́ний
~ **in the clear** сообще́ние откры́тым те́кстом
multiaddress, multisubscriber ~ многоа́дресная депе́ша
plain text ~ донесе́ние, передава́емое откры́тым те́кстом
radio ~ *n* радиодонесе́ние
messenger *n* вестово́й, курье́р, посы́льный, *as a n* по́сланный, связно́й

messiah - *n, gen, rel* мессия
messianic *adj* мессиа́нский **messianism** *n* мессиа́нство

meteorologist - *n, wea* метеоро́лог
meter - *n* счётчик, дозиме́тр
MI 5/6 (Br intelligence) - *n* Эм ай 5/6
metric - *adj* метри́ческий

micro - *prefix* ми́кро-
microcircuitry *n* микросхе́ма **microdot** *n* микрото́чка **microfiche** *n* микрофи́ша **microfilming** микрофильми́рование

middle-aged - *n* сре́дних лет
Middle Ages *n, Eur hist* сре́дние века́, средневеко́вье

AN ENGLISH - RUSSIAN MILITARY DICTIONARY

early Middle Ages *adj* раннесредневекóвый

MiG – МиГ (Микоян и Гурéвич)
mil (compass point) – *n* тысячная, мил
mile per hour – мйля в час **milepost** *n* верстовóй столб
militancy – *n* войнственность *f*, боевые кáчества

militarism – *n* воéнщина, милитаризм **militarist** *n* милитарист
militarists, military clique *n* воéнщина **militaristic** *adj*
милитаристический **militarization** *n* милитаризáия
militarize милитаризовáть *pf* & *impf*

military – *adj* воéнный; *n* воéнные (collective pl)
~ **and civil defence assets** *npl* ресýрсы вооружённых сил и
граждáнской оборóны ~ **district** *n* воéнный округ
~ **industrial complex** *n* воéнно-промышленный кóмплекс
~ **intervention or interference** воéнное вмешáтельство
~ **law** воéнное прáво; военноуголóвное прáво
~ **liaison mission** воéнная миссия связи и взаимодéйствия
~ **matters, affairs** воéнное дéло ~ **necessity** воéнная
необходимость ~ **operations** воéнные дéйствия
~ **parity** воéнный паритéт ~ **presence** воéнное присýтствие
~ **ruse** воéнная хитрость ~ **science** воéнная наýка
~ **spending** воéнные расхóды ~ **takeover** воéнный переворóт с
захвáтом влáсти ~ **training** *adj* воéнно- учéбный
~ **unit** вóинская часть

milk, powdered – *n* сухóе молокó
millenium bug – *n, comp* проблéма 2000 гóда
minaret – *n, Isl* минарéт

mine – *n* (excavation) шáхта, руднйк, копь;
~ (excavate coal/ore) добывáть *impf* , добыть *pf* ýголь/рудý
go down into the ~ спустйться *pf* в шáхту

mine (landmine) – *adj* минный, *n, mil* мйна
~ **clearing plow** мйный трал плýжного тйпа
~ **clearing roller** тáнковый каткóвый мйнный трáлер
~ **probe** мйнный щуп
~ **stake** *n* вéха для обозначéния заминйрованного учáстка
aerial ~ **laying** *n* постанóвка минозагражд éний с самолёта

AN ENGLISH – RUSSIAN MILITARY DICTIONARY

antipersonnel ~ *n* противопехо́тная ми́на
antitank ~ противота́нковая ми́на **bouncing betty**
~ выпры́гивающая ми́на **demolition** ~, **type X** полева́я ми́на
загражде́ния тип X
marking ~**s** обозначе́ние мин
surface laid ~ ми́на, устана́вливаемая на гру́нт
mineclearing *n* размини́рование, размини́ровать
mine-detector (apparatus), (sapper) *n, mil* миноиска́тель
mined *adj* мини́рованный

minefield – *n* ми́нное по́ле
~ **lane** *n* прохо́д в ми́нном по́ле
~ **record** *n* отчётная ка́рточка по ми́нному по́лю
airscattered ~ ми́нное по́ле, устана́вливаемое «внабро́с« с
самолётов **artillery delivered** ~ ми́нное по́ле, устана́вливаемое с
по́мощью артиллери́йской систе́мы **high-density** ~ ми́нное по́ле
высо́кой пло́тности **install a** ~ устана́вливать ми́нное по́ле
low density ~ ми́нное по́ле ма́лой пло́тности

manually emplaced ~ ми́нное по́ле устана́вливаемое вручну́ю
mixed ~ ми́нное по́ле из противопехо́тных и противота́нковых
мин **penetrate a** ~ преодолева́ть ми́нное по́ле

record a ~ составля́ть формуля́р/план ми́нного по́ля
remote controlled ~ управля́емое ми́нное по́ле
remove a ~ снима́ть *impf*, снять *pf* ми́нное по́ле; размини́ровать
pf уча́сток
minelayer (army vehicle and naval vessel) *n* ми́нный загради́тель
minelaying vehicle *n* маши́на с ми́нным загради́телем
minesweeper *n, nav* тра́льщик **minesweeping** *n* трале́ние

mining *prefix* горно-, *adj* го́рный, горнодобыва́ющий,
горнопромы́шленный, добыва́ющи, *n* го́рное де́ло
~ **area** *adj* горнопромы́шленный
~ **industry** *n* горнодобыва́ющая промы́шленность,
горнору́дная промы́шленность ~ **town** *n* шахтёрский го́род
miner, mineworker *n* горня́к, шахтёр (coal), золотоиска́тель
(gold)

mini – *prefix* мини- **minicomputer** *n* миникомпью́тер
ministry *n, pol* министе́рство **ministerial** *adj* министе́рский

AN ENGLISH – RUSSIAN MILITARY DICTIONARY

ministerial guidance *n, pol* министе́рская директи́ва
minority – *n* меньшинство́
MIRV – *n, mil, nuc* «МИРВ»
miscellaneous – *adj* сме́шанный, разнообра́зный
misdemeanor – *n, leg* просту́пок; суде́бно наказу́емый
просту́пок

misinform – дезинформи́ровать *pf & impf* **misinformation** *n*
дезинформа́ция **misinformative, misleading** *adj*
дезинформацио́нный

misrepresent – *vt* искажа́ть *impf*, исказ́ить *pf*
~ **the facts** искажа́ть фа́кты
misrepresentation of the facts *n* искаже́ние фа́ктов

miss – *n* про́мах, *vi* прома́хиваться *impf*, промахну́ться *pf*
a near ~ *lit* попада́ние вблизи́ це́ли; *fig* бли́зкая дога́дка

missile – *n, mil* раке́та, снаря́д
~ **crewman** *n* раке́тчик ~ **delivered** *or* **carried** доставля́емый
раке́той ~ **equipped** оснащённый раке́тами
air-to-air ~ раке́та кла́сса «во́здух-во́здух«
airlaunched cruise ~ **(ALCM)** крыла́тая раке́та возду́шного
бази́рования **cruise** ~ крыла́тая раке́та
fiber optic guided ~ раке́та с волоко́нно-опти́ческой систе́мой
наведе́ния **finned** ~ оперённый снаря́д
intermediate range ballistic ~ **(IRBM)** БР промежу́точной
да́льности
land-based ~ **system** назе́мный раке́тный ко́мплекс
land-based mobile ~ **system** подви́жный назе́мный раке́тный
ко́мплекс
range of ~ зо́на досяга́емости раке́т
radar seeking standoff ~ ПРЛР, запуска́емая вне зо́ны
пораже́ния ПВО **submarine launched cruise** ~ КР, запуска́емая с
ПЛ; раке́та подво́дного пу́ска
rely on land based missiles – *mil* полага́ться *impf*, положи́ться *pf*
на раке́ты назе́много бази́рования
subsurface-to-subsurface ~ раке́та кла́сса «ПЛ-ПЛ«
subsurface-to-surface ~ раке́та кла́сса «ПЛ-пове́рхность«
surface-to-air (SAM) ~ раке́та кла́сса зени́тная управля́емая
раке́та (ЗУР)

surface-to-surface ~ ракéта клáсса «повéрхность - повéрхность«
Tomahawk cruise ~ крылáтая ракéта «томагáвк«
tube launched anti-tank ~ ПТУР, запускáемая из трубы-контéйнера unfired ~ незапýщенная ракéта
unguided ~ неуправляемая ракéта
wire-controlled управляемая по проводáм ракéта

missing in action - бéз вести пропáвший
~ (MIA) presumed dead пропáвший бéз вести предположи́тельно поги́бший

mission - n, mil задáча, ми́ссия
~ readiness готóвность f к выполнéнию задáчи
~ recall n прикáз/сигнал о прекращéнии выполнéния задáчи
abort a ~ прекращáть impf, прекрати́ть pf задáчи
aerial recon and photographic ~ n авиациóнная развéдка с фотографи́рованием air interdiction ~ задáча по изоляции райóна боевых дéйствий airlift ~ задáча на перебрóску по вóздуху all terrain/weather ~ задáча /любóго ти́па мéстности/для любóй погóды
artillery minefield fire ~ огневáя задáча артиллéрей с цéлью дистанциóнного мини́рования be prepared ~ задáча «быть в готóвности« blocking ~ задáча по задержáнию продвижéния проти́вника bombing ~ задáча на бомбометáние carry out a ~ - выполнять задачи CAS ~ задáча по непосрéдственной авиациóнной поддéржке
contingency ~ неплáновая задáча
counterbattery fire ~ задáча по контрбатарéйной стрельбé
counterrecon ~ задáча по борьбé с развéдкой проти́вника
defend in sector ~ задáча на ведéние оборóны в сéкторе
fact-finding ~ ми́ссия по выяснéнию фáктов/обстоятельств
fire a ~ mil вести́ огóнь по цéли fire ~ огневáя задáча
follow-on ~ послéдующая задáча
harassing ~ задáча по ведéнию измáтывающих дéйствий
hit-and-run ~ задáча по быстрому нанесéнию удáра и немéдленному отхóду (от цéли, проти́вника, итд)
implied ~ задáча выполняемая во исполнéние глáвной задáчи
interception ~ задáча на перехвáт
interdiction ~ задáча по изоляции пóля бóя
on-call ~ n вылет по вызову

AN ENGLISH – RUSSIAN MILITARY DICTIONARY

preplanned ~ *n* заблаговре́менно сплани́рованная
зада́ча **screening** ~ зада́ча по охра́не
SEAD ~ **(suppression of enemy air defenses)** *mil* зада́ча по
подавле́нию сре́дств ПВО **seek-and-destroy** ~ зада́ча по по́иску
и уничтоже́нию проти́вника
takeover a ~ брать на себя́ выполне́ние зада́чи
training ~ уче́бно-боево́е зада́ние

missionary – *adj* миссионе́рский, *n* миссионе́р
~ **work** *n, rel* миссионе́рство
misting up – *n, wea* запотева́ние
mitigating – *adj* смягча́ющий

mobile repair shop – *n* подви́жная механи́ческая/ремо́нтная
мастерска́я **mobility** *n* манёвренность *f*, поворо́тливость *f*,
подви́жность **mobilized** *adj* мобилизо́ванный

mobilize *vt* мобилизова́ть *pf & impf*

mobster – *n* банди́т
mock-up – *n* маке́т **model** – *n* маке́т, образе́ц
modernization *n* модерниза́ция **modernize** модернизи́ровать *pf &
impf*
Mohammedan – *n, rel,* магомета́нин *m,* магомета́нка *f*
Mohammedanism *n* магомета́нство
molotov cocktail – *n* буты́лка с зажига́тельной сме́сью

momentum – *n* темп
~ **of advance** темп наступле́ния
~ **of attack** темп наступле́ние, темп ата́ки

monastic order – *n, rel* мона́шеский о́рден **monasticism** *n, rel*
мона́шество
money launderer – «отмыва́тель де́нег« ~ **laundering** *n, econ*
отмыва́ние де́нег

Mongol-Tatars – *n, hist* тата́ро-монго́лы
Mongol (Tatar) yoke *n, hist* монго́льское и́го
monitor – *n* (person) контролёр, (radio) суха́ч; подслу́шивать
monitoring *n* слеже́ние, монито́ринг
commo контро́ль *m* свя́зи, контро́льное подслу́шивание

153

monk – *n, rel* мона́х
monopolize *vt* монополизи́ровать *pf & impf*

moon – *adj* лу́нный, *n* луна́ **full** ~ полнолу́ние
moonlanding (1969) *n* вы́садка на Луну́/прилуне́ние **moonless**
adj безлу́нный **moonlight** *n* лу́нный свет **by** ~ при луне́
moonlighter *n, bus, soc* халту́рщик **moonlighting** *n, bus, soc*
халту́ра **moonlit** *adj* зали́тый лу́нным све́том
moonshine, hootch – *n, coll* самого́н **moonshot** *n* за́пуск на луну́

Moor – *n* мавр *m*, маврита́нка *f*
Moorish *adj* ма́врский, маврита́нский
mop up – *n, mil* очища́ть от проти́вника; прочёсывать райо́н
moralize – морализи́ровать *impf*

moratorium – *n, pol* морато́рий
extend a ~ продлева́ть *impf*, продли́ть *pf* морато́рий
impose a ~ объявля́ть *impf*, объяви́ть *pf* морато́рий
nuclear weapons test ~ морато́рий на испыта́ние я́дерного
ору́жия
join a ~ присоедини́ться к морато́рию
put a ~ **on the deployment on the deployment of intermediate-
range missiles in Europe** ввести́ морато́рий на развёртывание
раке́т сре́дней да́льности

morale – *n* мора́льный дух
morphine – *n, med* мо́рфий

Morse code – *n* а́збука Мо́рзе, *coll* морзя́нка
Morse code signaller *n, commo* морзи́ст
mortality, death-rate – *n* сме́ртность

mortar – *adj* морти́рный, *n* морти́ра **to** ~ *mil* обстре́ливать *impf*,
обстреля́ть *pf* миномётным огнём **mortarman** *n* миномётчик
Moslem – *adj, rel* мусульма́нский; *n, rel* мусульма́нин *m*,
мусульма́нка; мусульма́не *pl*

mosque – *n, rel* мече́ть

most favorite nation status (MFN) – *n, econ, pol* режи́м
наибо́льшего благоприя́тствования

mothball fleet – *n, nav* «законсервированные суда«
put into mothballs ставить *impf*, поставить *pf* на консервацию

motorized rifle – *adj* мотострелковый
motorized rifle units (Sov MRB, MRD, etc) *npl* мотострелковые войска
mountainous – *adj* гористый
mounted – *adj, mil* конный

movable, mobile – *adj* движущийся, подвижный
move, movement – *n* движение **on the ~** в движении, во время движения
movement – *n, soc* движение, ход
logistical ~ *npl* снабженческие перевозки
long-range ~ передвижение на большое расстояние
off-road ~ движение по бездорожью

peace ~ движение сторонников мира
pincer ~ двойной охват; захват в клещи

mufti – *n, Isl* муфтий
mugger – *n, soc* уличный грабитель **mugging** *n* грабёж
mujahideen; mujahedin – *n, Is* муджахид, муджахиды

multi – *prefix* много-
multibarrel(ed) *adj, mil* многоствольный
multifuel *adj* многотопливный **multilateral** *adj, pol* многосторонний **multimegatonnage** *adj* многомегатонный; *n, mil* многомегатонаж

multinational *adj* многонациональный **~ formation** многонациональное формирование **multiparty** *adj, pol* многопартийный **multiphase** *adj* многофазный
multiplexing *n* уплотнение **multipurpose** *adj* многоцелвой, универсалный

mumps – *n, med* свинка

Munich Agreement (Ge/Eng pol, 1938) – *n* Мюнхенское соглашение
municipal, urban – *adj* городской, муниципальный
~ employee *n* коммунальник **municipality** *n* муниципалитет

AN ENGLISH – RUSSIAN MILITARY DICTIONARY

munitions – *n, mil* боеприпа́сы
advanced ~ *n, mil* усоверше́нствованные боеприпа́сы
antiriot ~ *n, soc* боеприпа́сы для полице́йских де́йствий
fire-and-forget ~ *n, mil* самонаводя́щиеся сре́дства пораже́ния; боеприпа́сые, применя́емые по при́нципу «вы́стрел-забы́л«
flechette ~ *n, mil* кассе́тные боеприпа́сы с стрелкови́дными БЭ
high explosive ~ *n, mil* противопехо́тные оско́лочно-фуга́сные боеприпа́сы **precision guided** ~ *n, mil* высокото́чные управля́емые боеприпа́сы

murder – *n* уби́йство
attempted ~ попы́тка уби́йства
charge with a ~ **of so** обвиня́ть *impf*, обвини́ть *pf* в соверше́нии уби́йства кого-либо **commit a** ~ **of so** соверши́ть *pf* уби́йство кого-либо **premeditated, first degree** ~ преднаме́ренное *или* предумы́шленное уби́йство
murderer *n* уби́йца *m, f* **murderess** же́нщина-уби́йца

murk, gloom – *adj* мгли́стый, *n* мгла
mushroom cloud – *n, mil* грибови́дное о́блако, а́томный гриб
music, country & western ~ – *n, soc* ка́нтри, **soul** ~ со́ул

Muslim – *n, rel, adj* мусульма́нский, *n* мусульма́нин; мусульма́не *pl*
• **Druse** – *adj* дру́зский, *npl* дру́зы
• **Shiite** – *adj* шии́тский, *npl* шии́ты
• **Sufi** – *adj* суфи́стский, *npl* суфи́сты
• **Sunni** – *adj* сунни́тский, *npl* сунни́ты

mustard gas – *n, chem, mil* ипри́т

mutilation – *n* уве́чье

mutiny – *n* бунт, восста́ние, мяте́ж; *n* бунтова́ть *impf*, взбунтова́ть *pf*

mutual – *prefix* взаимно-, *adj* взаи́мный
~ **assured destruction (MAD)** *n, US mil, pol* взаи́мное гаранти́рованное уничтоже́ние
~ **assured retaliation** *n, mil, pol* взаи́мные гаранти́рованные отве́тные уда́ры

Mutual and Balanced Force Reductions (MBFR) *n, US/SU pol*
взаймносбаланси́рованное сокраще́ние вооружённых сил

AN ENGLISH – RUSSIAN MILITARY DICTIONARY

N

Nagasaki and Hiroshima (Ja, 1945) – *WW II*, Нагасáки и Хиросúма

nagger – *n, soc* брюзгá *m, f* **nagging** *n* брюзжáние, придúрки, *coll* пилёж

Nanking, the rape of ~ (Ch, 1937) – *n* нанкúнская резня́
napalm – *adj* напáлмовый, *n* напáлм
Napoleonic Grand Army – *n, Fr hist* Наполеóновская велúкая áрмия

narrow – *adj* ýзкий
~, **limited** *adj* огранúченный ~**-gauged** *adj, rr* узкоколéйный
~**-minded person** огранúченный человéк

nation –*n* странá
host ~ принимáющая странá
host ~ **support** поддéржка принимáющей страны́
lead ~ ведýщая странá
troop-contributing ~ странá выделя́ющая контингéнт войск

national – *adj* национáльный
~ **figure** *n, soc* вúдный дéятель
~ **security goals** *n, pol* цéли национáльной безопáсности
National Aeronautics and Space Administration (**NASA**) *n, US aeron* Национáльное управлéние по аэронáвтике и исслéдованию космúческого прострáнства (НАСА)
National Broadcasting Company (**NBC**) *US* Национáльная вещáтельная компáния

nationalism – *n* националúзм **nationalist** *n* националúст
nationalization *n, soc, econ* национализáция, огосударствлéние
nationalized *adj* национализúрованный
nationalize *vt* огосударствля́ть *impf;* национализúровать *pf & impf* **denationalization** *n* разгосударствлéние

NATO – *adj, mil, pol* нáтовский, *n* НАТО
~ **member nation** *n* нáтовец
~ **military command structure** *n* структýра воéнного комáндования НАТО
~ **peacekeepers** нáтовские миротвóрцы
~ **troops** нáтовские войскá

~-wide exercise нáтовские крýпномасштáбные учéния
~ Membership Action Plan (1999) *n, pol* План дéйствий по
подготóке к члéнству в НАТО

natural - *adj, sci* естéственный
~ calamity or disaster *n* стихúйное бéдствие
~ history *n, bio* естествознáние   ~ selection *n, bio* естéственный
отбóр naturalize *vt* (citizenship) натурализовáть *pf & impf*

nautical - *adj* морскóй
~ chart *n, nav* морскáя кáрта   ~ mile *n, nav* морскáя мúля

naval - *adj* морскóй
~ airbase морскáя авиабáза
~ air recon морскáя авиаразвéдка
~ amphibious assault *adj* морскóй десáнтный *n* морскóй десáнт
~ commander *n* флотовóдец
~ fire support, gunnery *n, mil* корабéльная поддéржка
dept of ~ affairs *n, mil* морскóе вéдомство

navigability - *n* судохóдность *f*
navigable *adj* судохóдный navigation *adj* навигациóнный, *n*
(skill) навигáция, (process) управлéние (кораблём, самолётом,
итд); (ship passage) судохóдство ~ by landmarks навигáция по
назéмным ориентúрам

navy - *n, mil* воéнно-морскóй флот
~ yard *n* воéнная верфь merchant ~ or marine *n* торгóвый флот,
abbrev торгфлóт
Royal Navy*Br* Англúйский ВМФ (воéнно-морскóй флот)
serve in the ~ служúть *impf*, послужúть *pf* во *или* на флóте
tanker ~ наливнóй *или* танкерный флот

Nazi - *adj, WW II, Ge pol* нацúстский, *n* нацúст, нацúстка;
гúтлеровский, *n* гúтлеровец Nazism *n* нацúзм

NBC environment - *n, mil* ХБР обстанóвка
Neanderthal - *n, anthro* неандертáлец
near-by *adj* близлежáщий

needs, requirements - *nfpl* нýжды, потрéбности
needy *adj, n* нуждáющийся needy, the *npl* нуждáющиеся,
беднотá

AN ENGLISH – RUSSIAN MILITARY DICTIONARY

negative – *adj* отрица́тельный
neglect – *n* упуще́ние, хала́тность *f*

negligence – *n* небре́жность *f*
criminal ~ престу́пная небре́жность
gross ~ гру́бая небре́жность, упуще́ние, хала́тность *f*
negligent *adj* небре́жный

negotiate – вести́ *impf*, повести́ *pf* перегово́ры о + *prep*
~ **an obstacle** преодолева́ть *impf*, преодоле́ть *pf* препя́тствие
negotiable terms, conditions *n* усло́вия кото́рые мо́гут служи́ть предме́том перегово́ров
negotiator *n* уча́стник перегово́ров, представи́тель *m*

neighboring – *adj* сосе́дний

neo – *prefix* нео-
~-**Nazi** *adj* неонаци́стский
~-**Nazi/s** *n, Ge hist* неонаци́ст *m*, неонаци́стка *f*; неонаци́сты *pl*
~-**Fascist** *adj* неофаши́стский, *n, hist* неофаши́ст *m*, неофаши́стка *f*
~-**isolationism** *n* неоизоляциони́зм

neon – *adj* нео́новый, *n* нео́н
nepotism – *n* непоти́зм, кумовство́

net – *mil commo* связь *f* по се́ти; циркуля́рная связь
"~ **call**" *mil commo* «всем» ~ **control station (NCS)** *mil commo* веду́щая/ведо́мая ста́нция *mil commo* ~ **communications, net call** циркуля́рная переда́ча; циркуля́рный позывно́й
ADA warning ~ *n, mil* сеть *f* связи оповеще́ния средств ПВО **antitorpedo** ~ *n, mil* противоторпе́дная сеть
communications ~ *n* решётка связи
fire coordination ~ *n* радиосе́ть огнево́го взаимоде́йствия
jamproofed ~ помехоусто́йчивая связь **secure voice** ~ *mil commo* сеть засекре́ченной радиосвя́зи **ship-to-shore** *mil commo* ~ связь ли́нии «кора́бль-бе́рег» **shore-to-ship** ~ *mil commo* связь ли́нии «бе́рег-кора́бль»

network – *n* сеть *f*, **common use** ~ о́бщая сеть свя́зи
deceptive radio net/network ло́жная радиосе́ть
power ~ *elec* пита́ющая сеть **road** ~ доро́жная сеть

AN ENGLISH - RUSSIAN MILITARY DICTIONARY

neutrality - *n* нейтралитéт benevolent ~ благожелáтельный нейтралитéт maintain ~ соблюдáть *impf,* соблюсти *pf* нейтралитéт
neutralize нейтрализовáть *pf & impf*

New Deal (FDR & the US Depression) - «Нóвый курс«
New Order (Nazi Ge) - «нóвый порядок« New World *n, hist* Нóвый Свéт
New York Stock Exchange (NYSE); the Big Board *n, US econ* Нью-йóркская фóндовая биржа

news - *n* нóвости
~ coverage (radio/TV/newsprint)освещéние/по радио/по телевидению/в печáти ~ flash экстренное сообщéние
~ item *n* информáция
~ media *npl* срéдства мáссовой информáции
~ summary *n* свóдка новостéи
~ value *n* событийная цéнность
newscaster *n* диктор, радиокомментáтор

newspaper - *adj* газéтный, *n* газéта
editorial board of a ~ редáкция газéты
government (controlled) ~ правительственная газéта
publish a ~ издавáть *impf,* издáть *pf* газéту
shut down a ~ закрывáть *impf,* закрыть *pf* газéту
newspaperman, newsman, journalist *n* газéтчик
newsworthy достóйный освещéния в срéдствах мáссовой информации

night - *adj* ночнóй, *n* ночь
~ conditions ночные услóвия ~ drill вечéрние учéбные сбóры
~ exercise ночнóе учéние ~ fighting ночнóй бой
~ halt, shelter *n* ночлéг, ночёвка ~ position *n* ночнáя позиция
~ vision ночнóе видение at ~ *adv* нóчью infra-red ~ weapon sight ночнóй прицéл
spend the ~, overnight ночевáть *impf,* переночéвать *pf*

nitroglycerin - *n* нитроглицерин
no first use of nuclear weapons - *n* неприменéние ЯО пéрвыми
Nobel prize - *n, sci* Нóбелевская прéмия
nocturnal - *adj* ночнóй

noise-suppressing *adj* помехоподавляющий
nomad, nomadic - *adj* кочевой, *n* кочёвник; номад

no-man's land - *n, mil* ничейная земля, ничья земля
nomenclature - *n, lit* номенклатура; *fig* (term for the Soviet elite)
nominee - *n* кандидат

non - *prefix* не-, вне-
non-aggression pact *n, pol* договор о ненападении
non-issue *n* невопрос
non-addictive не вызывающий привыкания
non-aligned *adj* неприсоединившийся
non-alignment movement *n* движение неприсоединения
non-attendance *n* пропуск
non-biodegradable неразлагаемый микроорганизами
non-belligerent *adj* невоюющий
non-combatant *adj* несражающийся
non-compliance *n* несоблюдение, невыполнение
non-conformity несоблюдение, неподчинение
non-essential *adj* несущественный
non-flammable *adj* невоспламеняющийся, невоспламеняемый
non-governmental organization (NGO) неправительственная
организация
non-interference *n* невмешательство
non-organic *adj* нештатный, нетабельный
non-parliamentary *adj, pol* внепарламентский
non-party *adj, pol* внепартийный
non-persistent (agent, etc.) *adj* нестойкий (нестойкое вещество,
итд)
non-proliferation *n* нераспространение (ядерного оружия)
non-recoverable *adj* невозвратимый
non-resistance *n* непротивление (кому/чему)
non-Russian *adj* нерусский
non-skid *adj* нескользящий
non-starter *n, coll* мёртвый номер
non-stop *adj* (vehicles, etc) безостановочный; (aircraft, flight,
etc) беспосадочный; (continuous) непрерывный
non-toxic *adj* нетоксичный
non-violence *n* отказ от применения насильственных методов
non-white *adj, soc* небелый **non-violent** *adj* ненасильственный
non-working *adj* нетрудящийся

normalize – *vt, (vi)* нормализовáть(ся) *pf & impf*

north – *adj* сéверный, *n* сéвер **grid** ~ сéвер сéтки
magnetic ~ магнúтный сéвер **true** ~ úстинный сéвер
~-west *adj* северозáпадный, *n* сéверо-зáпад **~-east** *adj*
северовостóчный, *n* сéверо-востóк **northerner** *n* северянин;
северянка
nose (front) – *adj* носовóй
no-strings *adj, coll* безоговóрочный

note – *n* нóта, распúска
diplomatic ~ *n* дипломатúческая нóта **promissary** ~ *n* долговáя
распúска **written** ~ *n* пúсменное извещéние

notification of next of kin – *n* извещéние ближáйщих
рóдственников **notify** уведомлять *impf*, увéдомить *pf;*
оповещáть *impf*, оповестúть *pf*

notional – *adj* воображáемый, мнúмый

nuclear – *adj* ядерный
~ **arms freeze advocate** *n* сторóнник идéи заморáживания ЯО
~ **arms freeze resolution** *n* резолюция о «заморáживании«
запáсов ядерного орýжия ~ **arms race** *n, mil, pol* гóнка ядерных
вооружений ~ **blackmail** ядерный шантáж
~ **deterrent** *n* срéдство ядерного устрашéния ~ **family** *n, soc*
нуклеáрная/мáлая семья **~-free** *adj* безъядерный
~ **night** *n, sci* ядерная ночь **~-powered vessel** *n* атомохóд
~ **stalemate** ядерный тупúк ~ **strike force** ядерный кулáк
~ **triad** ядерная триáда ~ **umbrella** ядерный «зóнтик«
~ **winter** ядерная зимá
enemy ~ **strike** ядерный удáр протúвника
seek ~ **superiority** стремúться к ядерному превосхóдству
number, serial ~ *n, mil* порядковый нóмер
numerically inferior – слабéе в чúсленности

Nuncio, Papal ~ – *n, rel* пáпский нýнций
nun – *n, rel* монáшенка, монáхиня **nunnery** *n, rel* жéнский
монастырь

Nuremburg Laws (Ge antisemitic laws, 1935) – «Нюрнбергские
закóны«

Nuremberg trials (Ge WWII, 1945-46) – Нюрнбергский процéсс; Судéбный процéсс над нацѝстскими воéнными престýпниками в Нюрнберге

nutrition – *n* питáние **nutritional** *adj* питáтельный

O

oath – *n* присяга
administer an ~ to so; put so under ~ приводить *impf*, привести
pf кого́-н. к присяге
take an ~ присягать *impf*, присягнуть *pf*, давать *impf*, дать *pf*
клятву under ~ под присягой

obedience – *n* повиновение obedient *adj* послушный, преданный
obese – *adj, med* тучный obesity *n* тучность *f*
obey *vi (impf and pf in the past tense)* повиноваться + d.
~ orders повиноваться приказам
obituary – *n* некролог

objective, target, aim, construction project – *n* объект
assault ~ объект атаки, цель
bombing ~, target объект бомбометания, объект нападения

observation – *n* наблюдение
24-hour ~ круглосуточное наблюдение
aerial ~ авианаблюдение, авиаразведка
all-round ~ круговое наблюдение
from the air ~ воздушное наблюдение
radar ~ радиолокационная разведка
visual ~ визуальное наблюдение, оптическая разведка

observer – *n* наблюдатель
aerial artillery ~ воздушный артиллерийский наблюдатель;
корректировщик
flank ~ *n* боковой наблюдательный пункт НП
forward ~ post *n* передовой НП
ground ~ *n* наземный НП stay behind ~ *n* НП в тылу противника

obstacle – *n* преграда, препятствие, заграждение
~ in depth поле заграждения
~ removal *n* разграждение, устранение препятствий
beach ~ противодесантное заграждение, береговое
препятствие, заграждение boom water ~ *n* боны
concertina, barbed wire ~ *n* проволока внаброс; *n* проволочная
спираль floating ~ плавающие препятствия
ground ~ наземные заграждения mine ~ минное заграждение
portable ~ *n* лёгкая преграда

AN ENGLISH – RUSSIAN MILITARY DICTIONARY

remove ~s разгражда́ть *impf*, разгради́ть *pf*
underwater ~ подво́дное загражде́ние

underwater log ~ *n* загражде́ние из брёвен под водо́й

Oceania – *n, geo* Океа́ния
Occident – *n, geo* за́пад occidental *adj* за́падный

occupational – *adj* профессиона́льный
~ accident *n, soc* произво́дственный несча́стный слу́чай
~ risk *med, soc* произво́дственный риск ~ therapy *n, med* трудотерапи́я
occupier *n, mil, soc* захва́тчик

October Revolution (Ru, 1917) – *n, pol* Октя́брьская револю́ция
odd, even – *adj* (numbers) нечётный, чётный
the odds are in our favor переве́с/в на́шу по́льзу/на на́шей стороне́

off duty – вне слу́жбы, свобо́дный от слу́жбы
off-the-cuff *adj* импровизи́рованный, неподгото́вленный
off-limits *adj* закры́тый
off loading *n* вы́грузка
off-peak *adj* непи́ковый off-peak hours часы́ зати́шья
off the march с хо́да
off-the-record *adv* неофициа́льно, *adj* неофициа́льный

office (position, service) – *n* до́лжность, пост, слу́жба;
(premises) конто́ра, канцеля́рия, бюро́
~ equipment *n* оргте́хника
~ work *n, bus* делопроизво́дство
branch ~ *n, bus* филиа́л, отделе́ние
enter ~ вступа́ть *impf*, вступи́ть *pf* в до́лжность
hold ~ занима́ть пост
inquiry ~, information bureau *n* спра́вочное бюро́
leave, resign one's ~ уйти́ *pf* с до́лжности
lost and found ~ бюро́/стол нахо́док
recruiting ~ *n, mil* призывно́й пункт
term of ~ *n* срок полномо́чий

officer – *adj* офице́рский, *n* офице́р
~ candidate *n* кандида́т в офице́ры ~ corps *n* офице́рский

AN ENGLISH – RUSSIAN MILITARY DICTIONARY

соста́в ~ in charge of *n* замести́тель команди́ра
~ of the day *n* дежу́рный по каралам acting ~ *n* исполня́ющий
обя́занности офице́ра action ~ офице́р-исполни́тель
certifying ~ аттесту́ющий офице́р
chief of staff ~ ста́рший офице́р шта́ба

customs ~ *n* тамо́женный чино́вник
duty, operations ~ операти́вный дежу́рный
non-commissioned ~ *n* унтерофице́р petty ~ *n, nav* старшина́
public relations ~ офице́р по информа́ции regular ~ ка́дровый
офице́р staff duty ~ дежу́рный по шта́бу
supply ~ офице́р по снабже́нию technical ~ офице́р
техни́ческой слу́жбы
warrant ~ *Ru mil* пра́порщик, *US* уо́рент-офице́р

official – *adj* должностно́й, *n* должностно́е лицо́; чино́вник,
слу́жащий
~ instructions *n* должностна́я инстру́кция
~ duties служе́бные обя́занности ~ position *n* служе́бное
положе́ние ~s, functionaries должностны́е ли́ца
government ~s *n* прави́тельственные чино́вники,
госуда́рственные слу́жащие top-level ~ *mpl* руководя́щие
рабо́тники officialdom *n* чино́вничество

offshore – *adj* морско́й

OGPU (United State Political Directorate, successor to
the Cheka; Sov) – ОГПУ *indecl* Объединённое
госуда́рственное полити́ческое управле́ние

oil - *adj* нефтяно́й, *n* ма́сло, *impf* масли́ть, на/по/масли́ть *pf*
~ and gas *adj* нефтега́зовый ~-bearing, -rich *adj* нефтено́сный
~ extracting, producing *adj* нефтедобыва́ющий
~ extraction, production *n* нефтедобы́ча
~ field *n* нефтепро́мысел ~-gusher *n* нефтяно́й фонта́н
~ lubrication system *n* маслосисте́ма
~ man, owner *n* нефтепромы́шленник
~ or petrodollars *nmpl* нефтедо́ллары   ~or petroleum industry *n*
нефтепромы́шленность *f*
~ pipeline *n* маслопрово́д, нефтепрово́д
~ processing, refining *adj* нефтеперераба́тывающий
~ producing *adj* нефтедобыва́ющий

AN ENGLISH - RUSSIAN MILITARY DICTIONARY

~ refinery *n* нефтеперерабáтывающий завóд
~ refining *or* processing *adj* нефтеперегóнный,
n нефтепереработка
~ refining industry*n* нефтеперерабáтывающая промышленность
~ resistant *adj* маслоупóрный ~ rig, derrick *n* нефтянáя вышка
~-slick *n* нефтянáя плёнка на водé
~ spill *environ* аварийный разлив нéфти
~ tank *n* нефтянáя цистéрна
~-tanker (ship) *n* тáнкер, (vehicle) нефтевóз
~ worker *n* нефтяник
crude ~ нефть-сырéц oily *adj* мáсленый

olive branch (peace symbol) - *n* оликовая вéтвь

Olympic - *adj* олимпийский
~ games, the Olympics, Olympiad *n* Олимпиáда
~ contestant, participant *n* олимпиец

omit - (neglect) упускáть *impf*, упустить *pf*
(leave out) пропускáть *impf*, пропустить *pf*
omission *n* прóпуск, упущéние

omni - *prefix* все-, вез-
omnidirectional *adj* всенапрáвленный
omnipotent *adj* всемогущий
omnipresent *adj* вездесущий
omnivorous *adj* всеядный

OMON (Sov special interior police force) - ОМОН
(Отряд милиции осóбого назначéния); member(s)
омóновец *m,* омóновцы *mpl*

on - в, на, по
~ a case by case basis по принципу рассмотрéния кáждого
конкрéтного случая ~ a need to know basis по принципу
служéбной необходимости *f*
~ a sustained basis в течéни продолжительного перйода
~ all fours ползкóм, на четверéньках
~-board *adj* бортовóй ~ call по вызову, по трéбоваиню
~ call basis по принципу по заявке ~-duty *adj* дежурный
~ foot пешкóм, в пéшем строю
~ hand (quantity, etc.) наличный, подручный

~ land на су́ше ~ site на ме́сте
~ target по це́ли ~ the move с хо́ду
"~ the way!" (fire command) «вы́стрел!»

oncology – *n, med* онколо́гия
oncoming (traffic, etc) – *adj* встре́чный, наступа́ющий,
приближа́ющийся
one by one – *adv* поодино́чке

ongoing – *adj* непреры́вный, постоя́ный, иду́щий,
продолжа́ющийся
one-piece *adj* – це́льный
operating – *adj* рабо́чий ~instructions инстру́кция по
эксплуата́ции

operation – *n, mil* опера́ция, де́йствие; *med* опера́ция;
tech рабо́та, эксплуата́ция
~ order (OPORD) *n* боево́й прика́з
Operation Barbarossa (WW II Ge invasion of Ru) *n, pol* «план
Барбаро́ссы«
army group ~ фронтова́я опера́ция combat ~ *n* боево́е де́йствие
contingency ~ *n, mil* опера́ция в осо́бой обстано́вке
large-scale, major ~ кру́пная опера́ция trouble-free ~ *n*
безотка́зная рабо́та operational diagram *n* оперогра́мма
operational readiness *n* боевая гото́вность

operations (process) – *npl* опера́ции
combined ~ *n, mil* сме́шанные опера́ции
conduct of ~ *n, mil* проведе́ние опера́ций
joint ~ *npl* совме́стные де́йствия joint ~ area *n, mil* зо́на
объединённых боевы́х де́йствий rescue ~ *npl* спаса́тельные
рабо́ты special ~ *npl* спецопера́ции special-~ force си́лы
спецопера́ции supply ~ *n* рабо́та по снабже́нию

operator – *n* опера́тор heightfinder ~ *n, mil* высотоме́рщик
instrument ~ *n* прибори́ст radio ~ *n* ради́ст radar ~ *n*
лока́торщик, радиометри́ст voice ~ *n* слуха́ч rangefinder
~ дальноме́рщик
telephone switchboard ~ телефони́ст коммута́тора

opinion, public ~ *n, soc* обще́ственное мне́ние
Opolchenia (Ru militia) – *n* ополче́ние member of ~ *n* ополче́нец

AN ENGLISH – RUSSIAN MILITARY DICTIONARY

opposing – *adj* противостоя́щий
opposite *adj* противополо́жный **oppositionist** *n* оппозиционе́р

oppress – угнета́ть *impf*
oppressive *adj* угнета́тельский **oppressor** *n* угнета́тель
oppressed *adj* прорабощённый, угнетённый **oppression** *n* угнете́ние

optical – *adj* опти́ческий, зри́тельный ~ **illusion** *n* опти́ческий обма́н, обма́н зре́ния **optician, optometrist** *n* о́птик

optimum – *adj* оптима́льный
option – *n* вы́бор
optional *adj* необяза́тельный, факультати́вный
orchard – *n, agric* сад
orchestrate – *vt, fig* организова́ть *impf*, сорганизова́ть *pf;* компонова́ть *impf*, скомпонова́ть *pf*

order – *n* прика́з, распоряже́ние, кома́нда
~ **a move** прика́з на перебро́ску, на передислока́цию
~ **of battle (formation)** *n* боево́й поря́док ~ **of march** *n* ма́ршевый поря́док **convey an** ~ доводи́ть прика́з до све́дения
cut an ~ оформля́ть *impf*, офо́рмить *pf* прика́з
deliver an ~ доста́вить прика́з
deployment ~ при́каз на развёртывание чего
distribute an ~ рассыла́ть при́каз
in staggered ~ в ша́хматном поря́дке
initial movement ~ предвари́тельный прика́з на ма́рш
launch ~ кома́нда на пу́ск
operation ~ **(OPORD)** боево́й прика́з
recall ~ прика́з о возвраще́нии **rescind an** ~ отменя́ь / отмени́ть прика́з
scramble ~ *avn, mil* прика́з на сро́чный вы́лет по трево́ге
standby ~ прика́з о гото́вности к де́йствиям
standing ~s *n, mil* прика́з-инстру́кция (постоя́нно де́йствующий)
travel ~s *npl* проездны́е докуме́нты **troop movement** ~ прика́з на перево́зку войск **under** ~s при исполне́нии служе́бных обя́занностей **under the** ~s **(of)** подчинённый, при́данный
verbal ~ у́стный прика́з, слове́сное приказа́ние
warning ~ *n* предвари́тельное распоряже́ние
written ~ пи́сьменный прика́з

order, medal – *adj* óрденский, *n* óрден
~, medal recipient орденóсец **decorated with an ~** *adj*
орденонóсный

ordnance – *n, ammo* боеприпáсы; (hardware, equipment)
боевáя техника; вооружéние; срéдство поражéния; боевы́е
технúческие срéдства
inert ~ *npl, ammo* боеприпáсы, начинённые инéртными ВВ

ore – *n* рудá
~-bearing *adj* рýдный **~-dressing factory** *n* гóрно-
обогатúтельный комбинáт **~-enrichment, enriching** *adj* гóрно-
обогатúтельный **~-field** *n* рýдный бассéйн

organ, body – *n* óрган **parent ~** возглавля́ющий óрган
legislative ~ законодáтельный óрган
subversive ~ подрывнóй óрган
representative ~ представúтельный óрган

organic – *adj, mil* тáбельный, штáтный

organization – *n* организáция
Organization of African Unity, 1963 *n, pol* Организáция
африкáнского едúнства
Organization of Petroleum-Exporting Countries (OPEC) *n, pol*
Организáция стран-экспортёров нéфти (ОПЕК)
Southeast Asia Treaty Organization (SEATO, 1954) *n, pol*
Организáция договóра Юго-Востóчной Азии (СЕАТО)
organizing committee *n* оргкомитéт

organizational *adj* штáтный, тáбельный
~ department *n* орготдéл **~ work** *n* организáция... *n* ограбóта
organized *adj* организóванный
~ crime *n, soc* организóванная престýпность
~ employment, recruitment *n* оргнабóр

original – *n* пóдлинник **originator** – *n* инициáтор

orient – *adj* востóчный, *n* востóк
~ one's self; find one's bearings *lit/fig, vi* ориентúроваться *pf &*
impf
orientation point *n* ориентúрная тóчка

AN ENGLISH - RUSSIAN MILITARY DICTIONARY

oriental - *adj* восто́чный ~ **expert** *n* востокове́д, ориентали́ст
~ **studies** *n* востокове́дение, ориентали́стика
orientalist *n* востокове́д

orphan - *adj* сиро́тский *n*, сирота́ *m, f*
an orphaned child *n* осироте́вший ребёнок
orphanage *n* прию́т для сиро́т **orphanhood** *n* сиро́тство

Ottoman - (Turkey, 1300-1918) - *adj* оттома́нский; *n* оттома́н;
adj осма́нский, *n* осма́н

"out" (ends mil commo transmission) - «коне́ц переда́чи«
out of bounds *adj* запрещённый **out of condition** не в фо́рме
out of control вне контро́ля **out of date** устаре́лый, старомо́дный
out of hand, get ~ вы́йти *pf* из-под контро́ля **out of order** не в
поря́дке, в неиспра́вном состоя́нии **out of range** вне
досяга́емости **out of work** *adj* безрабо́тный

outage - *n* переры́в, безде́йствие
outdoor (vs indoor) - *adj* нару́жный
outgoing (from position) - *mil* уходя́щий, исходя́щий
outflank - *mil* заходи́ть *impf,* зайти́ *pf* с фла́нга
out-general - *vt* превзойти́ *pf* в вое́нном иску́сство
outgun - достига́ть *impf,* дости́чь *pf* огнево́го превосхо́дства

outer - *adj* вне́шний, нару́жный ~ **casing** *n* нару́жный кожу́х

outlaw - *n* лицо́, объя́вленное вне зако́на
vt объявля́ть *impf* объяви́ть *pf* вне зако́на
~weapons объявля́ть, объяви́ть ору́жие вне зако́на

outlay - *n* изде́ржки *fpl,* затра́ты *fpl*
outline, sketch, draft, study - *n* эски́з
outlook - *npl* ви́ды на бу́дущее, перспекти́ва, то́чка зре́ния
outmaneuver, outfox, outwit - *coll, fig* перехитри́ть *pf*
outpatient clinic - *n, med* поликли́ника
outpost - *n, mil* аванпо́ст, заста́ва, сторожево́е охране́ние,
форпо́ст **combat, fighting** ~ *n, mil* боево́е охране́ние
security ~ - *n, mil* охране́ние
output - *npl* (data) выходны́е да́нные; отда́ча
outrange - превосходи́ть *impf,* превзойти́ *pf* в да́льности
outrank - быть ста́ршим по зва́нию

outrun, outstrip - обгонять *impf*, опережать *impf*
outside influence - *n* влияние извне, постороннее влияние
outskirts (of town) - *n* окраина, предместье
outworks - *n, mil* передовые оборонительные сооружения

"over" (RTO commo) - «принято»

overall - *adj* общий, полный
~ **dimensions** *npl* габаритные размеры
overcentralization - *n* чрезмерная централизация управления
overdose - *n, med* передозировка
overdue - *adj* просроченный
overeager - *adj* слишком усердный

overemphasize - *n* излишне подчёркивать *impf*, подчеркнуть *pf*
overexposure to radiation - *n* доза облучения выше предельно допустимой

overflight - *n* пролёт, пролетать *impf*, пролететь *pf*
overgrown - *adj* заросший
overhaul and repair - *n* полная разборка и ремонт; капитальный ремонт
overhead gun pit - *n* орудийный окоп с перекрытием
overhead expenses - *n, bus* накладные расходы
overkill - *n* многократное поражение *или* уничтожение; сверхистребление
overland - на суше

overlap - перекрывать *impf*, совпадать *impf*; *n* дублирование в деятельности **fire** ~ *n* перекрытие зон огня «внакладку» **radar coverage** ~ *n* перекрытие зон наблюдения РЛС
overlapping *n* дублирование, параллелизм, повторение

overlay - *n, mil* схема на кальке **enemy disposition** ~ схема боевого порядка противника **fire support** ~ схема огня поддерживающих средств **logistics** ~ схема обстановки по тылу **operational** ~ схема-приказ **operations map** ~ оперативная карта, схема оперативной обстановки с карты **situational** ~ схема обстановки
service support ~ схема тылового обеспечения **situation** ~ схема обстановки

target ~ схе́ма це́лей

overload, overburden – *vt* перегружа́ть *impf*, перегрузи́ть *pf*, *n* перегру́зка **work** ~ перегру́зка зада́ч **commo** ~ *n* перегру́зка сре́дств свя́зи

overmanned – что-л. перегру́жен людьми́ **overmanning** *n* раздува́ние шта́тов
overpopulated – *adj* перенаселённый **overpopulation** *n* перенаселе́ние

override, overrule – отверга́ть *impf*, отвергну́ть *pf*, отклоня́ть *impf*, отклони́ть *pf*, не принима́ть *impf*, приня́ть *pf* во внима́ние ~ **someone's authority** не признава́ть *impf*, призна́ть *pf* чьего авторите́та

overrun – *vt* захва́тывать *impf*, захвати́ть *pf*; занима́ть *impf*, заня́ть *pf*
overseas – *adj* замо́рский, заграни́йчный, заокеа́нский; на замо́рских террито́риях
overshoot – *avn* перелёт при поса́дке, перелете́ть *pf* при поса́дке ~ **the mark** *lit* взять *pf* вы́ше це́ли, *fig* преувели́чивать *impf*, преувели́чить *pf*

oversight (supervision) – *n* надзо́р (lack of) недосмо́тр, упуще́ние **oversimplify** – сли́шком упроща́ть *impf*, упрости́ть *pf*
oversized – сли́шком/о́чень большо́го разме́ра
overstock – *n* изли́шний запа́с
overstrength – изли́шний ЛС

overt – *adj* несекре́тный, откры́тый
overtake – обгоня́ть *impf*, обогна́ть *pf*; догоня́ть *impf*, догна́ть *pf*; опережа́ть *impf*, опереди́ть *pf*
overthrow – *lit/fig* ниспроверже́ние, пораже́ние; ниспроверга́ть *impf*, ниспрове́ргнуть *pf*; побежда́ть *impf*, победи́ть *pf*; поража́ть *impf*, порази́ть *pf*
overture – *n* попы́тка, инициати́ва **peace** ~ *n, pol* попытка примирения

overwatch – *n, mil* наблюде́ние
bounding ~ *n, mil* по очерёдное наблюде́ние за ме́стностью с ме́ста двумя́ гру́ппами

~ from a position *n, mil* ведéние наблюдéния за мéстностью с мéста двумя́ гру́ппами
traveling ~ *n, mil* ведéние замыка́ющей гру́ппой передвига́ющегося подразделéния наблюдéния за мéстностью

overwhelm – *vt* сокруша́ть *impf*, сокруши́ть *pf*; подавля́ть *impf*, подави́ть *pf* **~ing majority** *n* подавля́ющее большинство́
ownerless – *adj* бесхо́зный
oxide – *n, sci* о́кись
oxidation *n* окислéние **oxidize** *vt, (vi)* окисля́ть(ся)

oxygen – *n* кислоро́д
~ mask *n, med* кислоро́дная ма́ска
~ tent *n, med* кислоро́дная пала́тка

ozone – *adj* озо́новый, *n* озо́н **~ friendly** не повреждаю́щий озо́новый слой **~ hole** *n* «озо́нная дыра́» **~ layer** *n* озо́новый слой

P

pacifism – *n* пацифи́зм
pacifist *adj* пацифи́стский, *n* пацифи́ст
pacity (rebels) усмиря́ть *impf*, усмири́ть *pf*

packer – *n* упако́вщик
packet, first-aid ~ *n* санита́рный паке́т
pack up, packing up *n*, *sl* свёртывание

pact – *n*, *pol* пакт
Pact of Steel (It, Ge and Ja, 1940) *n*, *pol* Берли́нский пакт
anti-Comintern Pact *n*, *pol* Антикоминте́рновский пакт
conclude a ~ заключи́ть пакт
non-aggression ~ пакт о ненападе́нии
withdraw from a ~ вы́йти из па́кта

pad – *n* площа́дка
fueling ~ топливозапра́вочная площа́дка
helicopter ~ поса́дочная площа́дка
launch, launching ~ пускова́я площа́дка

Palestine – *n* Палести́на
~ **Liberation Front PLO** *n*, *pol* Организа́ция освобожде́ния Палести́ны (ООП) **Palestinian** *adj* палести́нский, *n* Палести́нец *m*, Палести́нка *f*

palletize – укла́дывать *impf*, уложи́ть *pf* на поддо́ны
palletized *adj* устано́вленный на поддо́не

Palm Sunday – *n*, *rel* Ве́рбное воскресе́ние

Pan – *prefix* пан-
~-**African** *adj*, *pol* африка́нский ~-**Africanism** *n*, *pol* африкани́зм
~-**American** *adj*, *pol* панамерика́нский ~-**Americanism** *n* панамерикани́зм ~-**Arabic** *adj* панара́бский ~-**Arabism** *n*, *pol* панараби́зм ~-**Asiatic** *adj*, *pol* паназиа́тский
~-**European** *adj*, *pol* панъевропе́йский
~-**German** *adj*, *pol* пангерма́нский ~-**Germanism** *n*, *pol* пангермани́зм ~-**Islamic** *adj*, *pol* панислами́стский
~-**Islamism** *n*, *pol* панислами́зм

AN ENGLISH – RUSSIAN MILITARY DICTIONARY

panel – *n, mil* полотнище, панель *f*, щит, щиток
air-ground recognition ~ сигнальное полотнище для опознавания
~ **control** пульт управления
display ~ индикаторная панель наземных войск с воздуха
identification ~ опознавательное полотнище
instrument ~ приборная доска, приборная панель
luminescent ~ светящееся сигнальное полотнище
switchboard ~ коммутационная панель, распределительная
доска

panic – *n* паника

Panmundjum Accord (Korean War armistice) – *n, US pol*
Паньмыньджонское соглашение

papacy – папство **papal** *adj* папский
Papal States (It, Middle Ages) *n, rel* папская область

paper, papers – *n* документ *ms*, документы *mpl*
concept ~ документ с изложением концепции/замысла
identification ~s документы, удостоверяющие личность
staff a ~ **through** согласовывать *impf*, согласовать *pf*
документ со всеми штабными инстанциями

par, at ~ – *econ* альпари
parachute drop – *n, mil* парашютный десант

parade – *adj* парадный, *n* парад
celebratory ~ праздничный, торжественный парад
May Day ~ *Sov* первомайский парад

paradigm – *n* парадигма
paramilitary – *adj* полувоенный
paraphernalia, hardware – *n* боевая техника
paraphrase – пересказывать *impf*, пересказать *pf*;
перефразировать *pf & impf*; *n* пересказ, перефраза
pardon – *leg* помиловать *pf*; *n, leg* помилование, прошение о
помиловании

grant a ~ даровать *pf & impf*, помилование, удовлетворять *impf*,
удовлетворить *pf* прошение или апелляцию
granted ~ освобождённый под честное слово

AN ENGLISH – RUSSIAN MILITARY DICTIONARY

parentage – *n* отцо́вство *m*, материи́нство *f*

pariah – *n, lit/fig* па́рия
paramilitary – *adj* полувое́нный

parity – *n, econ, mil* парите́т, ра́венство
conventional ~ парите́т в о́бласти обы́чных/неяде́рных вооруже́ний **nuclear** ~ я́дерный парите́т

park, fighting vehicles ~ парк боевы́х маши́н
bridging ~ мостово́й парк

Parliament – *n, Br pol* парла́мент
lower house of ~, **House of Commons** ни́жняя пала́та парла́мента
upper house of ~, **House of Lords** ве́рхняя пала́та парла́мента
parliamentarian (member) *n* парламента́рий
parliamentary *adj* парла́ментский

parolee – *n, leg* освобождённый под че́стное сло́во

part – *n* часть *f*
component ~ составна́я часть **spare** ~ запасна́я часть, запча́сть
part-timer – *n, bus* почасови́к

partial eclipse – *n, sci* непо́лное затме́ние
partisan movement – *n, mil* партиза́нщина
partition of Poland (Eur hist, 1772, 1793, 1795, 1815,1945) – разде́л По́льши
Partnership for Peace – *NATO, pol* «Партнёрство ра́ди ми́ра«

party – *prefix* парт-, *adj* парти́йный, *mil, pol* па́ртия, кома́нда;
~ **disciplinary action** *n* партвзыска́ние
~ **member** *n* парти́ец ~ **membership card** партбиле́т
~ **organizer** *n* парто́рг
bridging ~ мостова́я кома́нда
damage control ~ авари́йно-спаса́тельная кома́нда
inner-~ *adj* внутрипарти́йный **opposition** ~ оппозицио́нная па́ртия
Ba'ath Party (Syria, Iraq; socialist party) па́ртия баа́с
Green Party *Ge pol* па́ртия «зелёных«
raiding ~ ре́йдерская гру́ппа

pass, overtake – *n* обгóн, обгонять *impf,* обогнáть *pf*
"no passing" ! обгóн запрещён !
pass-fail, go-no go (training) *n* мéтод провéрки
«вы́полнено-невы́полнено«

passage – *n* прохóд
~ **through a contaminated area** *n, mil* прохóд в учáстке
заражéния **clear a** ~ – *n, mil* продéлывать *impf* прохóд
conduct a ~ **of lines** *n, mil* проходи́ть чéрез боевы́е порядки
свои́х войск **conduct a forward** ~ **of lines** *n, mil* проходи́ть чéрез
боевы́е порядки свои́х войск с вы́ходом в расположéние
проти́вника **conduct a rearward** ~ **of lines** *n, mil* проходи́ть
чéрез боевы́е порядки с вы́ходом из расположéния проти́вника

pasteurize – *sci* пастеризовáть *pf & impf* **pasteurized** – *adj*
пастеризóванный
patent – *n* патéнт **office** ~ *n* патéнтное бюрó **take out a** ~ **for st**
патентовáть *impf,* запатентовáть *pf*
Pathet Lao (Laotian Communist Party) – *n, pol* пáтет-лáо

patriarch – *n, rel* патриáрхия, патриархáт
patriarchal *adj* патриархáльный **patriarchate** *n, rel*
патриáршество

patrol – *adj* патру́льный, *n* патру́ль *m* дозóрный, дозóр; *vt*
патрули́ровать + I *(pf & impf)*
~ **ship** *n* сторожевóй корáбль
advance, forward ~ головнóй дозóр
combat air ~ боевóй возду́шный патру́ль
engineer recon ~ инженерный разве́дывательный дозóр
fighting ~ боевóй дозóр **patrolling** патрули́рование
flank ~ боковóй дозóр
stay behind ~ *n* разве́дывательная гру́ппа на террито́рии,
занимáемой проти́вникой

patronize – патрони́ровать *impf*
pauper – *n* пáупер
pauperization *n* пауперизáция **pauperism** *n* паупери́зм

paved – *adj* мощёный, вы́мощенный
Pax Americana – *n, pol* «Пакс Америкáна»

AN ENGLISH – RUSSIAN MILITARY DICTIONARY

pay – *n* пла́та, зарпла́та
~ **and allowances** *n* де́нежное дово́льствие
back ~ пла́та за́дним число́м **basic** ~ о́клад
payday *n* платёжный день **paymaster** *n* казначе́й
payload *econ, mil* груз **bomb** ~ *n, mil* бо́мбовый груз

payment – *n* платёж
apply for ~ *vi* обраща́ться за платежо́м **balance of** ~s
платёжный бала́нс **late** ~ просро́ченный платёж **payola,
bribery, graft** *n* по́дкуп, взя́тка

peace – *n* мир
~-**building** *n, pol* построе́ние ми́ра ~ **camp** *n* городо́к ми́ра
~ **movement** *n* движе́ние сторо́нников ми́ра
Peace Corps (US) *n* «ко́рпус ми́ра»
peaceful coexistence *n, pol* ми́рное сосуществова́ние
peacekeeper, UN *n* страж ми́ра
peacekeeping *adj* миротво́рческий, *n* миротво́рчество
~ **force, UN** *n, pol* войска́ ООН по поддержа́нию мира
~ **operation** *n, mil, pol* миротво́рческая опе́рация
peace-loving *adj* миролюби́вый
peace-maker *n* миротво́рец **peace-making** *adj* миротво́рческий
peacetime environment *n* обстано́вка ми́рного вре́мени

Pearl Harbor in Hawaii – *n, geo* Пе́рл-Ха́рбор на Гава́йях
peasant, poor ~ – *adj* бедня́цкий, *n* бедня́к *m*, бедня́чка *f*
poor peasants (collective) бедня́чество

pedophile – *n* педофи́л **pedophilia** – *n* педофили́я
peephole – *n* смотрова́я щель; амбразу́ра
pen pusher – *n* писа́ка

penal – *adj* уголо́вный ~ **code** уголо́вный ко́декс
~ **laws** уголо́вное пра́во ~ **offence** уголо́вное преступле́ние

pending – *adj* рассма́триваемый, нерешённый, назаключённый

penetrable – *adj* пробива́емый, проница́емый
penetrating *adj* пробивно́й
penetration *n* проникнове́ние, *mil* проры́в
~ **aids** *npl* сре́дства обеспе́чения проры́ва

AN ENGLISH – RUSSIAN MILITARY DICTIONARY

armored ~ прорыв танков
make a ~ осуществлять *impf*, осуществить *pf* прорыв
eliminate a ~ ликвидировать *pf & impf* прорыв
exploit a ~ развивать *impf*, развить *pf* прорыв
seal off a ~ изолировать *pf & impf* прорыв

penetrator – *n, mil* сердечник
arrowlike ~ стреловидный сердечник
depleted uranium ~ сердечник из обеднённого урана

peninsula – *n* полуостров **peninsular** *adj* полуостровной

pension – *n* пенсия
disability ~ пенсия по нетрудоспособности/инвалидности
go on ~ увольнять *impf*, уволить *pf* на пенсию
old age ~ пенсия по старости **widow's** ~ вдовья пенсия
pensioner *n* пенсионер

Pentecost – *n, rel* Пятидесятница
Pentecostalist *n, rel* Пятидесятник
Pentagon – *n, mil* Пентагон
Pentateuch – *n, rel* Пятикнижие

people, the common ~ – *n* простонародье
~**'s liberation** *adj* народно-освободительный
~**'s liberation army** *n, pol* народно-освободительная армия
~**s republic** *n* народная республика

per diem – в день; суточные деньги
per man-day/hour в человеко-день/в человеко-час
per workday в трудодень *m*

percussion – *adj* ударный
Perestroika (restructuring, reconstruction or rebuilding) – *n, Ru pol* перестройка

performance evaluation – *n* оценка успеваемости
perigee – *n* перигей

perimeter – *n* граница, обвод, окружность, передний край, периметр, ~ **defense** оборонительный обвод

AN ENGLISH – RUSSIAN MILITARY DICTIONARY

period – *n* перйод
cool off ~ (**people**) перйод охлаждéния, *tech* перйод снижéния температýры **drill** ~ *mil* перйод учéбных сбóров
trial ~ испытáтельный перйод

periscope – *n* визйр
perishable – *adj* скоропóртящийся **perishability** *n* пóрча
perjurer – *n* лжесвидéтель **perjury** *n* лжесвидéтельство
perjury, to commit давáть лóжные показáния под присягой
permissiveness – *n, soc* вседозвóленность *f*
persecution – *n* преслéдование, гонéние **suffer** ~ *vi* подвергáться *impf*, подвергнýться *pf* гонéниям
persistence – *n* упóрство, стóйкость *f* **persistent** *adj* стóйкий, упóрный

person – *n* лицó, человéк
displaced ~**s** *pol* перемещённые лйца
injured ~ *adj, as a n* пострадáвший **left handed** ~ *n* левшá
like minded ~ *n* единомышленник **private** ~ чáстное лицó
right handed ~ *n* правшá **stateless** ~ *leg* лицó без граждáнства
very important ~ (**VIP**) вáжное лицó
persona grata *n, pol* персóна грáта **persona non grata** *n, pol* персóна нон грáта

personal – *adj* лйчный, персонáльный ~ **immunity** *n* неприкосновéнность лйчности ~ **rights** лйчные правá

personnel – *n* лйчный состáв ~ **department** *n* отдéл кáдров (ОК)
~ **strength** чйсленный состáв
enlisted ~ *n* военнослýжащие рядовóго состáва, военнослýжащие сержáнтского состáва
filler ~ ЛС пополнéния **general officer** ~ генерáльский состáв
on duty ~ дежýрный состáв **organic** ~ штáтный состáв
regular ~ кáдровый состáв

support ~ обслýживающий персонáл йли состáв; вспомогáтельный персонáл, состáв **technical assistance** ~ вспомогáтельный технйческий состáв

pesticide – *n* пестицйд

petition – *n* проше́ние, заявле́ние, про́сьба, пети́ция, хода́тайство; хода́тайствовать *impf*, похода́тайствовать *pf* о + p., or за + a. ~ **for appeal** про́сьба об апелля́ции

petitioner, mediator *n* хода́тай **petitioning, pleading, entreaty** *n* хода́тайство

petro – *prefix* нефте-
~**chemical** *adj* нефтехими́ческий ~**dollars** *npl* нефтедо́ллары
petrol *adj* бензи́новый, бензи́н *n*

petty, minor, small *prefix* мелко-
~~**bourgeois** *adj* мелкобуржуа́зный
~, **small owner, proprieter** *adj* мелкосо́бственнический
~, **small peasant** *adj* мелкокрестья́нский

phalanx – *n, hist, mil* фала́нга

phase – *n* эта́п, фа́за
~ **in (weapons, personnel, etc)** принима́ть *impf*, приня́ть *pf* на вооруже́ние ~ **out (weapons, personnel, etc)** снима́ть *impf*, снять *pf* с вооруже́ния
alert ~ эта́п гото́вности **attack** ~ эта́п нападе́ния
buildup ~ эта́п сосредото́чения **consolidation and reorganization** ~ эта́п закрепле́ния за́нятых пози́ций и перегруппиро́вки войск
initial ~ исхо́дная ста́дия **launch** ~ эта́п пу́ска **post-boost** ~ **(rocket)** *n* послеразго́нная ста́дия **standby** ~ эта́п предвари́тельной гото́вности

phased – *adj* поэта́пный, фази́рованный
~ **approach** поэта́пный подхо́д
~ **disarmament** *n* разоруже́ние по эта́пам
~ **settlement** поэта́пное урегули́рование

phaseline – *n* рубе́ж **first** ~ рубе́ж на пе́рвом эта́пе наступле́ния
phone answering machine – *n* автоотве́тчик

photo – *n* фотосни́мок,
~ **interpreter** *n* дешифрова́льщик фотосни́мков
aerial ~ аэрофотосни́мок, аэрофотографи́рование
aerial ~ **analysis** *n* дешифри́рование аэрофотосни́мков
intelligence ~ *n* фоторазве́дка

AN ENGLISH – RUSSIAN MILITARY DICTIONARY

IR ~ *n* фотографи́рование в ИК луча́х
photocopy or photostat снима́ть *impf*, сня́ть *pf* фотоко́пию
photograph, air ~ аэрофотосъёмка
photography *n* фотографи́рование

physical training (PT) – *n* физкульту́ра, физзаря́дка, физподгото́вка
physically handicapped *adj* физи́чески отста́лый

pickax – *n* киркомоты́га
pie chart – *n, bus* кругова́я/се́кторная диагра́мма
piecemeal – *adv* по́рознь, по частя́м
pig husbandry, raising – *n, agric* свиново́дство

pilgrim – *n, rel* пало́мник **pilgrimage** *n* пало́мничество
make a ~ **to Lourdes** *vi* отправля́ться *impf* отпра́виться *pf* на пало́мничество в Лурд

pillage, maraud – мародёрствовать *impf*
pillager *n* мародёр **pillaging, marauding** *adj* мародёрский, *n* мародёрство

pillbox, concrete ~ *n* бето́нная огнева́я то́чка

pilot – *adj,* ло́цманский, *fig* про́бный; *n* (of a ship) ло́цман, *avn* лётчик, пило́т; *lit/fig* пилоти́ровать *impf*
pilot, suicide ~ *n* лётчик-сме́ртник
glider ~ *n* планори́ст
pilotless *adj* беспило́тный

pin down – прижима́ть *impf*, прижа́ть *pf* к земле́ ~ **an advance** заде́рживать *impf*, задержа́ть *pf*
pincer movement – *n, mil* захва́т в кле́щи
pinpoint, precise – *adj* то́чечный

pipe – *n* трубка́, тру́ба
by-pass ~ обво́дная тру́ба **exhaust** ~ выпускна́я, выхлопна́я тру́ба **overflow** ~ сливна́я тру́ба **pipelayer** *n* трубоукла́дчик

piston (powered) – *adj* поршнево́й, *n* по́ршень
pitch, tar – *n* дёготь *m*

AN ENGLISH - RUSSIAN MILITARY DICTIONARY

pitch tents разбивáть *impf*, разбúть *pf* палáтки
pitching camp разбúвка лáгеря

placebo – *n, med* плацébо **plaintiff** – *n, leg* жáлобшик, истéц

plan – *n* план, планúровать *impf*, запланúровать *pf*; проектúровать *impf*, спроектúровать *pf*

admin ~ *mil* план по тýлу, план рабóты тýла
collection ~ *mil* план сбóра развéдывательной информáции
combat support ~ *mil* план боевóго обеспечéния
contingency ~ *mil* план дéйствий в осóбой обстанóвке
deception ~ *mil* план мероприятий по введéнию протúвника в заблюждéние
devise, develop a ~ придýмывать *impf*, придýмать *pf* план; разрабáтывать *impf*, разрабóтать план
emergency ~ план мероприятий в чрезвычáйной обстанóвке
Five Year Plan *n, Sov, econ* пятилéтний план
generic ~ типовóй план
loading ~ план погрýзки
logistics ~ *mil* план тыловóго обеспéчения
Marshall Plan (1946) *US pol* «план Маршáлла«
Operation Barbarossa (Ge WW II invasion plan of SU) «план Барбарóсса«
Schlieffen Plan (Ge WW I invasion plan of Fr, 1899) «план Шлúфена«

plane – *n* самолёт ~ **crash** *n* разбился самолёт; *n* авиакатастрóфа
seaplane *n* гидросамолёт

planned – *adj* спроектúрованный
~ **drop zone** райóн, намéченный для вýброски/вýсадки воздýшного десáнта ~ **economy** *Sov econ* плáновое хозяйство
planner *bus, mil* лицó, вéдающее планúрованием, плановúк; планúрующий óрган, проектирóвщик, плановúк

planning – *adj* планúрующий, *n* планúрование
~ **bodies** *npl* планúрующие óрганы
backward ~ *mil* планúрование в обрáтном порядке
collection ~ *mil* планúрование дéйствий развéдки по сбóру *чего*
concurrent ~ *mil* одновремéнное планúрование

AN ENGLISH – RUSSIAN MILITARY DICTIONARY

contingency ~ *mil* плани́рование де́йствий в осо́бой обстано́вке
formal ~ централизо́ванное плани́рование
long-term ~ перспекти́вное плани́рование
reverse ~ *mil* плани́рование в обра́тном поря́дке
top-down ~ *mil* плани́рование «све́рху-вни́з«

plant, factory – *n* заво́д, устано́вка
aircraft assembly ~ самолётосбо́рочный заво́д
heating ~ отопи́тельная устано́вка
water distilling ~ *n* водопресни́тель
ship assembly ~ корабельносбо́рочный заво́д
tank assembly ~ танкосбо́рочный заво́д
water treatment ~ *n* водоочи́стная устано́вка

planted – *adj* са́женый

platoon – *adj, mil* взво́дной, *n, mil* взво́д
~ **leader** *as a n* взво́дный
recovery ~ взво́д эвакуа́ций и восстановле́ния
by ~**s** *adv* повзво́дно

plead not/guilty – *leg* признава́ть *impf*, призна́ть *pf* себя́
не/вино́вным
plebiscite – *n, pol* плебисци́т **conduct a** ~ проводи́ть *impf*,
провести́ *pf* плебисци́т

Pledge of Allegiance – *n, US soc* кля́тва ве́рности
plenipotentiary – *as a n, pol* уполномо́чный, представи́тель
(полпре́д), *as a n* уполномо́ченный

plot a target to – засека́ть *impf*, засе́чь *pf* цель

plotter – (**device/person**) – *n, mil* планше́т/ планшети́ст;
маши́на для построе́ния гра́фиков; устройство отображе́ния;
(*intrigue*) загово́рщик *m*, загово́рщица *f* **fallout prediction** ~ *mil,
chem* картосхе́ма с прогно́зом радиацио́нной обстано́вки
firing ~ *mil, art* огнево́й планше́т

plow – *adj, agric, mil* плу́жный; *n* плуг, *n, mil* плу́жный
траншеекопа́тель ~, **plowing** *n, agric* запа́шка
begin to ~ запаха́ть *impf*
mineclearing ~ *n* ми́ный трал плу́жного ти́па

AN ENGLISH - RUSSIAN MILITARY DICTIONARY

ploy - *n* уло́вка, хи́трость, манёвр, ход

plug a proposal - насто́йчиво выдвига́ть *impf,* выдвигну́ть *pf* одно́ и то́ же предложе́ние
ply - *n* слой **five-ply** ~ *adj* пятисло́йный

pod (container) - *n* конте́йнер
ECM ~ подвесно́й конте́йнер с аппарату́рой РЭП
rocket ~ подвесно́й конте́йнер с раке́тами

pogrom (Jewish massacre) - *adj, Eur* погро́мный, n, *Eur* погро́м

~ **participant** *n* погро́мщик *m,* погро́мщица *f*

point - *n* то́чка, пункт
~ **of contact** то́чка прикоснове́ния ~ **man** *n, mil* головно́й дозо́рный **aiming** ~ то́чка прице́ливания
airlift pickup ~ пункт погру́зки в тра́нспортные самолёты
ammunition supply ~ (ASP) пункт боепита́ния
ammunition transfer ~ (ATP) пункт перегру́зки боеприпа́сов
assembly ~ пу́нкт сбо́ра
boiling point *n, sci* то́чка кипе́ния
bulk breakdown ~ распредели́тельный пункт
cannibalization ~ пу́нкт демонта́жа повреждённых маши́н
casualty clearing ~ медици́нский эвакуацио́нный пункт
decon ~ дегазацио́нный пункт
disinfection ~ (NBC) пу́нкт обеззара́живания
forward staging ~ передово́й эта́пный пункт
freezing-~ *sci* то́чка замерза́ния
melting-~ *n* температу́ра плавле́ния, то́чка плавле́ния
orientation ~ *n* ориенти́рная то́чка
reference ~, (map) **bench mark** *n* рэ́пер
refueling ~ *n* разли́вочный пункт
rendezvous ~ *n* ме́сто встре́чи
supply distribution ~ обме́нный пу́нкт
transfer ~ перева́лочный, переда́точный пункт
triangulation ~ *n* ориенти́р засе́чки
unloading ~ разгру́зочный пункт
vulnerable ~ уязви́мый пункт
point-blank *adj* категори́ческий, ре́зкий **fire** ~ стреля́ть в упо́р

AN ENGLISH – RUSSIAN MILITARY DICTIONARY

POL (petroleum, oil, lubricants) – *mil* ГСМ
POL distribution point *n* разли́вочный пу́нкт горю́чего
Pol Pot genocide (Cambodia, 1970s) *n, hist* Пол по́товский геноци́д

polarize – *vt* дели́ть *impf*, раздели́ть *pf, lit/fig, vt, (vi)* поляризова́ть(ся) *pf & impf*

police – *as a n* полице́йский
~ action *n, pol* «де́йствия по наведе́нию поря́дка«
~ dog *n* розыскна́я соба́ка policing *n* надзо́р, контро́ль

policy, politics – *n* поли́тика
~ of isolation поли́тика изоля́ция
~ of supply side economics поли́тика снабже́ния де́ньгами
~ makers *n* руководя́щие круги́
appeasement ~ (Eng., pre-WW II) поли́тика «умиротворе́ния«
arm twisting ~ поли́тика «выкру́чивания рук«
bipartisan ~ двухпарти́йная поли́тика brinkmanship ~ поли́тика
баланси́рования на гра́ни войны́ big stick ~ поли́тика «большо́й
дуби́нки« cloak and dagger ~ поли́тика «плаща́ и кинжа́ла«
see-saw ~ неусто́йчивая/непосле́довательная поли́тика
containment ~ поли́тика сде́рживания
checks and balance ~ поли́тика сде́рживания и равнове́сия
carrot-and-the-stick ~ поли́тика «кнута́ и пря́ника«
give and take ~ поли́тика «взаи́мных усту́пок«
Good Neighbor Policy (US and Latin Am, 1933-45) поли́тика
«до́брого сосе́да« gunboat ~ поли́тика каноне́рок
independent, go it alone ~ незави́сивая поли́тика
laissez-faire ~ поли́тика невмеша́тельства
linkage ~ поли́тика «увя́зок«
nonalignment ~ поли́тика неуча́стия в бло́ках; поли́тика
неприсоедине́ния к бло́кам
"open door policy" поли́тика «откры́тых двере́й«
scorched earth ~ поли́тика «вы́жженной земли́«
sectarian ~s секта́нство в поли́тике
see-saw ~ неусто́йчивая/коле́блющаяся поли́тика
shifts in foreign ~ *n* сдви́ги, измене́ния во вне́шей поли́тике
stop-and-go ~ поли́тика «стой-иди́«
two-tracked, dual ~ двойственная поли́тика
wait-and-see ~ выжида́тельная поли́тика
pork barrel politics поли́тика «бо́чка с са́лом«; «казённый пиро́г«

AN ENGLISH - RUSSIAN MILITARY DICTIONARY

political - *adj* полити́ческий
~ convict *n* политкаторжа́нин *m*, политкаторжа́нка *f*
~ defector *n* невозвраще́нец ~ reliability *n* благонадёжность *f*
~ science *n* политоло́гия ~ scientist *n* политоло́г
test for ~ reliability *n* прове́рка полити́ческой благонадёжностьи
politically correct (PC) *adj, US, soc* политкорре́ктный
politician *n* поли́тик; *pej* политика́н
politics поли́тика party ~ парти́йная поли́тика
politico-military situation *n* вое́нно-полити́ческая обстано́вка

politruk (Sov pol instructor, teacher & party representative
attached to military units, WW II) - *n* политру́к

pollutant - *n* загрязня́ющее вещество́ pollution *n* загрязне́ние

pontoon - *adj* понто́нный, *n, mil* понто́н
~ bridge понто́нный мост pontoonier *n, mil* понтонёр

pool - *n* резе́рв
equipment ~ резе́рв те́хники labor ~ резе́рв рабочей си́лы
manpower ~ резе́рв ЛС replacement ~ резе́рв пополне́ния

poor man - бедня́к poor, working ~ го́дные бедня́ки к рабо́те
popular front - *n, pol* наро́дный фронт

populated - *adj* населённый
densely-~ *adj* густонаселённый sparsely -~ *adj* малонаселю́нный

population, indigenous, native ~ коренно́й населе́ние
~ explosion *n, soc* демографи́ческий взрыв
overpopulated *adj, soc* перенаселённый
overpopulation *n, soc* перенаселе́ние

populism (narodnik movement) - *n, Ru hist* наро́дничество
populist *adj* наро́днический, *n* наро́дник, попули́стский; *US pol*
попули́ст
pork barrel - *n, pol* «бо́чка са́лом«/«казённый пиро́г«
porous - *adj* по́ристый porosity *n* по́ристость *f*
portability - *n* портати́вность *f*
air ~ авиатранспорта́бельность *f* portable *adj* перено́сный,
носи́мый, портати́вный, передвижно́й

AN ENGLISH – RUSSIAN MILITARY DICTIONARY

position – *soc, mil* позиция, положение
~-finding *adj* ориентировочный
alternate ~ запасная позиция **concealed ~** укрытая позиция
concealed fire ~ скрытая огневая позиция
covering ~ прикрывающая позиция **delaying ~** позиция/рубеж
для сдерживающих действий **drop ~ or point** *n* точка выброски
duty ~ *n* должность *f*; служебное положение
(не требующая специальной подготовки)
entrenched ~ укреплённая позиция
fall back on successive ~s отходить на заранее подготовленные
оборонительные позиции/рубежи
fall back ~ *n, dip* запасной вариант
final assault ~ *n* рубеж атаки
forward staging ~ *n* передовой этапный пункт
hull defilade ~ полузакрытая позиция
indirect fire ~ закрытая огневая позиция
main battle ~ *n* основной район боевых действий
occupy an assembly ~ занимать исходное положение
original, start ~ исходная позиция
outflank a ~ обходить *impf,* обойти *pf* позицию с фланга
prone ~ положение для стрельбы лёжа
reinforced earth and timber firing ~ укреплённая досками
земляная огневая точка
squatting ~ положение для стрельбы на корточках
standing (fire) ~ положение для стрельбы стоя
(с упором) **stationary, static ~** станционарная позиция
subsequent ~ последовательно расположенные позиции/рубежи
supplemental firing ~ дополнительная огневая позиция
tactical ~ *n* размещение войск на позициях
take up a ~ занимать позицию
360 degree ~ позиция для круговой обороны
travel ~ походное положение
turret down ~ положение «танк в окопе«

post –*prefix* пост-, после-; *n* пункт
~-graduate *adj* аспирантский, *n* аспирант
~-graduate study, studies аспирантура
~-Soviet *adj* постсоветский
listening, observation ~ (LP/OP) пост наблюдения и
подслушивания **observation ~ (OP)** наблюдательный пункт (НБ)
air OP *n, mil* самолёт-корректировщик **~-revolutionary** *adj*
послереволюционный **~-war** *adj* послевоенный

posthumous *adj* посмёртный
potable water – *n* питьевáя водá

poverty – *n* нищетá
growing ~ *n, soc* растýщая нищетá **live in** ~ бéдствовать *impf*

powder, propellant – *adj* пороховóй, *n* пóрох
~ **keg** *lit/fig* пороховáя бóчка
smokeless ~ бездьíмный пóрох

flashless ~ беспламенный пóрох
fast-burning ~ быстрогорящий пóрох

power – *n, pol* держáва, мощь,
~ **behind the scenes** *n* тáйная пружúна
~ **outlet (electrical)** *n* розéтка

cobelligerent ~ *n, pol* союзное воюющее госудáрство
fighting ~ боевáя мощь, сúла
Great Powers, the ~ *n, pol* велúкие держáвы
hitting ~ удáрная сúла
industrial ~ индустриáльная держáва
land ~ *n, pol* сухопýтная держáва
non-nuclear ~ неядерная держáва
occupying ~ *n, mil, pol* оккупúрующая держáва
peace-loving ~ миролюбúвая держáва
sea ~ *n, nav* морскáя держáва
victorious ~ держáва-победúтельница
Western powers *n, pol* зáпадные держáвы
world ~ *n, pol* мировáя держáва

practice – *adj* учéбный
praetorian guard – *n, hist* преториáнская гвáрдия, преториáнцы
pragmatism – *n* прагматúзм

pre – *prefix* пред-
prearrange организóвывать *impf,* организовáть *pf* зарáнее
prearrangement предварúтельная подготóвка/договорённость *f*
precautionary measures *n* мéры предосторóжности
precedence – *n* старшинство, имéть прáво на старшинствó;
быть стáрше когó по звáнию
precedent *n* прецедéнт

AN ENGLISH – RUSSIAN MILITARY DICTIONARY

precondition *n* предварительное условие
predominance, establish установлять *impf*, установить *pf* своё господство
preeminence *n* превосходство
preemptive strike *n, mil* предупреждающий удар
prefabricated *adj* сборный
pre-feudal *adj* дофеодальный
prelaunch *adj* предпусковой
prenuptial *adj* добрачный
pre-October *adj* дооктябрьский in the ~ period дооктябрьский
prepacked *adj* расфасованный
preparedness, state of training – *n* подготовленность *f*
preparatory *adj* приготовительный
preparation *n* приготовление
preplanned *adj* запланированный
preponderance *n* перевес, преимущество
preposition equipment and stocks *n* заблаговременное складирование техники и запасов
prepositioning *n* предварительное размещение

preprogrammed *adj* программный
Presbyterian – *adj, rel* пресвитерианский, *n* пресвитерианство

presidency –*n* президентство
president, outgoing (from office) – *n* президент, покидающий свой пост в связи с истечёним срока полномочий
presidential executive order *n* президентский *или* исполнительный указ

pre-socialist *adj* досоциалистический **pre-Soviet** period *n* досоветский период

press, the ~ - *n* пресса ~ **review** *n* обзор печати ~ **release** *n* сообщение для печати
pressurize – *vt* герметизировать *impf* **pressurized** *adj* герметический
preventive *or* **first strike** – *n, mil* упреждающий удар

price – *n* цена **artificially lowered** ~s дёмпинговые цены
free market ~s конъюнктурны цены

priesthood – *n, rel* священство

AN ENGLISH – RUSSIAN MILITARY DICTIONARY

prime minister – *n* премье́р-мини́стр **prime mover** *n* тяга́ч, транспортёр
primogeniture – *n, leg* первородство

prioritize – устана́вливать *impf,* установи́ть *pf* приорите́ты; распределя́ть приорите́ты
priority – *n* приорите́т, (commo precedence) "сро́чная"
~ **list** *n, mil* пе́речень очерёдности *f,* выполне́ния зада́ч
have first ~ **in supply** *vi* обеспе́чиваться *impf,* обеспе́читься *pf* в впе́рвую о́чередь
have low ~ **in supply** *vi* обеспе́чиваться, в после́днюю о́чередь
first *or* **highest** ~ са́мый неотло́жный приорите́т, са́мая неотло́жная забо́та
top ~ са́мый неотло́жный приорите́т, са́мая неотло́жная забо́та

prison – *adj* тюре́мный, *n* тюрьма́
~ **break** *n* побе́г из тюрьмы́ ~ **sentence** *n* тюре́мный срок
~-**breaking** *n* побе́г из тюрьмы́
be in ~ **for murder** быть в тюрьме́ за уби́йство
imprison заключа́ть *impf* , заключи́ть *pf* в тюрьму́
imprisonment *n* тюре́мное заключе́ние

he was sentenced to life ~ его́ приговори́ли к пожи́зненному заключе́нию

prisoner – *as a n* аресто́ванный, заключёный, пле́нный *m;* (taken for interrogation) язы́к
~ **of conscience** у́зник со́вести
~ **of war (POW)** *adj* военнопле́нный
~ **of war camp** ла́герь для военнопле́нных
be taken prisoner попа́сть в плен **take prisoner** взять в плен

private/government sector – *n* ча́стный/госуда́рственный се́ктор **privatization** *n, econ, pol* приватиза́ция
privatize *vt* приватизи́ровать *pf & impf*
privilege, attorney-client ~ – *n, leg* пра́во клие́нта на конфиденциа́льность обще́ния с адвока́том
privileged *adj* привилегиро́ванный

pro – *prefix* про- **proactive** *adj* де́йственный

AN ENGLISH - RUSSIAN MILITARY DICTIONARY

pro-American *adj* проамерика́нский
probation (employment) – пери́од стажиро́вки, испыта́тельный
пери́од; стаж
pro-British *adj* пробрита́нский

procedure – *n* режи́м, процеду́ра
screening ~ режи́м/процеду́ра прове́рки
standard operating ~ **(SOP)** *n, mil* постоя́нно де́йствующая
инстру́кция
rules of ~ пра́вила процеду́ры

processing – *n* обрабо́тка **data** ~ обрабо́тка да́нных/
информа́ции
procrastinator – *n* копу́н, копу́ша
procrastination *n* оття́гивание, промедле́ние, канитель *f*

procure, pander, pimp – *vt* сво́дничать *impf*
procurer – *n* поставщи́к, (panderer, pimp) *n* сво́дник
procuring, pandering, pimping *n* сво́дничество

production – *n* (manufacture) проду́кция
line ~ *n* пото́чная ли́ния
mass ~ ма́ссовая проду́кция
productive *adj* производи́тельный
productivity (rate of production) *n* производи́тельность *f*
(efficiency, productiveness) *n* продукти́вность *f*

professional *adj* ка́дровый
profiteer – *n* бары́шник **profiteering** *n* бары́шничество

program – *n* програ́мма
austerity ~ програ́мма жёсткой эконо́мики
cost-effectiveness ~ програ́мма иссле́дования экономи́ческокй
эффекти́вности
crash ~ уско́ренная програ́мма
giveaway ~ програ́мма даровых/безвозме́здных поставок

projectile – *n, mil* снаря́д
armor piercing ~ **(AP)** бронебойный снаря́д **finned** ~ оперённый
снаря́д **flechette** ~ снаря́д со стреловидными поража́ющими
элеме́нтами **high explosive (HE)** ~ оско́лочно-фуга́сный

AN ENGLISH – RUSSIAN MILITARY DICTIONARY

снаря́д high explosive antitank (HEAT) ~ ПТ кумуляти́вный снаря́д
homing artillery cannon ~ самонаводя́щийся артиллери́йский снаря́д; артиллери́йский снаря́д с ГСН
illuminating ~ освети́тельный снаря́д improved conventional munition ~ (IPCM) усоверше́нствованный артиллери́йский снаря́д
incendiary ~ зажига́тельный снаря́д infrared guided ~ снаря́д с ИК ГСН laser beam guided ~ снаря́д с ла́зерной ГСН
laser guided ~ снаря́д с ла́зерным наведе́нием
minescattering ~ снара́д с минораз6ра́сывающей КБЧ
multiple warhead artillery ~ артиллери́йский снаря́д с КБЧ
multipurpose ~ многоцелево́й снаря́д
neutron ~ нейтро́нный снаря́д
practice ~ практи́ческий
SABOT depleted uranium ~ снаря́д с отделя́ющимся поддо́ном и серде́чником из обеднённого ура́на

proletarian – adj пролета́рский, n пролета́риат
proliferation – n распростране́ние
promising – adj перспекти́вный, многобеща́ющий
promotion – n повыше́ние, присвое́ние зва́ния

proof – n доказа́тельство, дока́зывание
burden of ~ leg, n бре́мя доказа́тельств valid ~ n ве́ское доказа́тельство
fireproof adj огнесто́йкий flameproof adj огнесто́йкий
heatproof adj жаросто́йкий

jamproof adj помехозащищённый leakproof adj непроница́емый
moistureproof adj влагонепроница́емый
oilproof adj маслосто́йкий shatterproof adj небью́щийся
shockproof adj вибросто́йкий, ударосто́йкий
soundproof adj звуконепроница́емый vibration-proof adj виброусто́йчивый waterproof adj водозащищённый

propaganda – adj агитацо́нный, n агита́ция; adj пропаганди́ческий, пропага́ндный; n пропага́нда
propagandist пропаганди́ст propagandize vt пропаганди́ровать impf
pro rata adv пропорциона́льно, в соотве́тствии с чем

AN ENGLISH – RUSSIAN MILITARY DICTIONARY

prosecution – *n* судéбное преслéдование **prosecutor** *n* прокурóр

protect endangered species – защищáть *impf,* защитúть *pf*
вымирáющие вúды
protective *adj* защúтный ~ **tariff** *n, econ* протекциóный тарúф
protectionism *n* протекционúзм **protectionist** *n* сторóнник
протекционúзма
protectorate, be under a ~ находúться под протекторáтом

protégé – *n* протежé *indecl*
protest – заявлять *impf,* заявúть *pf* протéст; *n* протéст,
возражéние **protestor** *n* протестýющий

protocol – *adj* проткóльный, *n* протокóл
prototype – *n* первоóбраз

provide, supply – поставлять *impf,* постáвить *pf*
provider, supplier, caterer *n* поставщúк

provisional – *adj* врéменный, непостоя́нный
~ **government** *n* врéменное правúтельство
Provisional arm of the IRA Врéменное крылó ИРА *f, indecl*
provisioning *n, mil* обеспéчение питáния

proximity – *n* блúзость *f,* сосéдство **in (close)** ~ вблизú/
поблúзости от + g.; ря́дом с + i.
proxy (authorization) – *n* довéренность *f,* полномóчие, (person)
полномóчый представúтель **by** ~ по довéренности

Prussianism (Ge militarism, 1871 – WW I) – *n, pol* пруссáчество

pseudo – *prefix* лже-
~-**democracy** *n* лжедемокрáтия
~-**science** *n* лженаýка

public – *adj* общéственный, *n* общéственность *f,* нарóд
~ **enemy** *n, soc* враг нарóда ~ **good** *n* общéственное блáго
~ **opinion** *n* общéственное мнéние ~ **reprimand** *n* общéственное
порицáние ~ **relations** взаимоотношéние с клиентýрой, реклáма
~ **relations officer** *n* начáльник/сотрýдник отдéла информáции
~ **sector** *n* общéственный сéктор **in the** ~ **interest** в интерéсах
óбщества *или* госудáрства

Pulitzer Prize – *n* Пу́литцеровская пре́мия
pull strings – *fig/coll* нажима́ть *impf*, нажа́ть *pf* на все кно́пки
pull up stakes – *vi* снима́ться *impf*, сня́ться *pf* с пози́ции

punishment, capital ~ – *n* сме́ртная казнь
institute capital ~ вводить *impf*, ввести́ *pf* сме́ртную казнь
reinstate capital ~ восстана́вливать *impf*, восстанови́ть *pf* сме́ртную казнь

punitive – *adj* кара́тельный
~ **battalion** *n, Sov mil* кара́тельный батальо́н
~ **expedition** *n* кара́тельная экспеди́ция

purchasing – *n* заку́пка

push-button – *n* нажи́мная кно́пка
~ **operation** ввод в де́йствие нажа́тием кно́пки
~ **warfare** *n, mil* «кно́почная« война́

put into effect – вводи́ть *impf*, ввести́ *pf* в де́йствие
put into operation вводи́ть, ввести́ в эксплуата́цию
put into service вводи́ть, ввести́ в эксплуата́цию
put out of action выводи́ть *impf*, вы́вести *pf* из стро́я; вы́шедший из стро́я
put under arrest посади́ть под аре́ст

putsch – *n, pol* путч
~ **member who attempted to overthrow Gorbachev, Aug, 1991** – *n* гэкачепи́ст
~ **participant(s)** *npl* пучи́ст(ы)   **armed** ~ *n* вооружённый путч

Pyrrhic victory – *n, hist* пи́ррова побе́да

AN ENGLISH – RUSSIAN MILITARY DICTIONARY

Q

quadripartite, four-party – *adj, pol* четырёхсторо́нный
quadruple *adj* учетверённый
Quai d'Orsay (**Fr** Foreign ministry) – *n, pol* Министе́рство иностра́нных дел Фра́нции
qualified – *adj* компете́нтный, квалифици́рованный
qualifying *adj* уточня́ющий quality control inspector *n* ка́чественник quality of life *n* у́ровень жи́зни
quantify – *vt* определя́ть *impf*, определи́ть *pf* коли́чествьо; выража́ть *impf*, вы́разить *pf* коли́чествьо
quarantine – *n, med* каранти́н; подверга́ть каранти́ну
quarry – *n* каменоло́мня

quarter, to ask for/receive ~ – проси́ть *impf*, попроси́ть *pf* поща́ды; получа́ть *impf*, получи́ть *pf* поща́ду
quartering *n, mil* размеще́ние, расквартиро́вание
quartering party *n, mil* гру́ппа расквартиро́вания
quartermaster *adj* интенда́нтский, *n, mil* интенда́нт

quasi – *prefix* квази-, полу- quasi-military *adj* полувое́нный
Quebec – *adj, geo* квебе́кский, *n* Квебе́к quest – *n* по́иск

question – *n* вопро́с, (interrogate) допра́шивать *impf*, допроси́ть *pf*; расспра́шивать *impf*, расспроси́ть *pf*
~ under debate обсужа́емый/рассма́триваемый вопро́с
questioner *n* интервьюе́р
questioning *n* допро́с, опро́с, расспро́с
questionnaire *n* анке́та, вопро́сник, опро́сный лист

quick – *prefix* быстро-
~-acting, operating – *adj* быстроде́йствующий
~-drying *adj* быстросо́хнущий ~-firing *adj* скоростре́льный
~-frozen *adj* быстрозаморо́женный

quid pro quo – *n* услу́га за услу́гу
Quisling (**WW II**) – *n, pol, soc* кви́слинг
quit one's job – увольня́ться *impf*, уво́литься *pf*
quiz – *n* (interrogation) опро́с; (entertainment) виктори́на
quota – кво́та daily ~ *n* су́точная но́рма

quotient – *n* ча́стное

IQ ~ *n* и́ндекс у́мственных спосо́бностей

R

race – *n* ráca
arms ~ гóнка вооружéния cycle ~ *n* велогóнка
human ~ *n* род людскóй master ~ (Nazi Ge) páca господ

Rada (national assemblies in Ukraine, Byelorussia, Lithuania) – *n,*
pol Ráда

radar – *n, mil* РЛ наведéние
~ jamming immunity *n* помехозащищённость *f*
~ mask *n, mil* радиолокациóнная (РЛ) мáска
~ operator *n, mil* локáторщик
airborne ~ *n, mil* бортовáя радиолокацóинная стáнция
dummy ~ station *n* лóжная радиосéть
fire control ~ *n, mil* радиолокациóнная стáнция орудúйной
навóдки
missile tracking ~ *n, mil* РЛС наведéния ракéт
radarproof защищённый от радиолокациóнного обнаружéния
look up/down ~ *n, mil* РЛС нúжнего/вéрхнего обзóра
side looking ~ *n, mil* РЛС боковóго обзóра
take a bearing засекáть *impf*, засéчь *pf*
target acquisition ~ *n, mil* радиолокациóнная стáнция
обнаружéния цéлей (РЛС)
360 degree ~ РЛС круговóго обзóра
track and guidance ~ РЛС сопровождéния и наведéния
radiac meter *n, mil* дозúметр, дозúметрúческиий прибóр

radiation – *n* излучéние, облучéние, радиáция
~ hardened *n, mil* защищённый от радиáции/облучéния
~ sickness лучевáя болéзнь
alpha ~ mask *n* радиолокациóнная (РЛ) мáска – áльфа-
излучéние
background radiation *n* фóновая радиáция, фóновое
излучéние
beta ~ *n* бéта-излучéние
gamma ~ mask *n* радиолокациóнная (РЛ) мáска – гáмма-
излучéние
heat radiation ~ mask радиолокациóнная (РЛ) мáска – тепловóе
излучéние
pulse nuclear ~ mask радиолокациóнная (РЛ) мáска –
úмпульсное излучéние

AN ENGLISH – RUSSIAN MILITARY DICTIONARY

residual ~ *n* остáточная радиáция

radio – *n* рáдио, *prefix* радио-, передавáть *impf*, передáть *pf* по рáдио
~ **frequency** *adj* радиочастóтный
~ **intercept, interception** *n, mil commo* радиоперехвáт, радиоподслýшивание
~ **listening silence** *n, mil* радиомолчáние
~ **navigation aids** *n, mil* радионавигациóнные срéдства
~-**relay** *adj* радиорелéйный
~ **set** *n, mil* радиоустанóвка
~ **vectoring** *n, mil* радиопеленгáция
jam a ~ **transmitter** *n, mil commo* глушúть радиопередáтчик
manpack ~ *n* рáнцевая радиостáнция
multichannel ~ многоканáльная радиостáнция
one/two-way ~ **communication** однó/дву/сторóнняя лúния радиосвя́зи **raise a** ~ **station** устанáвливать *impf*, установúть *pf* связь с радиостáнцией
remote ~ *n, mil commo* рáция с выносны́м/дистанциóнным управлéнием
remote a ~ *n, mil commo* подключáть *impf*, подключúть радиостáнцию
RTO (radio-telephone operator) – *n, mil commo* радúст
RTO intercept *n, mil commo* радúст-перехвáтчик
frequency hopping ~ **station** *n, mil commo* радиостáнция с мгновéнной перестрóйкой частóт
set up a ~ **station** *n, mil commo pf* развора́чивать *impf*, развернýть радиостáнцию
dismantle a ~ **station** *n, mil commo* свора́чивать *impf*, сверну́ть *pf* радиостáнцию

radioactive – *adj* радиоактúвный **radioactivity** *n* радиоактúвность *f*
radius – *n* рáдиус ~ **of action** рáдиус дéйствия
bursting ~ рáдиус разлёта оскóлков **lethal** ~ рáдиус сплошнóго поражéния **turning** ~ рáдиус поворóта

raft – *n* плот, парóм **rage, to** ~ свирéпствовать *impf*

raid – *n* набéг, налёт, рейд; водúть *impf*, провестú, вестú *pf*, рейд **air** ~ воздýшный налёт
airmobile ~ *adj* аэромобúльный, *n* воздýшно-штурмовóй рейд

AN ENGLISH – RUSSIAN MILITARY DICTIONARY

diversionary ~ отвлека́ющий налёт
rear area ~ рейд *или* налёт в тыл

railcar – *n* железнодоро́жный ваго́н
(freight
railhead *n* коне́чная ста́нция вы́грузки, вы́грузочная ста́нция

railroad – *adj* железнодоро́жный, *n* желе́зная доро́га
~ **derailment** *n* сход с ре́льсов
~ **junction** *n* железнодоро́жный у́зел
~ **turntable** *n* поворо́тный круг
double track ~ двухколе́йная желе́зная доро́га
narrow gauge ~ узкоколе́йная желе́зная доро́га
single track ~ одноколе́йная желе́зная доро́га
railwayman *n* железнодоро́жник

rally – *n* сбор; собира́ть *impf*, собра́ть *pf* в строй
Ramadan (Islamic Holy Day) – *n, rel* рамаза́н; рамада́н
ramification – *n, pol, soc* разветвле́ние

range – *n* (distance) да́льность *f,* диста́нция, (to a target)
да́льность *f,* расстоя́ние
~ **card** *n, mil* ка́рточка для стрельбы́, ка́рточка за́писи стрельбы́;
стрелько́вая ка́рточка
~ **of an aircraft** да́льность полёта самолёта
~ **of fire** *mil* да́льность стрельбы́, ра́диус де́йствия + g.
~ **of view** да́льность ви́димости
~ **practice** *mil* уче́бная стрельба́
~ **of temperature** *n* диапазо́н температу́р
at short ~ с бли́жнего де́йствия
at long ~ с да́льнего де́йствия
be out of ~ **of our guns** быть вне досяга́емости на́ших ору́дий
driving ~ **or course** *n* автодро́м, танкодро́м
dry fire ~ *n* уче́бный полиго́н для имитацио́нных стрельб
find the ~ определя́ть *impf*, определи́ть *pf* да́льность
firing ~ полиго́н, стре́льбище
frequency ~ **(radio)** *n* диапазо́н часто́т
line of sight ~ да́льность прямо́й ви́димости
maximum effective ~ **(firing)** да́льность наибо́лее
действи́тельного огня́
medium ~ сре́дней да́льности
out of ~ вне досяга́емости

AN ENGLISH - RUSSIAN MILITARY DICTIONARY

point-blank ~ да́льность прямо́го вы́стрела
standoff ~ да́льность примене́ния огневы́х сре́дств вне зо́ны досяга́емости
striking ~ досяга́емость *f*; ра́диус пораже́ния
within ~ в преде́лах досяга́емости

rangefinder - *n, mil* да́льномер
coincidence ~ дальноме́р двойно́го изображе́ния
laser ~ ла́зерный дальноме́р
passive ~ дальноме́р пасси́вного ти́па
stereoscopic ~ стереоскопи́ческий дальноме́р
ranger, rangers - *n, US mil* «ре́йнджер/«ре́йнджеры«
ranging *adj* пристре́лочный, *n* пристре́лка, пристре́лка да́льности

rank, class - *n* ранг
~ **and file** *n, mil* рядово́й и сержа́нтский соста́в
rapid - *adj* стреми́тельный **rapidity** *n* стреми́тельность *f*
rappelling - *n* спуск по кана́ту со скалы́

rapprochement - *n, pol* сближе́ние
rash, hasty - *adj* необду́манный, опроме́тчивый
ratchet (tool) - *n* храпови́к

rate - *n* темп ~ **of fire** темп стрельбы́ ~ **of resupply** *n* но́рма снабже́ния **mortality** ~ *n* сме́ртность *f* **sick** ~ *n* заболева́емость *f* **turnover** ~ *n* обора́чиваемость *f* **performance** ~ оце́нка успева́емости **rating** *n* оце́нка

ratification - *n* ратифика́ция **ratify** *vt* ратифици́ровать *pf & impf*

ratio - *n* отноше́ние, соотноше́ние, коэффицие́нт
desired force ~ *mil* жела́емое соотноше́ние сил и сре́дств

ration - *n* да́ча, паёк, рацио́н
~ **card** *n* продово́льственная ка́рточка
rationalize (make more efficient) рационализи́ровать *pf & impf;*
(find, give reasons for) обосно́вывать *impf*, обоснова́ть *pf*, опра́вдывать *impf*, оправда́ть *pf*
rationing *n* норми́рование, нормиро́вка, рациони́рование, распределе́ние по ка́рточкам
raw materials - *n, econ* сырьё

reactionary – *adj* реакцио́нный, реакционе́рный; *n* реакционе́р
reachable – *adj* достижи́мый
readable – *adj* удобочита́емый **readership** *n* чита́тельство
reading, a ~ *n* чте́ние
readiness – *n* гото́вность *f* **battle** ~ *n* боеспосо́бность *f*
realign – *vt* перестра́ивать *impf*, перестро́ить *pf*
realignment *n* выра́внивание, перестро́йка
Realpolitik – *n, US dip., 1970s* реалисти́ческая поли́тика

reap – *vt* жать *impf*, сжать *pf;* пожина́ть *impf*, пожа́ть *pf*
reaper (machine) *n* жа́тка, *person* жнец *m*, жни́ца *f*
Grim Reaper *n* ста́рая с косо́й
reaping, harvesting *n* жа́тва
reappraisal – *n* переоце́нка

rear – *adj* за́дний
~ **area protection and defence** *n, mil* охра́на и оборо́на тыла
~ **echelon** *n, mil* второ́й эшело́н
~ **entrance** *n* чёрный ход
in the ~ **в** тылу́ **to the** ~ **of** позади́ + g.
rearguard *n* арьега́рд **rearguard action** *n* арьега́рдный бой
rearward *adj* тылово́й, за́дний **rearwards** *adv* в тыл, наза́д

rearm – *vt* довооружа́ть *impf* , *one's self, vi* довооружа́ться;
довооружи́ть, довооружи́ться *pf* **rearmament** *n* довооруже́ние

reason; real, underlying ~ – *n* подоплёка

reassign – *vt* назнача́ть *impf*, назна́чить *pf* на друго́е ме́сто;
переводи́ть *impf*, перевести́ *pf*; перераспределя́ть *impf*,
перераспредели́ть *pf*
reassignment *n* перево́д, перераспределе́ние

rebel (against gov) – *adj* повста́нческий, бунта́рский
n повста́нец, мяте́жник, бунтовщи́к *m*, бунтовщи́ца *f;* бунта́рь;
vi восстава́ть *impf*, восста́ть *pf* ; бунтова́ть, *vi* взбунтова́ться
rebellious *adj* восста́вший, мяте́жный, повста́нческий
rebellion *n* бунт, восста́ние, мяте́ж

rebroadcast – *n, commo* трансля́ция **rebroadcasting** *n*
радиотрансля́ция

rebuild, reconstruct, re-design, re-shape, reorganize *vt* перестра́ивать *impf,* перестро́ить *pf*

rebuilding, reconstructing, re-designing, re-shaping, reorganize; *mil* **reforming** *adj* перестро́ечный, *n* перестро́йка; *pol, econ* perestroika

recalibration – *n* повто́рная калибро́вка

recall an ambassador – отзыва́ть *impf,* отозва́ть *pf* посла́
recall, call back (mission) отзыва́ть, отозва́ть по́сле + g.
recap, recapitulation – *n* повторе́ние
recapitulate *vt* повторя́ть *impf,* повтори́ть *pf*
receipt – (receiving) *n* получе́ние **on ~ of the news** по получе́нии изве́стия
recent – *adj* неда́вний
recession – *n, econ* спад
recidivism – *n* рецидиви́ст **recidivist** *n* рециди́в

reciprocal – *adj* взаи́мный, обою́дный **reciprocate** *vt* отвеча́ть *impf,* отве́тить *pf* взаи́мностью **reciprocation** *n* отве́тное де́йствие, обме́н **reciprocity** *n* взаи́мность взаимоде́йствие

reckless – *adj* безрассу́дный, опроме́тчивый, отча́янный
recklessness *n* безрассу́дность *f,* опроме́тчивость *f,* отча́янность *f*
reclassification *n* перево́д в другу́ю катего́рию, реклассифика́ция, пересортиро́вка
reclassify *vt* переводи́ть *impf,* перевести́ *pf* в другу́ю катего́рию; пересортиро́вывать *impf,* пересортирова́ть *pf;* переклассифици́ровать *pf & impf*

recognition – *n* призна́ние **grant ~** предоста́вить призна́ние
recoil – *adj* безотка́тный, *n* отка́т **recoilless** без отда́чи

recon – *adj* разве́дывательный, *n* разве́дка, рекогносциро́вка разве́дывать *impf,* рекогносци́ровать *pf & impf* **~ by fire** *n, mil* разве́дка огнём **~ in force** разве́дка бо́ем **~ in depth** разве́дка в глубину́
air ~ авиаразве́дка **area ~** разве́дка райо́на
battle ~ боева́я разве́дка **commander's ~** команди́рская рекогносциро́вка **dead area ~** разве́дка мёртвых простра́нств

hasty ~ ускóреная развéдка **joint** ~ совмéстная развéдка **long-range** ~ дáльняя развéдка **naval air** ~ морскáя авиаразвéдка **on-sight** ~ рекогносцирóвка **route** ~ развéдка маршрута **terrain** ~ разведка мéстности

reconciliation – *n* примирéние, улáживание
reconnoitred *adj* развéданный
recondition *vt* ремонти́ровать *impf,* отремонти́ровать *pf*
reconsolidation – *npl, mil* восстановлéние систéмы оборони́тельных сооружéний и закреплéние
reconstruction, restorative – *adj* восстанови́телный, *n* восстановлéние; (construction) переустрóйство

record – *adj* рекóрдный, *n* (written) зáпись *f,* учёт посещáемости; *vt* (written, also fig) запи́сывать *impf,* записáть *pf*; протоколи́ровать *impf,* запротоколи́ровать *pf*
~-**breaking** *adj* рекóрдный
attendance ~ *n* посещáемость *f,* учёт посещáемости
recording (of sound, TV) *n* видеозáпись, звукозáпись

recovery (vehicle) *n* восстановлéние, ремóнт
recoverability – *n* восстанáвливаемость *f*

recruit – *n* новобрáнец, *vt* вербовáть *impf,* завербовáть *pf;* набирáть *impf,* набрáть *pf;* призывáть *impf,* призвáть *pf*
recruiter *n* вербóвщик
recruiting *adj* вербóвочный, *n* вербóвка
~ **office** *n* вербóвочный пункт
~ **sergeant** сержáнт по вербóвке на воéнную слýжбу

recur – (repeatedly) *vi* повторя́ться *impf,* повтори́ться
recurrence *n* повторéние **recurrent** *adj* повторя́ющийся

recycle – *n* утилизáция, переработка, утилизи́ровать *pf & impf*

Red Cross – *n* Крáсный Крéст
Red Crescent (Islamic) *n* Крáсный Полумéсяц
Red Guards *n, Ch pol* крáсные охрáнники
red tape *n, coll* канцеля́рщина

redeploy – vt, (vi) передислоци́ровать(ся) *pf & impf*; перегруппирóвывать(ся) *impf,* перегруппировáть(ся)

redeployment *n* перебази́рование, перегруппиро́вка, передислока́ция

redistribute – *vt* перераспределя́ть *impf*, перераспредели́ть *pf*
redistribution *n* перераспределе́ние

redoubt – *mil, hist* реду́т **redcoat (British soldier)** – *n, hist* «кра́сный мунди́р» (брита́нский солда́т)

reduce – уменьша́ть *impf*, уменьши́ть *pf*
~ **in ranks** понижа́ть *impf*, пони́зить *pf* в зва́нии
~ **speed** убавля́ть *impf*, уба́вить ход

reduction – *n* сокраще́ние
unilateral ~ **of military forces** односторо́ннее сокраще́ние
чи́сленности войск

re-elect – перевыбира́ть *impf*, перевы́брать *pf*

re-embark – *mil, vt* (people) вновь сажа́ть *impf*, посади́ть *pf*;
(cargo) вновь грузи́ть *impf*, погрузи́ть *pf* на кора́бль, итд
vi возвраща́ться *impf*, возврати́ться на борт
re-embarkation *n* возвраще́ние на борт, поса́дка

re-enlist – *vi* поступа́ть *impf*, поступи́ть *pf* на сверхсро́чную
слу́жбу **re-enlistment** *n* поступле́ние на сверхсро́чную слу́жбу
re-entry – *n* вход, возвра́т в атмосфе́ру
re-equipping – *n* переоборудование, переснаряже́ние

referral – *n* направле́ние **referendum** *n, pol* референдум
refill – *n* дозапра́вка **refinery (oil)** – *n* нефтеочисти́тельный
заво́д

refit – *n* переобо́рка, переоборудование; переоборудовать *pf &*
impf, за́ново экипирова́ть *pf & impf*

reflective – *adj* светоотража́ющий
reforestation – *n* восстановле́ние лесны́х масси́вов

reform – *n* (improvement, correction) рефо́рма; (form, reshape
again) переформиро́вывать *impf*, переформирова́ть *pf*
~ **school** *n* исправи́тельная шко́ла

AN ENGLISH – RUSSIAN MILITARY DICTIONARY

Stolypin economic ~s (Ru Prime Minister under Nicholas II) – *npl, Ru econ* столыпинские рефóрмы

refuel – дозаправля́ть *impf,* дозапра́вить *pf* горю́чим *или* тóпливом; пополня́ть *impf,* попóлнить *pf* запа́сы тóплива
refueler *n* бензозапра́вщик, топливозапра́вщик
refuelling *n* дозапра́вка

refuge – *n* убéжище **seek ~** иска́ть *impf* убéжище
refugee *n* бéженец *m,* бéженка ~ **camp** *n* ла́герь бéженцев
political ~ *n, pol* политэмигра́нт *m,* политэмигра́нтка *f*

refusal – *n* отка́з **refuse** – *n* отбрóсы ~ **dump** *n* сва́лка
refusenik *n, Sov pol* отка́зник *m,* отка́зница *f*

regency – *n* рéгентство **regent** *n* рéгент **prince regent** *n* принц рéгент
regime – *n* режи́м, строй
under the old ~ при ста́ром режи́ме

regiment – *n, mil* полк **regimental** *adj* полковóй
register (gunnery) – пристрéливать *impf,* пристреля́ть *pf*
registration *n* пристрéлка по репéру, пристрéлка репéра

regroup – *vt,* (vi) перегруппирóвывать(ся) *impf,* перегруппирова́ть(ся) *pf* **regrouping** *n* перегруппирóвка сил
regular – *adj* ка́дровый, *n* кадрови́к

regulated – *adj* управля́емый **well ~** хорошó управля́емый
regulation – *adj* уста́вный; *n* инстру́кция, наставлéние, уста́в, пра́вила **against ~** в нарушéние пра́вил *или* уста́ва
blackout ~ пра́вила затемнéния **drill ~** строевóй уста́в
field ~s полевóй уста́в **military ~s** воéнный *или* вóинский уста́в

rehearsal, dress ~ – *n* генера́льная репети́ция
Reichstag – *n, Ge, pol* рейхста́г **Reichswehr** – *n, Ge mil, post WW I* рейхсвéр

reinforced – *adj* уси́ленный, подкреплённый
~-concrete *adj* железобетóнный
reinforcements *n* подкреплéние, пополнéние, усилéние

reissue – *n* повто́рная вы́дача, повторно выдава́ть *impf*, повторно вы́дать *pf*
relationship – *n* взаимоотноше́ние
relative – *adj* относи́тельный

relay – *adj, commo* ретрансляцио́нный, *n* ретрансля́ция, ретрансли́ровать *pf* & *impf*
~ **station** *n* радиореле́йная ста́нция (РРС); промежу́точная ста́нция

relevance – *n* зна́чимость *f*, ва́жность *f*

reliability – *n* надёжность *f* **functional** ~ функциона́льная надёжность **operational** ~ эксплуатацио́нная надёжность

relief (shift change) – *n* заме́на, сме́на; сменя́ть *impf*, смени́ть *pf* ~ **of sentries** сме́на часовы́х ~ **of troops** сме́на войск ~ **fund for flood victims** фонд по́мощи же́ртвам наводне́ния

reload, reloading – *n* заря́дка, перезаряжа́ние; перезаряжа́ть *impf*, перезаряди́ть *pf*
relinquish (a position) – *mil* оставля́ть *impf*, оста́вить пози́цию, покида́ть *impf*, поки́нуть *pf* пози́цию

remilitarization – *n* ремилитаризи́ровать *pf* & *impf*
remilitarize *vt* ремилитариза́ция

remnants – *nmpl* оста́тки разби́тых часте́й

remote – *adj* да́льний, удалённый, дистанцио́нный
~ **control** *n* радиотелеуправле́ние; (аппарату́ра) дистанцио́нного управле́ния ~ **piloted drone** *n* телепилоти́руемый ЛА

Renault company – *Fr ind* фи́рма «Рено́«
render equipment unusable – приводи́ть *impf*, привести́ *pf* обору́дование в неприго́дное состоя́ние
renovator – *n* реставра́тор **renovation** *n* обновле́ние, восстановле́ние
renown, celebrated – *adj* просла́вленный
reorganize – *n* реорганиза́ция, *vt, (vi)* реорганизо́вывать *impf*, реорганизо́вать *pf*

AN ENGLISH – RUSSIAN MILITARY DICTIONARY

repair – *n* попра́вка, поправля́ть *impf*, попра́вить *pf*; *n* почи́н, починя́ть *impf*, починѝть *pf*; *n* ремо́нт, ремонти́ровать *pf & impf*, *also* отремонти́ровать
~ **and recovery** *n* восстановле́ние **base, major** ~ капита́льный ремо́нт **emergency** ~ **team** *n* лету́чка
factory ~ заво́дский ремо́нт **first line** ~ ремо́нт пе́рвого эшело́на
forward ~ **team** передова́я ремо́нтная лету́чка
minor ~ ме́лкий ремо́нт **on-going** ~ теку́щий ремо́нт
urgent ~ сро́чный ремо́нт **workshop** ~ мастерско́й ремо́нт

repatriate – *n* репатриа́нт *m*, репатриа́нтка *f*; репатри́ровать *pf & impf* **repatriation** *n* репатриа́ция

repeated – *adj* неоднокра́тный
rephrase – *vt* перефрази́ровать *pf & impf*
replacements – *n* восполне́ние, заме́на, пополне́ние, сме́на

replay, instant ~ – *n* повто́р
repopulation *n* втори́чное заселе́ние **repopulate** *vt* за́ново заселя́ть *impf*, засели́ть *pf*

report – *n, mil* докла́д, доносе́ние, изложе́ние, отчёт, ра́порт, сво́дка, сообще́ние, (newspaper) репорта́ж; (verbally) рапортова́ть *pf & impf*
~ **(to)** докла́дывать *impf*, доложи́ть *pf*; сообща́ть *impf*, сообщи́ть обстано́вку; рапортова́ть *pf & impf*
~ **for duty (to)** заявля́ться *impf*, заяви́ться на слу́жбу
~ **on the situation** докла́дывать, доложи́ть обстано́вку
~ **period** *n, mil* отчётный пери́од
combat loss ~ *n, mil* донесе́ние о боевы́х поте́рях
confidential ~ *n* аттеста́ция
consolidate ~**s** *n, mil* обобща́ть *impf* донесе́ния
consolidated intel ~ *n, mil* разве́дывательная сво́дка
contact ~ *n, mil* докла́д об обнаруже́нии проти́вника
contradictory ~**s** противоречи́вые сообще́ния
daily equipment status ~ *n, mil* су́точное донесе́ние о состоя́нии материа́льной ча́сти
daily strength ~ *n, mil* ежедне́вная сво́дка о чи́сленности ЛС
damage assessment ~ *n, mil* донесе́ние о сте́пени разруше́ния объе́кта **damage** ~ *n, mil* отчёт об уще́рбе

210

AN ENGLISH – RUSSIAN MILITARY DICTIONARY

enlisted efficiency ~ служе́бная аттеста́ция ни́жних (рядовы́х и сержа́нтов)
follow up ~ *n, mil* повто́рное донесе́ние
intelligence ~ разве́дывательное донесе́ние
interim ~ *n, mil* промежу́точный/предвари́тельный отчёт, докла́д
interrogation ~ *n* протоко́л допро́са
jamming ~ *n, mil* донесе́ние о применéнии радиопомéх
manning ~ *n, mil* строевóй ра́порт
material status ~ *n, mil* доносéние о состоя́нии материа́льной ча́сти
medical situation ~ *n, mil* донесéние о мéдико-санита́рной обстанóвке
meteorological ~ *n* метеосвóдка, метсвóдка, прогнóз
mortar ~ донесéние о миномётном обстрéле
operational readiness ~ *n, mil* донесéние о состоя́нии боевóй готóвности
progress ~ *n* отчёт о хóде

quarterly ~ *n, mil* кварта́льный отчёт
recon ~ разве́дывательное донесéние
routine ~ срóчное донесéние
situation ~ операти́вная свóдка, донесéние об обстанóвке
strength ~ спи́сочная чи́сленность
unit ~ *n, mil* донесéние ча́сти
vehicle status ~ *n, mil* донесéние о техни́ческом состоя́нии срéдств
weather ~ *n* метеосвóдка, метсвóдка, прогнóзы

reportage – *n* репорта́ж **reportedly** *adv* по сообщéниям, (allegedly) я́кобы **reporter** *n* докла́дчик

reporting (act of ~, appearance) – *n* я́вка
~ **body** *n* óрган, представля́ющий докла́д
~ **as ordered!"** *n, mil* »по ва́шему приказа́нию при́был!«
~ **for duty!"** *n, mil* «при́был на дежу́рство!«

reposition – меня́ть *impf only* пози́ции, перемеща́ться *impf*, перемести́ться *pf* на нóвые пози́ции; *vt, (vi)* передислоци́ровать(ся) *pf & impf*

Representatives, House of ~ *US pol* пала́та представи́телей
repression – *n* подавлéние, репрéссия

repressive *adj* репресси́вный
reprieve – *n, leg* отме́на *или* заме́на пригово́ра

reprimand, to ~ – дава́ть *impf,* де́лать *impf,* сде́лать *pf* вы́говор
letter of ~ *n* пи́сьменный вы́говор **verbal** ~ *n* у́стный вы́говор
reprisal – *n* распра́ва, репре́ссалия, возме́здие **by way of** ~ в
отме́стку **conduct a** ~ наноси́ть *impf,* нанести́ *pf* отве́тный уда́р
reptilian – *adj, bio* пресмыка́ющийся **reptile** *n, bio*
пресмыка́ющееся

republic – *n* респу́блика
Fifth Republic – *Fr pol* Пя́тая респу́блика
German Democratic Republic (GDR) *Ge pol* Герма́нская
Демократи́ческая Респу́блика (ГДР)
Third Republic *Fr pol* Тре́тья респу́блика
republican *adj* республика́нский
Republican *US pol* республика́нец *m,* республика́нка *f*

request – *n* зая́вка, тре́бование, про́сьба, запро́с
~ **for an early meeting** тре́бование о сро́чном созы́ве заседа́ния
aerial supply ~ зая́вка на снабже́ние по во́здуху
airlift ~ зая́вка на возду́шную перево́зку
airstrike ~ зая́вка на уда́р с во́здуха
cancel a ~ отменя́ть *impf,* отмени́ть *pf,* аннули́ровать *pf & impf*
про́сьбу, зая́вку **consider a** ~ рассма́тривать *impf,* рассмотре́ть
pf про́сьбу
follow up a ~ проверя́ть *impf,* прове́рить *pf* удовлетворе́ние
зая́вки
grant a ~ удовлетворя́ть *impf,* удовлетвори́ть *pf* про́сьбу
make a ~ составля́ть *impf,* соста́вить *pf* зая́вку, *vi* обраща́ться
impf, обрати́ться *pf* с про́сьбой

requirement – *n* потре́бность *f*

requisition – *n* зая́вка, реквизи́ция; реквизи́ровать *pf & impf*
back order ~ неудовлетворённая зая́вка
rescind a ~ **(to)** отменя́ть *impf,* отмени́ть *pf* зая́вку

reroute – *commo* создава́ть *impf,* созда́ть *pf* обходны́е кана́лы,
(traffic, etc) направля́ть *impf,* напра́вить *pf* по друго́му
маршру́ту

AN ENGLISH – RUSSIAN MILITARY DICTIONARY

rescue – *adj* спаса́тельный, *n* спасе́ние; спаса́ть *impf*, спасти́ *pf*
~ **attempt** *n* попы́тка спасти́ ~ **team** *n* спасотря́д

research – *n, sci* изыска́ние, иссле́дование
~**and development (R&D)** *n* нау́чно-иссле́довательская рабо́та; иссле́дование и разрабо́тка

reserve – *mil, adj* запа́сный, резе́рвный; *n* запа́с, резе́рв
ammo ~ запа́с боеприпа́сов **battle** ~ боезапа́с
be in ~ быва́ть *impf,* быть в запа́с **fuel** ~ запа́с то́плива
reserves – *n, mil, adj* резе́рвы

bring up ~s подтя́гивать *impf,* подтяну́ть *pf* резе́рвы
call out the ~ выводи́ть *impf,* вы́вести *pf* из резе́рва
pin down, tie up enemy ~s ско́вывать резе́рвы проти́вника
shift, switch ~s перебра́сывать *impf,* переброси́ть *pf* резе́рв

reservist *n, mil* резерви́ст **residual** – *adj* оста́точный

resign, retire – отказа́ться от до́лжности; уходи́ть в отста́вку
resignation *n* (surrender) сда́ча

hand in one's ~ подава́ть *impf,* пода́ть *pf* заявле́ние об отста́вке/ухо́де; (resigning from office) отста́вка

resistance – *n* сопротивле́ние
~ **movement** *n, mil* движе́ние сопротивле́ния
tough ~ *n, mil* опо́рное сопротивле́ние
resistant *adj* сопротивля́ющийся, сто́йкий **drought** ~ *adj* засухоусто́йчивый
resister *n, pol* сопротивля́ющийся, уча́стник движе́ния сопротивле́ния

resort to arbitration – обраща́ться *impf,* обрати́ться *pf* к трете́йскому суду́
resort to force прибега́ть *impf,* прибегну́ть *pf, vi* обраща́ться к си́ле

resources – *npl* ресу́рсы
~ **consumption** *n* ресурсопотребле́ние
resource-savings *adj* ресурсосберега́ющий

food ~ *npl* продово́льственные ресу́рсы
natural ~ *npl* приро́дные ресу́рсы/бога́тства
proven natural ~ *npl* разве́данные запа́сы
raw ~ *ns* сырьё

resounding, staggering, stunning – *adj* потряса́ющий
respite, a breatk *or* **breather** – *n* переды́шка
respondent – *as a n* опро́шенный
responder – *n* (radar, radio) отве́тчик

responsibility – *n* отве́тственность *f*
assume the ~ взя́ть на себя́ отве́тственность
take full ~ **for someone/something** *vi* руча́ться *impf,* поручи́ться *pf* за кого́; руча́ться что голово́й
make someone responsible for so, st возлага́ть *impf,* возложи́ть *pf* осветстве́нность *f* на кого́, за что

rest, one day ~ – *n* днёвка **restatement** – *n* повто́рное заявле́ние

restraint – *n* ограниче́ние, сде́рживание
impose ~s вводи́ть *impf,* ввести́ *pf* ограниче́ния
~ **on conventional arms** *n* ограниче́ние/сде́рживание обы́чных вооруже́ний

restricted area – *n, avn* зо́на, запре́тная для полётов
restrictive, limiting *adj* ограничи́тельный
restrictive fire plan план ограни́ченного веде́ния стре́льбы

résumé – *n* сво́дка

retain – уде́рживать *impf,* удержа́ть *pf;* сохраня́ть *impf,* сохрани́ть *pf*

retire (from work) – выходи́ть *impf,* вы́йти *pf* в отста́вку; увольня́ться *impf,* уволни́ться *pf* в отста́вку

retired officer *n* отставно́й офице́р
retirement *adj* отставно́й, *n* отста́вка, вы́ход в отста́вку; увольне́ние в отста́вку; *n* вы́ход/ухо́д на пе́нсию
mandatory ~ вы́нужденное увольне́ние

retroactive – имéющий обрáтную сúлу
retrofit – *n* модификáция, модернизáция

return – *adj* обрáтный ~ **load, shipment** обрáтный груз
reveille – *n* побýдка

revenge-seeking *adj* реваншúстский
revolutions per minute/second/hour (**RPM, RPS, RPH**) – *n* оборóт
в минýту/секýнду/час
Rhineland – *Ge geo* Рéйнская óбласть
rice-growing, *n, agric* рисовóдство

rich – *adj* богáтый
~ **harvest** богáтый урожáй ~ **in minerals** богáтый полéзными
ископáемыми ~ **in woods** богáтый лесáмый ~ **soil** *n*
плодорóдная пóчва

ricochet – *n* рикошéт, *vi* рикошетúровать *impf*
~ **fire** стрельбá на рикошéтах

riffraff – *n* шпанá; подóнки *mpl* óбщества
retroactive *adj* имéющий обрáтное дéйствие *или* обрáтную сúлу

revenge, take ~ **on so** отомстúть комý-л
revolutionize – (stir up a revolution, transform)
революционизúровать *pf & impf*

rifle – *adj* стрелкóвый
rifled (gun barrels) *adj* нарезнóй, с нарéзкой **rifleman** *n* стрелóк
motorized ~ мотострелóк

right – *n* прáво
~ **of self-defence** прáво на идивидуáльную самооборóну
arrogate a ~ **to one's self** присвáивать *impf*, присвóить *pf*
себé прáво **consumer** ~**s** защúта прав потребúтелей
fishing (fishery) ~**s** прáво на рыбную лóвлю
generally accepted ~ общепрúзнанное прáво
give up a ~ *n* откáз от правá
inalienable ~ неотъéмлемое прáво
inherent ~ неотъéмлемое прáво
insist on one's ~**s** отстáивать *impf*, отстоять *pf* свои прáва
maintain the ~ присвáивать *impf* себé прáво

oil ~s пра́во на добы́чу/разрабо́тку не́фти
personal, individual ~s ли́чные права́
special drawing ~s SDR *econ* специа́льные права́ заи́мствования

rightist – *adj & n, pol* пра́вый rigid – *lit* жёсткий, *fig* неги́бкий

river – *n* река́ ~ transport worker – *n* речни́к
~ feint crossing *n* ло́жная перепра́ва

road – *n* доро́га
~ access *n* подъездно́й путь
~ clearance *n* разреше́ние на движе́ние по доро́ге
~ craters *nfpl* воро́нки на доро́ге
~ crossing *n* перее́зд
artery ~ *n* магистра́ль *f*
corderoy ~ *n* бреве́нчатая гать *f*
dirt, unimproved, unsurfaced ~ грунтова́я доро́га
flooded section of a ~ зато́пленный уча́сток доро́ги
gravel ~ грави́йная доро́га
hard surfaced ~ *n* усоверше́нствованое шоссе́
improved ~ усоверше́нствованная/улу́чшенная доро́га
lack of ~s; impassable roads *adj* бездоро́жный, *n* бездоро́же
lateral ~ попере́чный путь
log ~ бреве́нчатая доро́га
logging ~ автолежнева́я доро́га
main ~ больша́к, магистра́ль
one-way ~ доро́га с односторо́нним движе́нием
paved, serfaced ~ мощёная доро́га, оде́тая доро́га
secondary ~ вспомога́тельная доро́га
trees planted along the ~ зелёные насажде́ния вдоль доро́га
two way ~ доро́га с двусторо́нним движе́нием
roadhead *n* коне́чно-вы́грузочный пукнт
roadside *adj* придоро́жный
roadworthy в испра́вном состоя́нии

robotics – *adj* робототехни́ческий, *n* робо́тика, роботе́хника
robotization *n* роботиза́ция robotized *adj* роботизи́рованный
rock-crusher – *n* камнедроби́лка

rocket – *n* раке́та, реакти́вный снаря́д
~ fire, barrage *n* обстре́л раке́тами ~ in firing position раке́та
гото́вая к спу́ску

AN ENGLISH – RUSSIAN MILITARY DICTIONARY

~ launch site *n* ракетодро́м
~ launcher реакти́вная устано́вка ~ specialist *n* раке́тчик
fin stabilized ~ оперённая раке́та free flight ~ неуправля́емая
раке́та
French Excocet antiship ~ францу́зская раке́та «Эксосе́т»
HEAT (high explosive anti-tank) ~ кумуляти́вный снаря́д,
кумуляти́вная мина-гра-на́та
Jericho ~ (Israel) раке́та «Иерихо́н»
M-X ~ раке́та «мх» Midgetman ~ раке́та «Миджитмэ́н»
MIRVed ~ раке́та, оснащённая разделя́ющейся головно́й ча́стью
(РГЧ)
MLRS/MRL *n* многоство́льная реакти́вная устано́вка
multiple warhead ~ раке́та с кассе́тной боево́й ча́стью
Patriot ~ раке́та «Пэ́триот»
Pershing ~ раке́та «Пе́ршинг»
single/two/three stage ~ одноступе́нчатая/двухступе́нчатая/
трёхступе́нчатая раке́та
standoff ~ раке́та «во́здух-земля́» запуска́емая за преде́лами
зо́ны объекти́ва ПВО
Trident ~ раке́та «Тра́йдент»   Walleye ~ «Уо́ллай»
rocketry раке́тная те́хника

"roger" – *mil, commo* «по́нял» roll-call – *n, mil* пове́рка,
перекли́чка

Roman Catholic – *adj, rel* ри́мско- католи́ческий
Romanovs (last Czarist dynasty) – *n, Ru hist* Рома́новы
rope, tow or towing ~ *n* букси́р, букси́рный трос; бечева́

roster – *n* гра́фик, ли́ст, расписа́ние, спи́сок
duty ~ *n* лист наря́дов; расписа́ние дежу́рства guard ~ лист
учёта наря́дов в карау́л

rot, decay – *vi* гнить *impf*, сгнить *pf*, *n* гние́ние

round, shell – *n, mil* вы́стрел, снаря́д, патро́н
armor defeating ~ *n* вы́стрел с бронебо́йным снаря́дом
beehive ~ кассе́тный снаря́д chemical ~ хими́ческий снаря́д
flechette ~ патро́н/снаря́д со стрелови́дными поража́юшими
элеме́нтами
grenade launcher ~ гранатомётный вы́стрел
guided antiradar howitzer ~ *n* самонаводя́щийся ПРЛ

AN ENGLISH – RUSSIAN MILITARY DICTIONARY

guided antitank mortar ~ ПТ самонаводя́щаяся миномётная ми́на, га́убичный снаря́д
HEAT ~ вы́стрел с кумуляти́вным ПТ снаря́дом
HEP ~ оско́лочно-фуга́сные вы́стрел
inert ~ уче́бный вы́стрел
main gun ~ пу́шечный вы́стрел
SABOT ~ вы́стрел с кинети́ческим оперённым бронебо́йным снаря́дом с отделя́ющимся поддо́ном
zero ~ пристре́лочный вы́стрел
~s per minute вы́стрелов в мину́ту

roundout – *n, mil* дополне́ние, доукомплектова́ние
~ **unit** *npl* доукомплектова́ние ча́сти подразделе́ниями резе́рва до шта́тной чи́сленности/НГ (доукомплектова́ние Национа́льной гва́рдии)

rotation (duty) – *n* заме́на, перемеще́ние (ЛС, часте́й)
end of tour ~ заме́на ЛС по заверше́нии пери́ода слу́жбы
overseas ~ *n, mil* заме́на ЛС в войска́х на замо́рских террито́риях

rout – *n* разгро́м, разгроми́ть *pf*, обраща́ть *impf*, обрати́ть *pf* в бе́гство

route – *adj* маршру́тный, путево́й; *n* маршру́т, направле́ние, путь *m* **adjacent** ~ сме́жный путь **alternate** ~ путь обхо́да
cleared ~ маршру́т освобождённый от проти́вника
counterattack ~ направле́ние ко́нтратаки
routed *adj* разгро́мленный
covered/defilade ~ *npl* скры́тые по́дступы
egress ~ маршру́т движе́ния полёта от це́ли/объе́кта

evacuation ~ путь эвакуа́ции
get away ~ путь отхо́да
helicopter flight ~ маршру́т/полоса́/коридо́р/полёта вертолётов
indirect ~ обходно́й путь
ingress ~ маршрут движе́ния полёта к це́ли/объе́кту
logistic ~ путь подво́за
main supply ~ **(MSR)** *US mil* основно́й путь подво́за
mined ~ замини́рованный маршру́т
movement-to-contact ~ маршру́т выдвиже́ния в райо́н установле́ния соприкоснове́ния с проти́вником

AN ENGLISH – RUSSIAN MILITARY DICTIONARY

multiple ~s of advance не́сколько маршру́тов движе́ния
safe passage ~ for fighter planes *n* полоса́/коридо́р безопа́сного проле́та ИА че́рез зо́ну пораже́ния ПВО
supply ~ путь подво́за
withdrawal ~ путь отхо́да

routine – *n* рути́на; (commo traffic priority) "обыкнове́нная"
royalist, ~s – *n, hist, pol* роя́лист, роя́листы
RTO (radio-telephone operator) – *n, mil* ради́ст
individual RTO communication idiosyncracies *n* индивидуа́льный по́черк ради́стов

rubberized – *adj* прорези́ненный
Ruhr, ~ area – *n, Ge, geo* Ру́рская о́бласть
ruling classes – *n, soc* пра́вящие кла́ссы

rumor, ~s – *n* слух, слу́хи **enemy started ~** слу́хи, распуска́емые проти́вником

run – *n* репети́ция, трениро́вка
~ for a third term *pol* идти́ на тре́тий срок
~ for elections выдвига́ть *impf*, вы́двинуть *pf* в депута́ты
~ idle (engine) *n* холосто́й ход
bombing ~ боево́й курс **dry ~** трениро́вка; стрельба́ холосты́ми вы́стрелами
dummy ~ про́бный захо́д
live fire ~ *n* стрельба́ с хо́ду на стре́льбище
strafing ~ *n* захо́д на ата́ку с бре́ющего поле́та
target ~ *n* захо́д на цель, ата́ка це́ли
wet ~ трениро́вка в усло́виях, приближённых к боевы́м
runway *n, avn* взлётно- поса́дочная полоса́
running (mechanical) *n* ход
silent ~ (submarine) *n* бесшу́мность *f* хо́да

rural, country, village – *adj* се́льский
ruse – *n* вое́нная хи́трость, уло́вка **tactical ~** такти́ческое ухищре́ние
rush (infantry) – *n* бросо́к

Russia – *n* Росси́я **Holy ~** Свята́я Русь
Russian *adj* ру́сский
~-speaking *adj* русскоязы́чный

~ **studies** *n* руси́стика

Russianess *n* ру́сскость *f*

Russification *n* русифика́ция

Russify, Russianize русифици́ровать *pf & impf*, обруси́ть *pf*

Russo-German Nonaggression Pact, 1939 *n pol* Сове́тско-Герма́нский пакт о ненападе́нии

Russophile *n* русофи́л *m*, русофи́лка *f*

Russophobia *n* русофо́бия

rust - *n* ржа́вчина, ржа́веть *impf*, поржа́веть *pf*

rustproof *adj* нержаве́ющий, коррозиеустойчивый

rustler - *n* (horses) конокра́д (cattle) *n* скотокра́д, угоня́ющий скот

rye - *adj agric* ржано́й, *n* рожь

S

S-1/G-1/J-1/A-1 – *US mil* отделе́ние ли́чного соста́ва (ЛС); нача́льник отделе́ния ли́чного соста́ва

S-2/G-2/J-2/A-2 *US mil* разве́дывательное отделе́ние; нача́льник разве́дывательного отделе́ния

S-3/G-3/J-3/A-3 *US mil* операти́вное отделе́ние боево́й подгото́вки; нача́льник операти́вного отделе́ния и боево́й подгото́вки

S-4/G-4J-4/A-4 *US mil* отделе́ние ты́ла и те́хники; нача́льник отделе́ния ты́ла

S-5/G-5/J-5/A-5 *US mil* отделе́ние по свя́зам с гражда́нской администрацией и населе́нием; нача́льник отделе́ния по свя́зам с гражда́нской администра́цией и населе́нием

Saar, Saarland – *n, Ge, geo* Саа́рская о́бласть
saber-rattling – *n, pol* бря́цание ору́жием

sabotage – *n* вреди́тельство, диве́рсия, сабота́ж; саботи́ровать *pf & impf, coll* сабота́жничать, *fig* срыва́ть *impf*, сорва́ть *pf*
saboteur, diversionist *n* диверса́нт, сабота́жник, вреди́тель *m*
acts of ~ диврсио́нные а́кты

sacrilege – *n, rel* святота́тство **commit** ~ святота́тствовать *impf*
sacrilegious *adj* святота́тственный

SACEUR (Supreme Allied Commander, Europe) – *n, mil* ВГК ОВС НАТО (верхо́вный главнокома́ндующий объединёнными вооружёнными си́лами НАТО в Евро́пе

SACLANT (Supreme Allied Commander, Atlantic) *n, mil* ВГК ОВС НАТО на Атла́нтике (верхо́вный главнокома́ндующий объединёнными вооружёнными си́лами НАТО на Атла́нтике)

safe – *adj* безопа́сный ~ **conduct pass** *n* охра́нная гра́мота
~ **house (espionage)** *n* я́вочная кварти́ра (ЯК)

AN ENGLISH - RUSSIAN MILITARY DICTIONARY

burgler-proof ~ *n* сейф, кото́рый невозмо́жно взлома́ть
safeguard clause *n* защища́ющая огово́рка

safety – *n* безопа́сность *f* ~ **margin** коэффицие́нт безопа́сности
~ **net** *n, soc* «страхо́вочная се́тка« **road** ~ безопа́сность
у́личного движе́ния

Saigon regime (South Vietnam) – *n, pol* Сайго́нский,
южновьетна́мский режи́м
salary, basic pay – *n* о́клад
salient – *n, mil* вы́ступ ли́нии; клин; уча́сток прорыва

salute – *n* салю́т **give а** ~ отдава́ть *impf* че́сть *f*
fire а ~ производи́ть *impf*, произвести́ *pf* салю́т
return а ~ отвеча́ть *impf*, отве́тить *pf* на отда́ние че́сти

salvage – *n* спасённое иму́щество, спасённый груз; сбор ути́ля,
ути́ль-сырья́,
salvo – *adj* за́лповый, ~ **fire** обстре́л за́лпами

Samaritan – *n, rel* самаритя́нин *m*, самаритя́нка *f* **good** ~ *n* до́брый
самаритя́нин

sanction – *econ, mil, pol* санкциони́ровать *pf* & *impf, n* са́нкция,
са́нкции *pl* **contractual** ~**s** *npl* догово́рные са́нкции
impose ~**s** наложи́ть са́нкции

lift trade ~**s against so** снять *impf*, снима́ть *pf* торго́вые са́нкции
про́тив кого-л **punitive** ~**s** *npl* кара́тельные са́нкции

samurai – *adj, Ja* самура́йский, *n* самура́й

sand – *adj* песча́ный, *n* песо́к
~**-bar** *n* песча́ная о́тмель ~**-bed** *n* песча́ный пласт
~**-pit, quarry** *n* песча́ный карье́р **sandstorm** *n* песча́ная бу́ря

Sandinista Front (Nicaragua) – *pol* сандини́стский фро́нт
sapper – *n, mil* сапёр
sarin – зари́н (ОВ)
satellite – *adj* спу́тниковый, *n* спу́тник ~ **communication**
спу́тниковая связь

hunter-killer ~ спу́тник-истреби́тель
spy ~ спу́тник-шпио́н

satrap – *n, pol* сатра́п **satrapy** *n, pol* сатра́пия
saturation – *n* насыще́ние, перенасыще́ние

scale – *n* масшта́б, шкала́
~ **model** – уме́ньшенная, масшта́бная моде́ль
centigrade ~ шкала́ Це́льсия
large ~ **conflict** конфли́кт большо́го масшта́ба
on a large/small ~ в большо́м/ма́лом масшта́бе
scaled down в уме́ньшенном масшта́бе
scales of justice (US) *npl* весы́ правосу́дия

scandalize *vt* шоки́ровать *impf*
scapegoat – *n* козёл отпуще́ния
scare – *n* па́ника; боя́знь *f* **bomb** ~ *n* бо́мбоя́знь **tank** ~ *n* танкобоя́знь

scenario – *n* сцена́рий, *fig* вариа́нт, сцена́рий **worst-case** ~ наиху́дший вариа́нт *или* сцена́рий
shack (hut) – *n* лачу́га

schedule – *n* (plan, timetable) план, расписа́ние
according to ~ соотве́тственно пла́ну
ahead of ~, **early** *adj* досро́чный
be behind ~ запа́здывать *impf* запозда́ть *pf* от гра́фика
be up to ~ не отстава́ть *impf*, не отста́ть от гра́фика
be ahead of ~ опережа́ть *impf*, опереди́ть *pf*
flight ~ расписа́ние самолётов
full ~ больша́я програ́мма
on ~ во́время, то́чно
work ~ гра́фик рабо́ты

scholastic – *adj* шко́льный, уче́бный

school – *n* шко́ла, учи́лище
~ **desegregation** десегрега́ция школ ~ **dropout** *n* недоу́чка
evening, night ~ вече́рняя шко́ла **military** ~ вое́нное учи́лище
of ~ **age** шко́льного во́зраста **teach** ~ учи́тельствовать *impf*
technical ~ *n* профтехучи́лище, те́хникум **trade** ~ профессиона́льное учи́лище

AN ENGLISH – RUSSIAN MILITARY DICTIONARY

scorer – *n* учётчик scoring *n* подсчёт попадáний
scramble – *n, mil avn* взлёт scrambler *n* (telephone)
засекрéчиватель; автоматúческое шифровáльное устрóйство
screening procedure – *n* режúм *или* процедýра провéрки
scriptural – *adj* библéйский scripture *n, rel* свящéнное писáние

Schutzstaffel member (S.S.) – *WW II Ge mil* *adj* эсэ́совский, *n*
эсэ́совец

scuba – *n* скýба, аквалáнг ~ diver *n* пловéц/ныря́льщик со
скýбой
scum (riffraf) – *npl* подóнки ~ of the earth подóнки óбщества
Scythian – *adj* скúфский, *n* скиф *m*, скифка *f*

sea – *adj* морскóй, *n* мóре
~-bed *n* морскóе дно ~ control *n* госпóдство на мóре,
~ denial *n* изоля́ция морскóго райóна
~-lane *n* морскóй путь, морскúе коммуникáции
~ mile *n* морскáя мúля ~ power морскáя мощь
inland ~ закрытое мóре on the high ~s в открытом мóре
open ~ открытое мóре seagoing (ships) *adj* морехóдный
seamanship *n* искýсство мореплáвания
seaquake *n* моретрясéние

seasick, be ~ когó укáчивать *impf*, укачáть *pf*
seasickness *n* морскáя болéзнь

seaside *n* морскóе побережье
seaworthiness *n* морехóдность *f*, гóдность к плáванию
seaworthy *adj* морехóдный, гóдный к плáванию

seamless – *adj* бесшóвный

search – *n* óбыск; обыскивать *impf*, обыскáть *pf*
~ a house обыскивать дом
~ a prisoner *vt* подвергáть *impf*, подвéргнуть *pf* арестóванного
óбыску ~ a prisoner of war обыскивать плéнного
~ and rescue *adj* аварúйно-спасáтельный
~ for st/so искáть *impf* что-н/когó-н
~ warrant *n* óрдер на óбыск

AN ENGLISH – RUSSIAN MILITARY DICTIONARY

conduct a ~ прозиводи́ть *impf,* прозивести́ *pf* о́быск
searchlight, anti-aircraft *n* зени́тный проже́ктор

searcher *n* иска́тель *m,* иска́тельница *f*
season – *n* сезо́н the four ~s четы́ре вре́мени го́да
seasonal *adj* сезо́нный

SEATO – *n, pol* (South-East Asia Treaty Organization)СЕАТО
Организа́ция догово́ра юго-восто́чной Азии

secede – *pol, vt* выходи́ть из + *g; vi* отделя́ться *impf,* отдели́ться *pf,*
отлага́ться *impf,* отложи́ться *pf*
secession *n, pol* отложе́ние, отделе́ние от + *g.;* вы́ход из + *g.*
secessionist *n, pol* сепарати́ст

second – *adj* второ́й
~-best *adj* не са́мый лу́чший, (inferior) второразря́дный,
(quality) второсо́ртный ~-class *adj* второкла́ссный
~-class citizens гра́ждане второ́го со́рта
~-generation *n* второ́го поколе́ния
~-hand information *n* информа́ция из вторы́х рук
~-hand, used, worn , *coll* де́ржаный; поде́ржанный
~-rate (goods) *adj* второсо́ртный, непервокла́ссный.

secret – *n* та́йна
~ police *n* та́йная поли́ция
~ service *n* секре́тная слу́жба
keep a ~, keep st as a ~ держа́ть в та́йне, храни́ть *impf* та́йну
classified as ~ с гри́фом «секре́тно«

top-~ *adj* сверхсекре́тный

Secretary-General, UN – *n, pol* Генера́льный секрета́рь ООН
Secretary of Defense, US – *n* мини́стр оборо́ны, США
sectarian – *adj* секта́нтский, *n* секта́нт *m,* секта́нтка *f*
sectarianism *n, soc* секта́нтство

section/group leader – *n* звеньева́я *m,* звеньево́й
sectionalism *n, pol, soc* группо́вщи́на, ме́стничество,
секта́нтство

AN ENGLISH – RUSSIAN MILITARY DICTIONARY

sector – *n* сéктор
public/private ~ *n* общéственный/чáстный сéктор

secular – *adj* свéтский
~ **education** *n* свéтское образовáние ~ **government** *n* свéтское госудáрство **secularism** *n* секуляри́зм **secularization** *n* секуляризáция **secularize** *vt* секуляризовáть *pf & impf*

secure – *adj* надёжный, прóчный **make** ~ закрепля́ть *impf*, закрепи́ть *pf* ~ **from interruption** свобóдный от помéх
~ **voice net** *n* céть засекрéченной радиосвя́зи **secured** *adj* защи́тный, обеспéченный

security – *n* безопáстность *f*
~ **classification** *n* гриф секрéтности
~ **clearance** *n* провéрка на благонадёжность/дóпуск к секрéтной рабóте ~ **device** *n* предóхранитель *m* ~ **from attack** безопáстность *f* ~ **guard** *n* охрáнник
Security Council of the U.N. *n* Совéт Безопáсности ООН
he is a ~ **risk** он неблагонадёжен

segregation, racial ~ – *n* рáсовая сегрегáция
school desegregation десегрегáция школ
segregationalist *n* сторóнник сегрегáции

Sejm (Polish parliament; Middle Ages - today) – *n* сейм

selective – *adj* вы́борочный
~ **approach** вы́борочный подхóд
~ **strikes** удáры, наноси́мые по вы́борочным цéлям

self – *prefix* сам-, самá-, самó-, сами́-
self-adjusting *adj* самоприспосáбливающийся
self-defeating сам себя́ сводя́щий на нéт
self-destruct *vi* самоликвиди́роваться *pf & impf*
self-destruct, timed ~ **device** *n* самоликвидатор с дистанциóнным взрывáтелем
self-destruction *n* самоликвидáция, самоуничтожéние
self-determination *n, pol* самоопределéние
self-educated man, woman *n* самоýчка
self-effacing держáщийся в тени́
self-employed рабóтающий на себя́, рабóтающий не по нáйму

self-financing *n* самофинанси́рование
self-governing *adj* самоуправля́ющийся
self-help *n* самопо́мощь *f*
self-immolation *n* самосожже́ние
self-inflicted injury *or* **wound** *n* членовреди́тельство; нанесённая
ра́на самому́ себе́, нанесе́ние себе́ поврежде́ние

self-righteous *adj* ха́нжеский **self-righteousness** *n* ха́нжество
self-starter *n* самопу́ск
self-sufficient *adj* обеспе́ченный все́м необходи́мым; спосо́бный
к самостоя́тельным де́йствиям; автоно́мный име́ющий свой
сре́дста
sell-out, political – *n* полити́ческое преда́тельство

semi – *prefix* полу-
~-annual *adj* полугодово́й
~-automatic – *adj* полуавтомати́ческий, *n* полуавтома́т
~-nomad *n* полукоче́вник **semi-nomadic** *adj* полукочево́й
~-trailor *n* полуприце́п

senator – *US po n* сена́тор **senatorial** *adj* сена́торский

senior – *adj* ста́рший
senior (high-school student) – *n, soc* старшеку́рсник
senior grade officers ста́рший офице́рский соста́в
seniority *n* старшинство́ **by ~** *adv* по старшинству́

senseless – *adj* бессмы́сленный

sensor – *n* да́тчик; прибо́р обнаруже́ния
remote sensing ~ *n* дистанцио́нное зонди́рование
sensing *n* зонди́рование, наблюде́ние

sentenced – *adj* приговорённый
~ to death быть приговорённым к сме́ртной ка́зни

separation – *n* отделе́ние, разделе́ние
~ of church and state *US pol* отделе́ние це́ркви от госуда́рства
~ of powers *US pol* разделе́ние власте́й/полномо́чий
separatism *n, pol* сепарати́зм **separatist** *adj* сепарати́стский,
n сепарати́ст

AN ENGLISH – RUSSIAN MILITARY DICTIONARY

serf – *n, Ru hist* крепостно́й *m* **serfdom** – *n* крепостни́чество; крепостно́е пра́во
serial number – *n* ли́чный но́мер, поря́дковый но́мер

sermon – *n, rel* про́поведь **Sermon on the Mount** *n, rel* Наго́рная про́поведь

servant – *n, lit, fig* слуга́ *m, f*
civil ~ *n* госуда́рственный слу́жащий **public** ~**s** *n* должностны́е ли́ца **serve, staff, operate** *vt* обслу́живать *impf,* обслужи́ть *pf*

service *n* обеспече́ние, обслу́живание, слу́жба; обслу́живать *impf,* обслу́жить *pf*
~ **chevrons** *n* нарука́вная наши́вка ~ **life** *n, tech* срок слу́жбы
~ **staff, attendants** обслу́живающий персона́л ~ **station** *n* пу́нкт обслу́живания **civil** ~ госуда́рственная слу́жба
meritorious ~ выдаю́щиеся заслу́ги по слу́жбе
on active duty or ~ на действи́тельной слу́жбе
preventive maintenance ~**s** *n* профилакти́ческое обслу́живание и ремо́нт

serviceability – *n* го́дность, приго́дность *f*
serviceable *adj* (useful) поле́зный, го́дный, приго́дный; (durable) про́чный

set, kit, outfit (buildings, equipment, etc) – *n* компле́кт, ко́мплекс, набо́р, агрега́т, устано́вка
~ **of individual equipment** компле́кт
~ **the record straight** вноси́ть *impf* попра́вку в протоко́л/ докуме́нт
demolition ~ компле́кт для подрывны́х рабо́т
bridge assembly ~ компле́кт мостостро́ительных средст
regulation camouflage net ~ компле́кт снаряже́ния
repair ~ ремо́нтный компле́кт
tool ~ компле́кт инструме́нтов

settlement, colony – *n* поселе́ние
penal ~ **or colony** *n* ка́торжная/исправи́тельная коло́ния
settler, colonist *n* поселе́нец

shah – *n, pol* шах

shake-up –*n, lit/fig, pol* перетасóвка
shaman – *n* шамáн **shamanism** *n* шамáнство
shanty – *n* (hut) хибáрка **town** *n* трущóбный посёлок
SHAPE (Supreme Headquarters Allied Powers Europe) *n, mil, pol* штаб Верхóвного глáвного комáндования ОВС НАТО в Еврóпе

sharecropper – *n, agric* испóльщик, издóльщик
sharecropping *n* испóльщина

shari'ah (Islamic law code) – *n, rel* шариáт

sharp; "he is ~ !" *coll* он хитёр !

sharpshooter – *n* мéткий стрелóк
sheep raising, husbandry – *n, agric* овцевóдство
sheik – *n* шейх **sheikdom** *n* шéйхство

shelf life – *n* срок гóдности (хранúмых предмéтов тéхники и имýщества)
shell-shocked – *mil* страдáющий воéнным неврóзом/ контýженный

shelter – *n* убéжище, укрýтие
be under ~ находúться в укрýтии **bomb proof** ~ *n* бомбоубéжище
warm up ~ укрýтие для обогревáния

shift – перебазúровать *pf only*
shifting *n* перенóс
~ **fortunes of war** изменяющаяся воéнная обстанóвка
~ **of fires** *n* перенóс огня

Shintoism – *n, rel* синтоúзм **Shintoist** *adj* синтоúстский, *n* синтоúст

ship – *n, mil* корáбль *m*
~ **armed with rockets** корáбль вооружённый реактúвным орýжием
~ **building** *adj* судострóительный, *n* кораблестроéние
anti-submarine ~ противолóдочный корáбль
cable laying ~ *n* кáбельное сýдно
command and control ~ штабнóй корáбль

AN ENGLISH – RUSSIAN MILITARY DICTIONARY

dredger ~ *n* землечерпа́лка
guided missile ~ раке́тный кора́бль
hospital ~ *n* го́спитальное су́дно
landing ~, boat деса́нтный кора́бль, *n* ка́тер
merchant ~, vessel торго́вый кора́бль, торго́вое су́дно
messenger ~ or craft посы́льный ка́тер
minelayer ~ *n* ми́нный загради́тель
minesweeper ~ *n* тра́льщик
nuclear powered ~ кора́бль с а́томным дви́гателем
patrol ~ сторожево́й кора́бль
rescue ~ спаса́тельное су́дно
roll on, roll off (ro-ro ship) ~ тре́йлерное су́дно
target ~ кора́бль-цель

two-masted ~ двухма́чтовое су́дно
unidentified ~ неопо́знанное су́дно

shipwreck *n* кораблекруше́ние
shipwrecked survivor *n* потерпе́вший кораблекруше́ние

shoal – *n* перека́т

shock – *n* (jar or blow) толчо́к, уда́р; *elec* ударя́ть *impf*,
уда́рить *pf*
~-brigade *n, Sov econ* уда́рная брига́да
~-proof *adj* ударосто́йкий, виброcто́йкий
~ tactics *mil* та́ктика сокруши́тельных уда́ров
~ wave – *n* уда́рная волна́
~-worker *n, Sov econ* уда́рник *m*, уда́рница *f*

shogun, ~s – *n, Ja hist* сёгун, сёгуны   shogunate *Ja hist* сёгуна́т

shoot – стреля́ть *impf* в + acc, по + d.
~, fire at random стреля́ть на аво́сь *или* науга́д
~ to kill стреля́ть наверняка́
shootdown, knock down *vt* сбива́ть *impf*, сбить *pf* ; *vt*
перестре́ливать *impf*, перестреля́ть *pf*
shooter *as a n* стреля́ющий   shootout *n* огнево́й бой,
перестре́лка

shopkeeper, retailer – *n* ла́вочник   shoplifting *n* воровство́ с
прила́вки *или* в магази́нах

AN ENGLISH – RUSSIAN MILITARY DICTIONARY

shoreward – adv к бéрегу

short crew, short staffed – n сокращённый состáв
shortage, shortfall, lack, want n недостáток, нехвáтка, недостáча
fill a ~ восполнять impf, восполнить pf нехвáтку
shortsighted – adj недальновидный

shotgun – n дробовик

showdown – n решáющий момéнт; откровéнное признáние
head for a ~ стремиться impf, стремиться pf к окончáтельному
урегулированию спóрного вопрóса

shrapnel – n шрапнéль f, облóмки
shuttle spacecraft – n КЛА многорáзового испóльзования

sick, the ~ – npl больны́е
~ leave n, mil óтпуск по болéзни be on ~ leave быть на
бюллетéне ~ man больнóй fall ~ заболевáть impf, заболéть m, f
sickness rate n болéзненность f, заболевáемость f

side effect – n побóчное дéйствие
side issue, sidebar n дополнительный вопрóс
sideways, to one side adv вбок

siege – adj осáдный, n осáда ~ artillery осáдная артиллéрия
state of ~ осáдное положéние impose a state of ~ вводить impf,
ввести pf осáдное положéние lift a state of ~ отменять impf,
отменить pf осáдное положéние proclaim a state of ~ объявлять
impf, объявить pf осáдное положéние

sight, line of – по линии визировання
sign on/off – n, commo начáло/окончáние передáчи

signal – n сигнáл, vi сигнализировать pf & impf
~ apparatus n сигнализáтор ~ box n сигнáльная бýдка
~ panel n сигнáльное полóтнище
air-raid ~ сигнáл воздýшной тревóги
at a prearranged ~ по услóвленному знáку/сигнáлу
call ~ вы́зовнóй сигнáл destruct ~ сигнáл на подры́в
distress ~ сигнáл бéдствия hand and arm ~ сигнáл рукóй

AN ENGLISH – RUSSIAN MILITARY DICTIONARY

signaller, signal-man *n* сигна́льщик, *mil* связи́ст
signalling *n* сигнализа́ция

signature – *n* сигнату́ра, по́дпись *f*
decoy ~ сигнату́ра ло́жной це́ли **electric** ~ радиоэлектро́нная сигнату́ра **radar** ~ РЛ сигнату́ра

Sikh – *n, rel* сикх **Sikhism** *n, rel* сикхи́зм
silence, break ~ – *mil commo* наруша́ть молча́ние
silencer *n* глуши́тель *m*

silhouette – *adj* силуэ́тный, *n* силуэ́т **be ~d against the horizon** *vi* вырисо́вываться *impf*, вы́рисоваться *pf* на горизо́нте
Silicon Valley – *US bus* Силико́новая доли́на

simulate – модели́ровать *pf & impf*, (feign) симули́ровать *pf & impf*; изобража́ть *impf*, изобрази́ть *pf* ; (pretend to be) притворя́ться *impf*, притвори́ться *pf* **~d flight** *n* модели́рованный *или* усло́вный полёт

simulator *n* имита́тор, тренажёр, уче́бное устро́йство, модели́рующее *или* имити́рующее устро́йство

simulation *n* имита́ция, имити́рование, модели́рование, (imitatation for training purposes) воспроизведе́ние
computer ~ модели́рование с по́мощью ЭВМ
noise ~ *n, mil* шумова́я звукомаскиро́вка; имита́ция шумо́в

sin – *n, rel* грех **sinful** *adj* грехо́вный

single – *adj* одино́чный
~ **lane** одино́чный прохо́д ~ **parent** мать/оте́ц одино́чка

Sino- *prefix* кита́йско-
Sino-American *adj* кита́йско-америка́нский
Sino-Vietnamese *adj* кита́йско-вьетна́мский
Sinocentrism *n, pol* китаецентри́зм
Sinologist *n, pol* китаеве́д, китаи́ст; сино́лог
Sinology *n* китаеве́дение, кита́йстика
Sinicize, Sinify *Ch pol* китаизи́ровать *impf*

siren – *n* сире́на

Sistine Chapel – *n, rel* Сикстинская капéлла
sisterhood – *n, fig & rel* сéстринская óбщина

site – *n* мéсто, позиция, пýнкт, устанóвка
~ **protection** ~ *n* систéма охрáны объéкта
landfill ~ мéсто захоронéния отхóдов

training ~ *n* учéбное пóле
unsurveyed ~ позиция без топогеодезической съёмки
water decon ~ устанóвка для обеззарáживания водьı
siting *n* развёртывание на позициях, расположéние

situated on the other side of the lake – *adj* заозёрный

situation *n, mil* обстанóвка, положéние
appreciation of the ~ *n* оцéнка обстанóвки

changing military ~ изменяющаяся воéнная обстанóвка **enemy** ~
положéние противника
fluid ~ быстроменяющаяся обстанóвка
friendly ~ положéние своих войск
get the ~ **in hand** контролировать *impf*, проконтролировать *pf*
обстанóвку
initial ~ исхóдная обстанóвка
appreciation of the ~ оцéнка обстанóвк
keep someone advised of the ~ информировать *pf & impf* когó об
обстанóвке
monitor the ~ следить за обстанóвкой
peacetime ~ обстанóвка мирного врéмени
rapidly changing ~ быстроменяющаяся тактическая *или* боевáя
обстанóвка **reverse the** ~ изменять *impf* обстанóвку в свою
пóльзу **special** ~ чрезвычáйная (осóбая) обстанóвка
tactical ~ боевáя обстанóвка
threat ~ угрожáемая обстанóвка
volatile ~ быстроменяющаяся обстанóвка
wartime situation обстанóвка воéнного врéмени

size – *n* калибр, размéр, численность *f*
~ **of forces** численность ВС

AN ENGLISH – RUSSIAN MILITARY DICTIONARY

brigade ~ бригáдного состáва
division ~ дивизиóнного состáва
target ~ размéр цéли

sketch study, draft, outline – *n* эскúз
skeleton crew/staff – *n* минимáльный экипáж/штат

ski – *adj* лы́жный, *n* лы́жа
~ equipment лы́жный инвентáрь, лы́жное имýщество
~ stretcher лы́жно-носúлочная устанóвка
~ track, trail, run *n* лыжня́ ~ tracks лы́жные следы́
skier лы́жник

skid, in a ~ (vehicle) – *adv* ю́зом skinheads – *npl*, *soc* скúны

skilled – *adj* искýсный; (well-trained) квалифицúрованный, óпытный
~ labor квалифицúрованная рабóта
skillful *adj* искýсный, лóвкий, óпытный, умéлый

skirmish – *n*, *fig* & *mil* сты́чка, перестрéлка, схвáтка; *vi*, *mil*
перестрéливаться *impf*, перестреля́ться *pf*

skyjacker – *n* воздýшный террорúст
skyjacking *soc, pol* угóн самолётов, воздýшный террорúзм
skyline *n* лúния горизóнта
slack period – *n, bus* глухáя порá

Slav – *adj* славя́нский
Slavicist *n, soc* славяновéд Slavistics *n, soc* славяновéдение
Slavophile *adj* славянофúльский, *n* славянофúл Slavophobe *n,*
soc славянофóб Slavonic studies *n, soc* славяновéдение
Slavs, Slavdom *n* славя́не, славя́нство

slave – *n* раб, рабá, рабы́
~ owner рабовладéлец *m*, рабовладéльца *f*
~ owning *adj* рабовладéльческий
~ trade *n* работоргóвля
~ trader, slaver (person) *n* работоргóвец
slavery *n* рáбство
enslave, turn into a serf закрепощáть *impf,* закрепостúть *pf*
enslavement – *n* закрепощéние

AN ENGLISH - RUSSIAN MILITARY DICTIONARY

sleeping bag - *n* спа́льник **slingload** - *n* подвесно́й груз

slit - *n, mil* про́рез, разре́з
firing ~ *n, mil* бойни́ца, амбразу́ра
slurry - *n, mil, NBC* дегазацио́нный раство́р
smear campaign - *n, soc* клеветни́ческая кампа́ния

small, minor, petty - *prefix* мелко-
~ **owner, proprieter** *adj* мелкосо́бственнический
~ **peasant** *adj* мелкокрестья́нский
~-**town** *adj* провинциа́льный

smithereens, to ~ *coll* вдре́безги

smokescreen - *n* дымова́я заве́са
~ **laid down by the enemy** дымова́я заве́са, поста́вленная проти́вником
area ~ *n* задымле́ние райо́на
lay down a ~ ста́вить *impf,* поста́вить *pf* заве́су ды́ма; ста́вить, поста́вить дымову́ю заве́су; задымля́ть *impf,* задыми́ть *pf*
smokescreening *n* маскиро́вка ды́мом
smokeless *adj* безды́мный

smoothbore - *adj* гладкоство́льный

smuggle - *n* прово́з контраба́нды, провози́ть *impf,* провезти́ *pf*
~ **so into a home** та́йно засыла́ть кого в дом

snafu - *n, US coll* неразбери́ха, пу́таница
snag, hitch, delay - *n, coll* проволо́чка
sniping - *n* сна́йперская стрельба́
snake - *n* змея́ **rattlesnake** *n* грему́чая змея́

snowplow - *n* снегоубо́рочная маши́на **snow tractor** - *n* снегохо́д

social - *prefix* соц-, *adj* обще́ственный, социа́льный
~ **class** *n* социа́льный класс ~ **estate** *adj* сосло́вный, *n* сосло́вие
~ **evil or scourge (alcoholism, etc)** *n* бич о́бщества
~ **insurance** *n* соцстра́х ~ **outcast** *n* изго́й
~ **sciences** *n, soc* обществове́дение ~ **scientist** *n* обществове́д
~ **security/welfare** *n* социа́льное обеспе́чение (*abbrev* собе́с)

AN ENGLISH - RUSSIAN MILITARY DICTIONARY

~ **work** *n* социа́льная рабо́та ~ **worker** *n* социа́льный рабо́тник
Social Democrat *n, Eur pol party* эс-дэ́
Social Democrat (member) *Eur, pol* эсдэ́к
Social Revolutionary *pol* эсе́р, эсе́рка *m, f*
Social Revolutionary *adj* эсе́ровский
socialist party *n, pol* соцпа́ртия

society - *n, soc* о́бщество
affluent ~ о́бщество изоби́лия; процвета́ющее о́бщество
cashless ~ о́бщество без нали́чных де́нег
John Birch Society *US* о́бщество Джо́на Бе́рча

socioeconomic *adj* социа́льно-экономи́ческий
sociopolitical *adj* о́бщественно-полити́ческий

SOI (Signal Operating Instructions) - *n, mil commo* радиода́нные
soil - *adj* по́чвенный, *n* по́чва **soft** ~ *or* **ground** мя́гкий грунт

solid-state - *adj, sci* твердоте́льный

solstice, winter/summer - *n* солнцестоя́ние, ле́тнее/зи́мнее
Son of God - *n, rel* Сын бо́жий
sonic boom - *n* све́рхзвуково́й хлопо́к
sophmore - *n* студе́нт - второку́рсник
sorghum - *n, agric, indecl* со́рго
sortie, take off (flight) - *n* вы́лет **conduct a** ~ вести́ *pf*, води́ть
impf вы́лет

SOS - *n* радиосигна́л бе́дствия

sound - *n* звук ~ **locator** *n, mil* звукоула́вливатель ~ **pick-up** *n,*
mil звукосъёмник

sovereign - *adj pol, leg* сувере́нный ~ **rights** суваре́нные права́
~ **state** суваре́нное госуда́рство **sovereignty** *n, pol* суверените́т

Soviet - *adj* сове́тский, *prefix* сове́тско-
~-**American** *adj* сове́тско-америка́нский ~-**Cuban** *adj* сове́тско-
куби́нский ~-**West German** *adj* сове́тско-западногерма́нский
~ **Military Intelligence (GRU)** *n, Sov* Гла́вное разве́дывательное
управле́ние (ГРУ)
former ~ **republics** *n, pol* бли́жнее зарубе́жье

AN ENGLISH – RUSSIAN MILITARY DICTIONARY

Supreme Soviet of the USSR Верхо́вный Сове́т СССР
Sovietologist *n, soc* совето́лог Sovietology *n* советоло́гия

space – *n* интерва́л, ко́смос, промежу́ток, простра́нство, расстоя́ние
~-based laser defense возду́шно-косми́ческая ла́зерная систе́ма ПКО
~ shuttle *n* «спейс шаттл», косми́ческий лета́тельный аппара́т (КЛА) dead ~ *art* мёртвое простра́нство
Space Age *n* косми́ческий век

Spanish Armada,1588 – *n, hist* Испа́нская арма́да в 1588
spare part – *n* запасна́я часть, *abbrev* запча́сть
Spartan – *adj, hist* спарта́нский, *n* спарта́нец

special – *prefix* спец-, *adj* специа́льный
~ correspondent *n* спецко́р ~ course *n* спецку́рс
~ flight *n, avn* спецрейс ~ interests group *npl* круги́, ока́зывающие влия́ние на поли́тику ~ service *n, abbrev* спецслу́жба
~ treatment point (NBC) *n, mil* пункт специа́льной обрабо́тки (ПуСО)
specialist in international affairs or law *n, leg* междунаро́дник
specialization *n* специализа́ция
specialize специализи́ровать *pf & impf*
specialized *adj* специа́льные позна́ния

spetznaz – *Ru, Sov mil* спецна́з; (member) спецна́зовец *m*
spokesman – выступа́ющий; докла́дчик

sphere – *n* сфе́ра
~ of influence *n, pol* сфе́ра влия́ния
~ of interest *n, pol* сфе́ра интере́сов

split the bracket – *mil, art* полови́нить *pf* ви́лку
squadron – *mil avn* эскадри́лья, *nav* эска́дра
squatter (illegal occupant) *n, soc* сква́ттер

stabilize – *vt, (vi)* стабилизи́ровать(ся) *pf & impf* stabilized *adj* стабилизи́рованный stable *adj* стаби́льный

staff – *adj* штабно́й, *n* штаб

AN ENGLISH - RUSSIAN MILITARY DICTIONARY

~ assistance штабнóе обéспечение
~ duty слýжба штабóв, штабнáя дóлжность
~ headquarters штаб-квартúра
~ officer штабнóй офицéр, штáбист, штáбник
~ organizational procedures порядок рабóты штáба
~ staff TEWT (tactical exercise without troops) штабнáя воéнная игрá ~ training n подготóвка штабóв ~ work штабнáя рабóта
battle ~ n боевóй расчёт штáба
battery ~ or headquarters art штаб батарéи
chief of ~ n начáльник штáба
combined arms ~ общевойсковóй штаб
general ~ геншáб general ~ officer геншабúст
higher ~ вышестоящий штаб
integrated ~ интегрúрованный штаб
joint ~ межвидовóй штаб
joint exercise planning ~ объединéнный штаб планúрования учéний joint force HQ штаб свóдного десáнтного соединéния
joint target planning ~ n грýппа планúрования цéлей
logistical ~ штаб тыла
planning ~ планúрующий штаб
reduced ~ сокращённый состáв
temporary ~ перемéнный состáв

stagflation (US econ, 1970s) - n, econ стагфляция
stage (phase) - n этáп
staging area n, mil промежýточный райóн сосредотóчения
stagger laterally - уводúть эшелóны в тыл
stagnate стагнúроваться impf & pf, (water) adj стоячий, (sluggish) adj застóйный stagnation - n стагнáция
stake (marker) - n вéха
stalemate, nuclear - n, mil, pol ядерный тупúк

Stalinism; the Stalin period - n, Sov pol стáлинщина, сталинúзм
Stalinist purges (1930s) nfpl стáлинские репрéссии
stampede - n (cattle) бéгство врассыпнýю; (people) мáссовое, панúческое бéгство
STANAG (NATO Standardization Agreement) - n, mil соглашéние НАТО о стандартизáция (СТАНАГ)

standardize - нормирóвáть pf & impf
standardized adj нормирóванный

standards and specifications *const* нóрмы и прáвила

standoff, standstill – *n* взаúмное прекращéние дéйствий
stand to *n, mil* предýтреняя нóчная тревóга
standby, to ~ находúться в состоянии готóвности
standing operational procedures (SOP) постоянно
дéйствующая инстрýкция; постоянный порядок дéйствий

starboard – *adj, nav* прáвый, *n* прáвый борт
start – *n, sport* старт; пуск, зáпуск ~ **point** *n* исхóдная тóчка

starvation – измóр **starve out, reduce by** ~ взять измóром

state – *prefix* гос-; *n* (condition) состояние, положéние; *n, pol*
штат
~-**and-collective farm** *adj, Sov* госудáрственно-колхóзный
~ **budget** *n, abbrev* госбюдéт
~ **capitalism** *n, abbrev* госкапиталúзм
~ **committee** *n, abbrev* госкомитéт
~ **control** *n* госконтрóль *m,* госудáрственный контрóль
~ **farm** *n, Sov* госхóз
~/**government agency, institution** *n* госудáрство- учреждéние
~-**monopoly** *adj* госудáрственно-монополистúческий
~ **of affairs** *n* положéние дéл
~ **of emergency** *n* чрезвычáйное положéние (ЧП)
~ **of readiness** *n* состояние войны
~ **of siege** *n* осáдное положéние
~ **planning committee** *n, abbrev* госплáн
~/**public sector** *n* госсéктор
State Department *n, US* госдепартáмент
State Planning Committee of the RSFSR *n, Sov, pol* Госплáн
РСФСР
aggressor ~ *n* госудáрство-агрéссор
buffer-~ *n, pol* бýферное госудáрство
member-~ *or* **nation** госудáрство-член

participant-~ *or* **nation** госудáрство- учáстник
transgressor ~ *n* госудáрство- правонарушúтель
statehood *n, pol* стáтус госудáрства
stateless *adj* не имéющий граждáнства
~ **person** *n* апатрúд *m,* апатрúдка *f*

AN ENGLISH - RUSSIAN MILITARY DICTIONARY

stateside находя́щийся в США
statesman *adj* госуда́рственный
leading statesmen *npl* руководя́щие госуда́рственные де́ятели

station – *n* пункт, ста́нция; (troops) дислоци́ровать *pf & impf*
advanced clearing ~ *n, mil, med* передово́й эвакуацио́нный пункт
bath ~ *n, mil* помы́вочное отделе́ние
calling ~ *commo* вызыва́ющий абоне́нт
clearing ~ *n, med, mil* распредели́тельный эвакопу́нкт (РЭП)
gas ~ *n* запра́вочная ста́нция
manned space ~ обита́емая косми́ческая ста́нция
mobile dressing ~ *n, med* лету́чка
receiving ~ *n* адреса́т
tracking ~ *n, mil, radar* ста́нция слеже́ния
traffic control ~ *n* пункт регули́рования движе́ния
transfer ~ транзи́тный пункт
vehicle decon ~ ста́нция обезвре́живания тра́нспорта

stationing – *n, mil* дислока́ция во́йск, бази́рование во́йск
~ **of air forces** бази́рование авиа́ции
~ **of forces agreement (SOFA)** *n, US pol* соглаше́ние о ста́тусе во́йск

statistician – *n* стати́стик **statistics** *n* стати́стика **statistical** *adj* статисти́ческий

status – *n* состоя́ние, положе́ние, ста́тус
absent ~ чи́слящийся отсу́тствующим
air alert ~ состоя́ние/сте́пень *f* боево́й гото́вности (ЛА)
active ~ *n* действи́тельная слу́жба
ammunition ~ обеспе́ченность *f* боеприпа́сами
combat alert ~ состоя́ние боево́й гото́вности
detached ~ *n* откомандирова́ние; нахожде́ние вне ча́сти
duty ~ *n* действи́тельная слу́жба
fuel ~ обеспе́ченность *f* горю́чим/то́пливом
full operational ~ по́лное введе́ние в строй; состоя́ние по́лной боево́й гото́вности; по́лная готовность к эксплуата́ции
operational ~ состояние готовности к выполне́нию зада́ч

status quo – *n* ста́тус-кво́/существу́ющее положе́ние
~ **ante bellum** положе́ние до нача́ла войны́

AN ENGLISH – RUSSIAN MILITARY DICTIONARY

stay behinds – *mil* агéнты/чáсти, оставля́емые
на террито́рии проти́вника по́сле отхо́да свои́х во́йск

steel – *n* сталь *f*
~ **output** *n* произво́дство стали
~ **works, plant** *n* сталелите́йный заво́д
stainless ~ нержаве́ющая сталь

stegosaurus – *n* стегоза́вр **steepness** – *n* крутизна́
steering committee – *n, bus, soc* руководя́щий комите́т

step-brother – *n* сво́дный брат **step-daughter** *n* па́дчерица
step-father *n* о́тчим **step-mother** *n* ма́чеха
step-sister *n* сво́дная сестра́ **step-son** *n* па́сынок

steppe – *adj* степно́й, *n* степь ~ **dweller** *n* степня́к

stigma – *n* позо́р, пятно́, клеймо́
stigmatization *n* клейме́ние
stigmatize *vt* клейми́ть *impf*, заклейми́ть *pf,* поноси́ть *impf*
stipulate – *vt* обусло́вливать *impf*, обусло́вить *pf;* огова́ривать
impf, оговори́ть *pf*
stipulation *n* обусло́вливание

stockbroker – *n, bus* биржеви́к

stockpile – *vt, (vi)*нака́пливать(ся) *impf*, накопля́ть(ся) *pf,*
склад́ировать *pf & impf*
stopover (travel) – *n* остано́вка в пути́

storm – *mil* штурмова́ть, брать *impf*, взять *pf* шту́рмом
~ **trooper (Ge, 1921-25)** *as a n* штурмово́й, штурмови́к
~ **tactics (blitz, crash program)** *n* штурмовщи́на
storming of the Bastille (Fr, 1789) *n, hist* взя́тие Басти́лии

stow away – (on ship) éхать за́йцем, (also, to hitchhike by
automobile) éхать за́йцем *n* безбиле́тный пассажи́р, "за́яц"

strafe – *n* атака и́ли нанесе́ние уда́ра с бре́ющего полёта,
обстре́ливать *impf*, обстреля́ть *pf*
straggler – *n, mil* отста́вший солда́т, отста́вший от свое́й части

AN ENGLISH – RUSSIAN MILITARY DICTIONARY

strategic – *adj* стратегический
Strategic Arms Limitation Talks (SALT-1, 1971) Переговоры по ограничению стратегических вооружений (ОСВ)
Strategic Arms Limitation Talks (SALT-2, 1979) Переговоры по ограничению стратегических вооружений (ОСВ)
Strategic Arms Reduction Talks (START, 1979) Переговоры о сокращении стратегических вооружений
~ **axis** стратегическое направление
Strategic Defense Initiative (SDI) *US mil, pol* Инициатива по стратегической обороне; Стратегическая оборонная инициатива (СОИ)
~ **lift** *avn, nav* стратегическая переброска
~ **materials** стратегическое сырё

strategist – *n* стратег **armchair** ~ кабинетный стратег
strategy *n* стратегия
Blue Water ~ *n, US nav, pol* океанская стратегия
grand ~ большая стратегия
second strike ~ стратегия уничтожения противника ответным ударом
total war ~ стратегия «тотальной войны«
stratosphere – *n, wea* стратосфера
streamlined – *adj* удобообтекаемый
street, un/blocked – не/заблокированнаяся улица

strength – *n* сила
bring up to ~ *mil* комплектовать *impf,* укомплектовать *pf*
not up to ~ недоукомплектованный

stretcher – *n, med* носилки ~ **bearer** *n, mil* санитар-носильщик

strike – *adj* стачечный, *n* стачка
~**-breaker** *n* штрейкбрехер ~**-breaking** *n, bus, soc* штрейкбрехерство
~ **distance** *n* досягаемость *f,* расстояние возможного удара
striker *n* стачечник **striking force** – *n, mil* ударная группа

stringent – *adj* строгий, точный
strongpoint, stronghold – *n* опорный пункт
structure – *n* сооружение, постройка **reinforced concrete** *n*
~ железобетонная постройка

struggle – *n* борьба́
~ **for supremacy** *vi* боро́тся *impf* за установле́ние превосхо́дства
~ **to stop the arms race** борьба́/боро́тся за прекраще́ние го́нки вооруже́ний

study, sketch, draft, outline – *n* эски́з
studies – *n* учёба
area ~ *adj* странове́дческий, *n* странове́дение
specialist in area ~ *n* странове́д

stumbling block – *n, fig, pol* ка́мень *m* преткнове́ния
Sturmabteilung (Nazi, SA) – *n, Ge interwar mil, pol* штурмовы́е отря́ды (СА)

sub – *prefix* под-, суб-
sub-plot *n* побо́чная сюже́тная ли́ния
subcaliber *adj* подкали́берный
subcarpathian *adj* подкарпа́цкий
subcommittee *n* подкомите́т, подкомми́сия
subhuman *adj* недочелове́ческий, *n* недочелове́к
subject, condition to при усло́вии чего ~ **matter** тема́тика

submarine – *n, nav* подво́дная ло́дка (ПЛ)
~ **chaser** *n* противоло́дочный ка́тер, морско́й охо́тник
~ **launched** подво́дного пу́ска
~ **combat partrol** *n* бо́евое патрули́рование
anti-submarine depth charge ныря́ющий заря́д

ASW ~ *n* противоло́дочная ПЛ
attack ~ *n* (многоцелева́я) уда́рная ПЛ
cruise missile equipped ~ подво́дная ло́дка с крыла́тыми раке́тами **diesel powered** ~ ди́зельная ПЛ
disabled ~ авари́йная подво́дная ло́дка
distressed ~ подво́дная ло́дка, потерпе́вшая бе́дствие
nuclear powered ~ а́томная ПЛ
Poseidon armed ~ ПЛ – носи́тель раке́т «Посейдо́н«
Trident armed ~ ПЛ – носи́тель раке́т «Тра́йдент«

submariner *n* подво́дник
submerge vt, (vi) затопля́ть(ся) *impf*, затопи́ть(ся) *pf*, погружа́ться *impf*, погрузи́ться *pf*
submerged в подво́дном положе́нии; подво́дный

AN ENGLISH – RUSSIAN MILITARY DICTIONARY

subordinate *adj* подчинённый
subpacket *n* субпакéт
subpoena *n* повéстка в суд, вызывáть *impf*, вы́звать *pf* в суд
subscriber *n mil, commo* абонéнт
high priority ~ *n* высокоприоритéтный абонéнт
subsection *n* подсéкция

subside сти́хать *impf*, сти́хнуть *pf*
subsidize *vt* субсиди́ровать *pf & impf* **subsidy** *n* субси́дия, посóбие, дотáция

subsistence *n* довóльствие
subsonic *adj* дозвуковóй
subspecies *n* подви́д, разнови́дность *f*

substitute; ersatz – *adj* суррогáтный, *n* суррогáт
one for one ~ *n* замéна по при́нципу «оди́н за одногó«
subtropical *adj* субтропи́ческий
subunit *n, mil* подразделéние (section, squad, battery, company to battalions and squadrons)

suburb – *n* при́город, предмéстье **suburban** *adj* при́городный
suburbanite *n* жи́тель, жи́тельница при́города; зáгородный жи́тель

subversive – *adj* подрывнóй
~ **and terrorist** *adj* диверсиóнно-террористи́ческий
subvert, undermine подрывáть *impf*, подорвáть *pf* + *a*

subway entrance *n* вхóд в метрó
subzero temperatures *npl* ми́нусовые температýры

success rate – *n* успевáемость *f*
Sudetenland – *n, Czech geo* Судéтская óбласть

sue – предъявля́ть *impf*, предъяви́ть *pf* иск; искáть по судý
~ **and be sued** искáть и отвечáть *impf*

Sufi (adherent) – *n, rel* суфи́ст **Sufism** *n, rel* суфи́зм
sufferer – *adj, med* потерпéвший; пострадáвший

suffrage (vote) – *n* гóлос; избирáтельное прáво

female ~ избира́тельное пра́во для же́нщин
universal ~ всео́бщее избира́тельное пра́во

suffragette – *US, hist, soc* суфражи́стка ~ **movement** *n* суфражи́зм
suicide – *n* самоуби́йство, конча́ть *impf* самоуби́йством, **(person)** *n* самоуби́йца *m,f*

Sukhoi – *n, Ru avn* Сухо́й, *abbrev* Су
sultan – *n, pol* султа́н **sultanate** *n* султана́т
summarize – *vt* сумми́ровать *pf & impf*; резюми́ровать *pf & impf*
summary *n* сво́дка, кра́ткое изложе́ние, конспе́кт, резюме́, рефера́т ~ **of operations** *n, mil* операти́вная сво́дка

summit conference – *n, pol* совеща́ние/встре́ча на вы́сшем у́ровне ~ **talks** *npl* перегово́ры на вы́сшем у́ровне

supercede so – заменя́ть *impf*, вытесня́ть *impf* кого́

superiority – *n* превосхо́дство, переве́с
numerical ~ чи́сленный переве́с **gain the upper hand** взять переве́с
the odds are in our favor переве́с/в на́шу польз/на на́шей стороне́
air ~ *mil avn* превосхо́дство в во́здухе
marked ~ я́вное превосхо́дство
numerical ~ чи́сленное превосхо́дство
overwhelming ~ подавля́ющее превосхо́дство

super – *prefix* сверх-, супер-
superpower *n, pol* сверхдержа́ва
superstar *n, soc* суперзвезда́
superstructure (ship) *n, nav* надстро́йка
supersonic *adj* сверхзвуково́й

supervise *vt* надзира́ть *impf* за + i.; наблюда́ть *impf* за + i.
supervisor *n* надсмо́трщик *m*, надсмо́трщица *f*
supervision *n* надсмо́тр/надзо́р за + i.
supervisory *adj* надзира́ющий, наблюда́ющий

supper, the Last Supper – *n, rel* Та́йная ве́черя

AN ENGLISH – RUSSIAN MILITARY DICTIONARY

supplies – *npl* снабжéния, ресýрсы
energy ~ *npl* энергоресýрсы
food ~ *npl* продовóльственные ресýрсы
prepacked ~ предмéты снабжéния в упакóвке/тáре

run short of ~ истощáть *impf* запáсы
supplier *n* запрáшивающая сторонá; снабжéнец
supply, backing, maintenance, provision, replenishment, security, *n* обеспечéние

supply – *adj, US mil* снабжéнческий, *n* снабжéние; обеспéчение, постáвка, подáча ~ **and demand** *n* спрос и предложéние ~ **dump** *n* полевóй склад
~ **item** *n* предмéт снабжéния ~ **short supply** *adj* дефицúтный, недостáточный
demand exceeds ~ *n* спрос превышáет предложéние
five day ~ **of stocks** *n* пятисýточный запáс предмéтов снабжéния
have first priority in ~ *vi* обеспéчиваться *impf* в впéрвую óчередь
have low priority in ~ обеспéчиваться в послéднюю óчередь *f*
support – *n* обеспечéние, обслýживание
combat survice ~ тыловóе обеспéчение войск
disease control ~ противоэпидемúческое обеспечéние
engineer инженéрное обеспечéние
fire ~ огневóе обеспéчение; огневáя поддéржка
fire ~ **between the LD and the OBJ** огневáя поддéржка при движéнии с исхóдного рубежá и до подхóда к объéкту
labor ~ обеспечéние рабóчей сúлой
logistical ~ материáльное обеспечéние
logistics ~ тыловóе обеспечéние
main supply route (MSR) глáвный путь снабжéния
maintenance, technical ~ технúческое обслýживание
medical ~ лечéбное обеспечéние
verbal ~ *n* словéсная поддéржка

Class I (food, health and welfare items) ~ *US mil* предмéты снабжéния класса I (продовóльствие и санитáрно-хозяйственные предмéты)

Class II (organizational equipment) ~ предмéты снабжéния класса II (тáбельное имýщество)

Class III (POL) ~ предме́ты снабже́ния кла́сса III (ГСМ)

Class IV (construction) ~ предме́ты снабже́ния кла́сса IV (строи́тельные материа́лы)

Class V (ammo) ~ предме́ты снабже́ния кла́сса V (боеприпа́сы)

Class VI (personal demand items) ~ предме́ты снабже́ния кла́сса VI (предме́ты ли́чного по́льзования)

Class VII (major end items) ~ предме́ты снабже́ния кла́сса VII (основны́е гото́вые изде́лия)

Class VIII (medical materiel) ~ предме́ты снабже́ния кла́сса VIII (медици́нское иму́щество)

Class IX (repair parts and components) ~ предме́ты снабже́ния кла́сса IX (запасны́е ча́сти и компоне́нты)

Class X (materiel to support nonmilitary programs) ~ предме́ты снабже́ния кла́сса X (материа́льные сре́дства для невое́нных програ́мм)

supported – adj обеспе́чиваемый ~ troops n обеспе́чиваемые войска́ supporter n (of a cause, motion) сторо́нник m, сторо́нница f; приве́рженец, (sports) боле́льщик supporting adj обеспе́чивающий, подде́рживающий ~ service обеспе́чивающая часть ~ unit обеспе́чивающая слу́жба

supremacy – n верхове́нство, госпо́дство, превосхо́дство

suppression – n подавле́ние
ADA ~ n, mil подавле́ние систе́мы ПВО
counter battery ~ n, mil, arty контрбатаре́йная борьба́
~ of enemy air defences (SEAD) n преодоле́ние противовозду́шной оборо́ны

supranational – adj наднациона́льный
Supreme Court – US leg Верхо́вный суд

surface – adj назе́мный, надво́дной

~ **blast** назе́мный взрыв ~ **ship** надво́дной кора́бль
surfacing (submarines, etc) *n* всплы́тие

surgery – *n, med* хирурги́я, опера́ция
brain ~ хирурги́я головно́го мо́зга **closed heart** ~ опера́ция на закры́том се́рдце **corrective** ~ востанови́тельная/пласти́ческая опера́ция **heart** ~ хирурги́я се́рдца **major** ~ больша́я хирурги́я
maxillofacial ~ челюстно-лицева́я хирурги́я **minor** ~ ма́лая хирурги́я **open heart** ~ опера́ция на откры́том се́рдце

pediatric ~ де́тская хирурги́я **plastic** ~ пласти́ческая хирурги́я

surplus – *adj* избы́точный, *n* избы́ток
surveillance – *n* наблюде́ние, сле́жка
above water ~ *mil* наблюде́ние за возду́шным надво́дным простра́нством
all altitude ~ наблюде́ние за во́здухом во всём диапазо́не высот
ASW ~ *mil* ПЛ наблюде́ние
below water ~ *mil* подво́дное наблюде́ние
FEBA ~ *mil* наблюде́ние за пере́дним кра́ем райо́не оборо́ны
long range air ~ *mil* возду́шное наблюде́ние на большу́ю да́льность

survey – межева́ть *impf,* топографи́ческая съёмка **surveyor** *n* землеме́р, межеви́к **surveying** *n* межёвка, межева́ние **land surveying** геоде́зия

survival – *n* выжива́ние
~ **of the fittest** выжива́ние найбо́лее приспосо́бленных
~ **rate** *n* выжива́емость *f*
guaranteed ~ гаранти́рованное выжива́ние
survivability *n* живу́честь *f* **С3** ~ живу́честь систе́мы руково́дства, управле́ния и свя́зи
survive, to ~ пережива́ть *impf,* пережи́ть *pf,* оста́ться в живы́х
survivor *n* спа́сшийся, уцеле́вший

suspect, a ~ – *leg as a n* подозрева́емый; подозри́тельное лицо́
suspension – *n* вре́менное прекраще́ние/приостановле́ние
swamp, to (boat, etc) затопля́ть *impf,* затопи́ть *pf* ло́дку
swarm (only in phrase) – кишмя́ кише́ть
~ **of ants** *n* муравьи́ный рой ~ **of bees** *n* пчели́ный рой

~ of locusts *n* ста́я саранчи́

swastika – *n* сва́стика
sweep – *n, mil* по́йск swept-back wing *n, avn* стрелови́дное крыло́

swimmer – *n* плове́ц
underwater demolition ~ боево́й плове́ц-подрывни́к

switchboard – *n, mil* коммута́тор, коммутацио́нный щит
common user ~ – коммута́тор о́бщего по́льзования
cordless ~ бесшнурово́й коммута́тор
field telephone ~ полево́й телефо́нный коммута́тор
nonsecure ~ коммута́тор без аппарату́ры автомати́ческого засекре́чивания информа́ции
secure ~ коммута́тор с аппарату́рой автомати́ческого засекре́чивания инфора́мции

symposium – симпо́зиум convene a ~ созыва́ть *impf,* созва́ть *pf* симпо́зиум
synagogue – *n, rel* синаго́га
synchronization *n* синхронизи́ровать *pf & impf* synchronize *vt* синхрониза́ция
synod – *n, rel* сино́д synodal *adj, rel* синода́льный

system – *n* систе́ма, ко́мплекс
all-weather ~ всепого́дный ко́мплекс
automated control ~ систе́ма автомати́ческого управле́ния (САУ) conveyor-belt ~ конве́йерная систе́ма
fail-safe ~ *n* самоотключа́ющаяся систе́ма
forward based ~ систе́ма передово́го бази́рования
high level antiaircraft ~ высоковысо́тная систе́ма противосамолётной оборо́ны illumination ~ систе́ма освеще́ния/облуче́ния/подсве́тки immune ~ *med* имму́ная систе́ма
integrated fire control ~ ко́мплексная систе́ма управле́ния огнём
low-level antiaircraft ~ маловысо́тная систе́м противосамолётной оборо́ны
rear based ~ систе́ма тылово́го бази́рования
scatterable mine ~ систе́ма устано́вки мин «внабро́с«

system, order, structure *n* строй
trench ~ систéма траншéй

warning ~ систéма обнаружéния
wire-control ~ систéма с управлéнием по проводáм
wiring ~ систéма провóдки

systemization систематизáция
systemize систематизúровать *pf & impf*

AN ENGLISH – RUSSIAN MILITARY DICTIONARY

T

table (various meanings) – *n* код, расписа́ние, табли́ца
~ **of organization and equipment (TO&E)** *n* та́бель *m* иму́щества
~**s of organization** *npl* шта́ты
at the bargaining ~ за сто́лом перегово́ров
authentication ~ код, установле́ние по́длинности сообше́ния
conversion ~ табли́ца перево́да мер, табли́ца эквивале́нтов
de-training ~ *n* план вы́грузки эшело́нов
fire support ~ табли́ца огнево́й подде́ржки
frequency and call sign ~ табли́ца волн и позывны́х
loading ~ табли́ца норм загру́зки
modified ~**s of organization and equipment (MTO&E)** *mil n*
уточнённое шта́тное расписа́ние и та́бель вое́нного иму́щества
TO & E ~*mil* шта́тное расписа́ние и та́бель вое́нного иму́щества

tactical – *adj* такти́ческий
~ **exercise without troops (TEWT)** *n, mil* такти́ческие заня́тия в
по́ле без во́йск; такти́ческая лету́чка
~ **formation (units from brigade to corps to battle groups, aircraft
carriers, etc)** *n* соедине́ние

tactician – *n, mil* та́ктик
tactics – *n* та́ктика
applied ~ прикладна́я та́ктика
battlefield ~ та́ктика бо́я; та́ктика де́йствий на по́ле бо́я
deception ~ та́ктика введе́ния проти́вника в заблужде́ние
hit-and-run ~ та́ктика нанесе́ния коро́тких уда́ров
foot dragging ~ *pol, soc* та́ктика проволо́чек
maneuver ~ манёвренная та́ктика
scorched earth ~ та́ктика «вы́женной земли́«
show of force ~ та́ктика демонстра́ции си́лы
small unit ~ та́ктика ме́лких подразде́лений
steamroller ~ та́ктика нажи́ма, та́ктика де́йствий в
расчленённом строю́

taiga – *n, geo* тайга́ **taiga dweller** *n* таёжник *m*, таёжница *f*
tail finned – с опере́нием

take – брать *impf*, взять *pf*
~ **a bearing (to)** брать, взять направле́ние *или* пе́ленг,

пеленгова́ть, пеленги́ровать *impf & pf;* запеленгова́ть *pf*
~ a toll of the enemy наноси́ть проти́внику тяжёлые поте́ри в
живо́й си́ле ~ by assault *or* storm брать *impf,* взять *pf* с бо́я,
брать, взять шту́рмом ~ by surprise засти́гнуть врасплы́х
~ off *avn* взлёт; взлета́ть *impf,* взлете́ть *pf*
taking apart *n* разбо́рка taking away *n* сня́тие

Taliban (Afghanistan) – *n* тали́бы
Talmud – *n, rel* Талму́д Talmudic *adj* талмуди́ческий

tame, to – укроща́ть *impf,* укроти́ть *pf*
Tamil separatist (Sri Lanka) – *n, pol* тами́льский сепарати́ст

tank – *n* та́нк; бак, цисте́рна (liquids)
~ carried infantry поса́женная на та́нки пехо́та
~ equipped with a mine plow танк с ножевы́м тра́лом
~-gunnery *adj* танко-стрелко́вый, *n* – та́нко-стрелько́вая
трениро́вка ~ heavy (force structure) с преоблада́нием та́нков
~ mounted устано́вленный на та́нке ~-proof *adj*
танконедосту́пный ~ recovery *n* эвакуа́ция и восстановле́ние
та́нков ~ repair shop vehicle *n* та́нковая ремо́нтная мастерска́я
~ retriever *n* та́нковый тяга́ч ремонтно – эвакуацио́нная
маши́на ~ target (tank gunnery) *n* танк-мише́нь *f*
~ transporter *n* танково́з ~ traversible *adj* танкодосту́пный
~ with mounted infantry танк с деса́нтом
bridge laying ~ *n* та́нковый мостоукла́дчик
command ~ команди́рский та́нк
expected ~ kill *n* математи́ческий расчёт пораже́ния та́нков
fire a ~ вести́ *impf,* повести́ *pf* ого́нь из та́нка
knocked out ~ подби́тый танк
main battle ~ основно́й боево́й танк mine clearing ~ танк
тра́льщик put a ~ out of action выводи́ть танк из стро́я
remote-controlled ~ телеуправля́емый танк
think ~ *soc, econ, pol* «мозгово́й центр«
turreted ~ ба́шенный танк
turretless ~ безба́шенный танк с неподви́жной пу́шкои

Taoism – *n, rel* даоси́зм tar – *n* смола́

target – *n* це́ль *f*
~ designation *n* целеуказа́ние ~ destruction пораже́ние це́ли
~ illumination подсве́тка це́ли ~ indicator *n* целеуказа́тель

AN ENGLISH – RUSSIAN MILITARY DICTIONARY

~ located by aerial observation цель обнаруженная воздушным наблюдением
~ located by aerial photography цель обнаруженная аэрофотосъёмкой
~ located by sound ranging цель обнаруженная звуковой развёдкой ~ lock-on (radar) захват цели
~ overkill многократная поражённая цель ~ reference number номер цели
alternate ~ дополнительная цель approaching ~ приближающаяся цель area ~ n площадная цель
defiladed ~ закрытая цель high priority ~ первоочерёдная цель
lead ~ ведущая цель live ~ реальная цель
low flying ~ низколетящая цель moving ~ движущаяся цель
neutralized ~ подавленная цель non-priority ~ маловажная цель
observed ~ наблюдаемая цель opportunity ~ неплановая цель
over the horizon ~ загоризонтная цель overkilled ~ многократно поражённая цель priority ~ первоочерёдная цель
secondary ~ второстепённая цель sequential ~ послёдующая цель single station intersection of a ~ мётод засёчки цели с одного НП skylined ~ надгоризонтная цель
superhardened ~ сверхзащищённая цель surface ~ назёмная цель suspected ~ предполагаемая цель unmanned беспилотная воздушная цель targeted, directed adj прицёльный

tarp – n плащ-палатка

task – n задача
daily ~ суточная задача
implied ~s задачи, вытекающие из конкрётной обстановки
immediate ~ ближайшая или очередная задача
intermediate ~ промежуточная задача main ~ основная задача
mission essential ~ основная частная задача
opportunity ~ внеплановая задача specific ~ частная задача
specified ~ задача, поставленная в приказе, конкрётная задача
subsidiary ~ nav второстепённая задача supply ~ задание по подвозу

task force (TF) – n (врёменная) n оперативная группа;
~ organization n организация обеспечения дёйствия ВМС
aircraft carrier ~ n авианосное ударное соединёние
amphibious ~ n десантное оперативное соединёние
battalion ~ батальонная тактическая группа

AN ENGLISH – RUSSIAN MILITARY DICTIONARY

carrier ~ *n* авианóсное удáрное соединéние
coalition ~ *n* коалициóнная группирóвка войск
combined arms ~ общевойсковáя операти́вно-такти́ческая гру́ппа

infantry heavy ~ тáнково-мотопехóтная гру́ппа, с преобладáнием пехóты
infantry ~ пехóтная операти́вно-такти́ческая гру́ппа
joint ~ объединённая операти́вная (такти́ческая) гру́ппа
marine amphibious ~ операти́вное соединéние десáнтных сил, МП
tank heavy ~ тáнково-мотопехóтная гру́ппа, с преобладáнием тáнков

tasking – *n* программи́рование, разрабóтка и постанóвка задáч
~ **by higher headquarters** постанóвка задáч, постáвленных вышестоя́щими штабáми

TASS (Ru news) – ТАСС, Телегрáфное агéнство Совéтского Сою́за

tax – *adj* налóговый, *n* налóг; облагáть *impf*, обложи́ть налóгом
~ **collector** *n* сбóрщик налóгов   ~ **evasion** уклонéние от налóгов
~ **exempt** *or* **free** освобождённый от уплáты налóгов
~ **man** *n* налóговый инспéктор   ~ **payer** *n* налогоплатéльщик
after ~ за вы́четом налóга   **income** ~ подохóдный налóг
payroll ~ налóг на зарплáту
value added tax налóг на добáвленнию стóимость (НДС)
taxable подлежáщий облажéнию налóгов; облагáемый налóгом
taxation *n* налогооблажéние   **untaxed** *n* необлагáемый налóгом

team – *n* гру́ппа, комáнда
air contact ~ (подви́жный) пýнкт управлéния и наведéния авиáции; гру́ппа свя́зи с авиáцией
air-ground liaison ~ гру́ппа свя́зи взаимодéйствия авиáции и сухопýтных войск   **assault** ~ удáрная/атакýющая гру́ппа
combined arms ~ общевойсковáя гру́ппа
combined arms maneuver ~ общевойсковáя манёвренная гру́ппа
contact ~ контáктная гру́ппа   **damage assessment** ~ гру́ппа оцéнки стéпени повреждéния воéнной тéхники
fire fighting ~ *n* пожáрная комáнда

fire support coordination ~ гру́ппа координа́ции огнево́й подде́ржки
general support maintenance ~ гру́ппа о́бщего техни́ческого обеспе́чения **graves regisration** ~ похоро́нная кома́нда
ground laser locater designator ~ кома́нда назе́мных ла́зерных наво́дчиков
host nation support ~ гру́ппа тылово́го обеспе́чения, вы́деленная страно́й пребыва́ния во́йск

hunter-killer ~ поиско́во-уда́рная гру́ппа
long range recon ~ гру́ппа глуби́нной разве́дки
maneuver ~ манёвренная гру́ппа **mine laying** ~ гру́ппа мини́рования **mine recovery** ~ гру́ппа разминѝрования
mobile training ~ подвижна́я уче́бная гру́ппа
monitoring ~ (NBC) кома́нда дозиметри́стов
naval gunfire liaison ~ *nav* гру́ппа свя́зи с корабе́льной артилле́рией огнево́й подде́ржки
naval gunfire spotter ~ *nav* гру́ппа управле́ния огнём корабе́льной артилле́рии
search and rescue ~ поиско́во-спаса́тельная кома́нда/гру́ппа
teamwork *n* сла́женность *f*, сла́женная рабо́та; срабо́танность *f*, взаимоде́йствие

teardown (equipment) – *n* свёртывание; свёртывать *impf*, сверну́ть *pf* ~ **(maintenance)** *n* демонта́ж, демонти́ровать *pf* & *impf* **technical, training college** *n* те́хникум **technique** *n* ме́тод, процеду́ра, спо́соб, те́хника **technocrat** *n* технокра́т

Teheran Conference (WW II) – *n, pol* Тегера́нская конфере́нция
telecommunication satellite – *n* спу́тник свя́зи
telecommunications *n* электросвя́зь *f*
telephone, battary operated ~ *n* батаре́йный телефо́н

template – *n, mil* этало́нная схе́ма, шабло́н, трафаре́т
defense ~ *Ru* команди́рская лине́йка (с расчётными да́нными для оборо́ны) **doctrinal** ~ *US* mil графи́ческое прогнози́рование де́йствий до́ктрины
enemy doctrinal ~ *n* графи́ческое прогнози́рование де́йствий до́ктрины проти́вника **event** ~ этало́нная схе́ма оптима́льных де́йствий для конкре́тного вариа́нта опера́ции
situation ~ этало́нная схе́ма оптима́льных де́йствий для конкре́тного вариа́нта обстано́вки

templating – *n* графи́ческое прогнози́рование де́йствий
decision event ~ графи́ческое прогнози́рование
де́йствий со́гласно реше́нию команди́ра в соотве́тствии с
конкре́тным вариа́нтом опера́ции
decision situational ~ графи́ческое прогнози́рование де́йствий
согла́сно реше́нию команди́ра в соотве́тствии с конкре́тным
вариа́нтом обстано́вки
doctrinal decision ~ графи́ческое прогнози́рование де́йствий
согла́сно реше́нию команди́ра в соотве́тствии с основны́ми
при́нципами доктри́ны

tempo – *n* темп   **tenent-farmer** – *n* фе́рмер-аренда́тор

territory, leased ~ – арендо́ванная террито́рия
terrorization – *n* терроризи́рование **terrorize** терроризи́ровать *pf*
& *impf*

test – *n* испыта́ние, контро́ль *m*, про́ба, прове́рка
~ **case** *n* показа́тельный слу́чай
~ **explosion of a nuclear device** *n* испыта́тельный взры́в я́дерного
устро́йства
~ **run (dry run, rehearsal)** *n* испыта́тельный прого́н
~ **pilot** *n* лётчик-испыта́тель
~ **tube baby** *n* «проби́рочный« ребёнок
~ **well** *n, oil* разве́дочная сква́жина
carbon-dating ~ *n* (ра́дио)углеро́дный ана́лиз
diagnostic ~ *n* диагности́ческий ана́лиз
endurance ~ *n* испыта́ние выно́сливости
fatigue ~ испыта́ние на уста́лость
"go-no go" ~ *n* прове́рка по при́нципу "да-нет"
trial ~ про́бное испыта́ние
vehicle testing ground автодро́м

theatre of operations – *n, mil* райо́н боевы́х де́йствий
theatre of war *n, mil* теа́тр войны́
theorize – теоретизи́ровать *impf*
thermonuclear – *adj* термоя́дерный
thickness – *adj* толщина́   **armor** ~ толщина́ брони́
think tank – soc, *econ, pol* «мозгово́й центр«

third – *adj* тре́тий
~-**rate** *adj* третьесо́ртный **Third Reich** *n, Ge pol* Тре́тий рейх

~ **world** *n, pol* трéтий мир

threat – *n* угрóза
~ **situation** *n* угрожáемый положéние **growing** ~ растýщая угрóза

three – *prefix* трёх
~-**barrel** (cannon, etc) *adj* трёхствóльный ~-**day** *adj* трёхднéвный
~-**dimensional** *adj* трёхмéрный ~-**field system** *n, agric* трёхпóлье
~-**hour** *adj* трёхчасовóй ~-**tier or layer** *adj* трёхслóйный
~-**mile limit** (territorial waters) – *n* гранúца трёхмúльной полосы́/зóны ~-**tonner** (truck) *n* трёхтóнка
~-**wheeled** *adj* трёхколёстный ~-**year** *adj* трёхгодúчный, трёхлéтний

threshold – *n* порóговый ýровень *m* **security** ~ *n* порóг безопáстности
throw troops into the battle – бросáть *impf*, брóсить *pf* войскá в бóй; вводúть *impf*, ввестú *pf* войскá с хóду в бóй

Tiananmen Square (1989) – *n, Ch pol* Тяньаньмэ́нь

time – *n* врéмя
~ **limit** *n* предéльный срок
~ **on target** *mil* врéмя нанесéния удáра по цéли ~ **on station** врéмя слýжбы в однóм мéсте ~ **table** грáфик; календáрный план ~ **tested** вы́державший провéрку врéменем ~ **zone** *n* часовóй пояс
Alpha or Lima (local) ~ мéстное врéмя
comply with a time ~ *vi* уклáдываться *impf*, уложúться *pf* в предложéнный срок
daylight savings ~ *n* лéтнее врéмя
Eastern Standard ~ пояснóе врéмя востóчных штáтов (США)
engine idle ~ врéмя рабóты двúгателя вхолостýю

estimated ~ **of arrival** расчётное врéмя прибывáния
estimated ~ **of departure** расчётное врéмя отправлéния
estimated ~ **of intercept** расчётное врéмя перехвáта

extend a ~ **limit** продлевáть *impf*, продлúть *pf* предéльный срок
Father Time дéдушка-врéмя

AN ENGLISH – RUSSIAN MILITARY DICTIONARY

flash-bang ~ *mil*, *art* промежу́ток вре́мени от вспы́шки до зву́ка вы́стрела

Greenwich Mean ~ сре́днее гри́нвичское вре́мя
in the day/night ~ в дневно́е/ночно́е вре́мя
intercept ~ вре́мя перехва́та це́ли
launch ~ вре́мя пу́ска **loiter** ~ вре́мя пребыва́ния в зо́не ожида́ния **mission loiter** ~ вре́мя нахожде́ния (ЛА) в во́здухе при выполне́нии зада́чи
Mountain Standard ~ поясно́е вре́мя го́рных шта́тов (США)
off duty ~ внеслуже́бное вре́мя **prior warning** ~ вре́мя ра́ннего предупрежде́ния **recovery** ~ вре́мя на восстановле́ние
repair ~ срок ремо́нта
timed well то́чно, хорошо́ рассчи́танный
turnaround ~ вре́мя обора́чиваемости
within the time limit в преде́лах сро́ка
Zulu ~ гри́нвичское вре́мя

tinned goods – (no singular) *npl* консе́рвы
tiptoe, on ~ *adv* на цы́почках
title – *n* наименова́ние
tobacco lobby – *n* таба́чное ло́бби
token – *n* си́мвол, знак ~ **resistance** *n* ви́димость *f* сопротивле́ния
tomorrow's – *adj* завтра́шний

tonnage – *n* тонна́ж; (cargo-carrying capacity) грузоподъёмность в то́ннах, тонна́ж судо́в
gross registered ~ бру́тто зарегистри́рованный тонна́ж

tool – *n* инструме́нт
bench ~ слеса́рный инструме́нт **bending** ~ ги́бочный инструме́нт **carpenters** ~ пло́тничный инструме́нт
chisel ~ *n* зуби́ло **clamping** ~ зажи́мный инструме́нт
entrenching ~ ша́нцевый инструме́нт **hand** ~ ме́лкий *или* ручно́й инструме́нт **machine** ~ *n* стано́к
multipurpose ~ *adj* универса́льный инструме́нт
toolbox *n* рунду́к; я́щик для инструме́нтов

top secret – *adj* сверхсекре́тный, *crypto* соверше́нно секре́тно

AN ENGLISH - RUSSIAN MILITARY DICTIONARY

topographer - *n* топóграф **topographical surveys**
топографи́ческие изыска́ния **topography** *n* топография

torque - *n* враще́ние, крутя́щий момéнт
torpedo - *adj* торпéдный торпéда; торпеди́ровать *pf & impf*

torture - *n* пы́тка, пыта́ть *impf*, попыта́ть *pf*; му́чить *impf*,
за/из/му́чить *pf* ~ **chamber** *n* застéнок **torturer** *n* мучи́тель *m*,
пала́ч

Tory (Eng conservative) - *indecl* тори ~ **leader** ли́дер тори
totalitarian - *adj* тоталита́рный **totalitarianism** *n* тоталитари́зм

touch - *n* соприкоснове́ние, конта́кт
be in ~ with the enemy находи́ться в соприкоснове́нии с
проти́вником **lose ~ with the enemy** *vt* теря́ть *impf*, потеря́ть *pf*
соприкоснове́ние с проти́вником

tour of duty - *n* перѝод слу́жбы

tow - букси́ровать *impf* ~ **away** отбукси́ровать; *n* буксирóвка

"can I give you a ~?" взять вас на букси́р? **towed** *adj*
букси́руемый
tower (commo, electric, etc) - *n* ма́чта
town, small ~, township - *adj* городскóй, *n* городóк

toxic - *adj* токси́чный **toxicity** *n* токси́чность *f*
incapacitating dose токси́ческая дóза **toxin** токси́н
bacteriological ~ бактериа́льный токси́н
biological ~ биологи́ческий токси́н **botulinum** ~ токси́н,
вызыва́ющий ботули́зм **incapacitating** ~ токси́н, выводя́щий из
строя **lethal** ~ лета́льный, смертéльный токси́н
toxicologist *n* токсикóлог **toxicology** *n* токсикóлогия

traceable - *adj* прослéживаемый **tracer** *ammo* трасси́рующий
снаря́д

track (mark) - *n* след, *vt* выслéживать *impf*, вы́следить *pf* за +
i.; следи́ть за + i.
leave ~ s in the snow оста́вить след на снегу́
tracked (vehicle) *adj* гу́сеничный

aircraft was ~ by radar
путь самолёта проследи́ли с по́мощью рада́ра
tracker *n* (hunter) охо́тник, (dog) соба́ка-ище́йка

tracking *n* сопровожде́ние
~ station (radar) ста́нция слеже́ния
active ~ *n* акти́вное сопровожде́ние
infrared ~ *n* сопровожде́ние по инфракра́сному излуче́нию (ИК)

traction – *adj* тягово́й, *n* тя́га
tractor-driven *adj* на тра́кторной тя́ге
tractor-driver *n* тракори́ст *m*, тракори́стка *f*

trade, commerce – *adj* торго́вый, *n* торго́вля; торгова́ть *impf only*
~ delegation *n* торго́вое представи́тельство, торгпре́дство
~ gap *n, econ* дефици́т торго́вого бала́нса
~ off *n* компроми́ссное реше́ние
~ mission *n* торгпре́дство
~ representive *n* торго́вое представи́тель, торгпре́д
~ secret *n* профессиона́льный секре́т
clandestine arms ~ та́йная торго́вля ору́жием
mail-order ~, firm посы́лочная торго́вля, фи́рма
trader, merchant *n* торго́вец tradesman, trader, merchant *n* торго́вец, small ~ *adj* торга́шеский, *n* торга́ш tradeswoman, stall-holder, street trader *n* торго́вка trading, bargaining *n* торг small ~ *n* торга́шество

traffic – *n* движе́ние, связь
~ control point *n* пункт регули́рования движе́ния
~ light *n* светофо́р clandestine arms ~ *n* та́йная торго́вля ору́жием dummy radio ~ *n* ло́жный связь; радиообме́н
one-way ~ *n* однопу́тное движе́ние
radio ~ *n* радиосвя́зь cross country ~ проходи́мость ме́стности на бездоро́же trafficability *n* проходи́мость *f*
two-way ~ двухсторо́ннее движе́ние
trafficer, drug ~, dealer торго́вец нарко́тиками

trailer (cargo, etc) – *n* прице́п
low-boy ~ низкора́мный прице́п
multiple axle ~ многоо́сный прице́п
single axle ~ одноо́сный прице́п
water ~ прице́п-водоцисте́рна

AN ENGLISH – RUSSIAN MILITARY DICTIONARY

train, traffic – *adj* поезднóй, *n* пóезд; *n, mil* обóз
baggage ~ *n* вещевóй обóз **corps** ~ *n* корпсунóй обóз
field ~ *n* полевóй обóз **troop** ~ *n* вóинский эшелóн
transport ~ обóз

trainable – обладáющий потенциáльной возмóжностью обучéния
trained, well ~ *adj* вы́ученный, обýченный, подготóвленный
trainee *adj* обучáемый, *n* стажёр, **be a** ~ *vi* стажировáться *impf*
~ **probationary period** *n* стажирóвка
trainer (person or device) *n* тренажёр

training – *adj* тренирóвочный, учéбный; *n* тренирóвка, занятие,
обучéние, подготóвка ~ **methods** *n* метóдика подготóвки
accelerated ~ ускóренная подготóвка
advanced ~ повы́шенная подготóвка
basic ~ *mil* начáльное обучéние, основнóй курс боевóй
подготóвки
battle drill combat ~ *mil* тáктико-строевóе занятие
combat crew ~ *mil* подготóвка экипáжей ЛА/БМ
common skills ~ *mil* óбщая специáльная подготóвка
counter-insurgency ~ *mil* обучéние дéйствиям прóтив
повстáнческих сил **crash** ~ интенси́вное обучéние
cross ~ *mil* переподготóвка
demonstration ~ показнóе занятие
formalized – программи́рованное обучéние
go-no-go (pass-fail) ~ обучéние с оцéнкой результáтов по
при́нципу «сдал-не сдал«
individual ~ индивидуáльная подготóвка обучéние,
оди́ночное занятие
indoor ~ клáссное занятие
officers ~ команди́рские занятие
on-the-job ~ **(OJT)** обучéние на рабóчем местé
one-on-one ~ индивидуáльная подготóвка в пáрах
orientation ~ ознакоми́тельное обучéние
overview ~ обучéние по обзóрным тéмам
phased ~ поэтáпное *или* послéдовательное обучéние
physical ~ физи́ческая подготóвка
remedial ~ дополни́тельные занятия
scheduled ~ плáновая подготóвка
small unit ~ боевáя подготóвка мéлких подразделéний
tank gunnery ~ *mil* тáнковая огневáя подготóвка

traitor – *n* изме́нник, преда́тель *m* **become a** ~ стать преда́телем
transatlantic – *adj* трансатланти́ческий

trajectory – *n* траекто́рия
Transcaucasia – *n, geo* Закавка́зье **Transcaucasian** *adj* закавка́зский
transcontinental railway – *n, US hist* трансконтинента́льная желе́зная доро́га
transfer (troops) – *vt* перебра́сывать *impf,* перебро́сить *pf,* *n* перебро́ска
transit, unimpeded – *n* беспрепя́тственный прое́зд через террито́рию тре́тьего госуда́рства
translucent – *adj* просве́чивающий

transmission – *n* переда́ча
~ **in the clear** откры́тая переда́ча **secure burst** ~ *n* засекре́ченная радиосвя́зь коро́ткими гру́ппами и́мпульсов
transmitter *n* переда́тчик **jamming** ~ переда́тчик поме́х

transnational corporation – *n, econ* транснациона́льная корпора́ция, межнациона́льная корпора́ция

transoceanic *adj* заокеа́нский ~ **countries** замо́рские/ заокеа́нские стра́ны

transport – *adj* тра́нспортный, *n* тра́нспорт, транспортиро́вка, перево́зка; перевози́ть *impf,* перевезти́; транспорти́ровать *pf & impf* ~ **worker** *n* тра́нспортник
animal or animal drawn ~ гужево́й тра́нспорт
over the snow ~ снегохо́дный тра́нспорт
pack ~ вью́чный тра́нспорт **refrigerated** ~ хладотра́нспорт
sea ~ морско́й тра́нспорт **transportable** *adj* перевози́мый, передвижо́й

transporter – *n, veh* транспортёр, *worker* тра́нспортник
tank ~ та́нковый транспортёр
transportation *n* перево́зка, транспортиро́вка
bulk ~ беста́рная транспортиро́вка
water ~ во́дная перево́зка

trap – *n* лову́шка

AN ENGLISH – RUSSIAN MILITARY DICTIONARY

booby ~ ми́на-лову́шка, ми́на́-сюрпри́з; взрывно́й сюрпри́з
traversing – *adj* (turret, etc) поворо́тный

trawl, mine-sweep – *adj* тра́лный, тра́ловый; *n* трал, тра́лить *impf*
trawler (fishing, minesweeper) *n* тра́льщик **trawling** *n* тра́ление

treachery – *n* вероло́мство, преда́тельство, изме́на

treatment – *n, med* лече́ние, *soc* отноше́ние
cruel & inhuman ~ жесто́кое и бесчелове́чное отноше́ние
hospital ~ стациона́рное лече́ние **kid glove** ~ то́нкое/не́жное
обраще́ние **outpatient** ~ амбулато́рное лече́ние
red carpet ~ *n* встре́ча с наивы́сшими по́честями

treaty – *n* догово́р
~ **ammendment** *n* попра́вка к догово́ру
~ **coming into effect** вступле́ние догово́ра в си́лу
~ **monitoring** наблюда́ть за исполне́нием догово́ра
~ **of alliance** сою́зный догово́р
~ **of friendship, cooperation and mutual assistance** догово́р о
дру́жбе, сотру́дничестве и взаимной по́мощи
~ **of neutrality and non-aggression** догово́р о нейтралите́те и
~ **of Rome** Ри́мский догово́р взаимном ненападе́нии
ammended ~ испра́вленный догово́р
bilateral ~ двусторо́нный догово́р
breach of ~ наруше́ние усло́вий догово́ра
equitable, equal ~ равнопра́вный догово́р
enter, conclude a ~ заключа́ть *impf*, заключи́ть *pf* догово́р
inequitable ~ неравнопра́вный догово́р
multilateral, multiparty ~ многосторо́нний догово́р
non-aggression ~ догово́р о ненападе́нии
peace ~ ми́рный догово́р
trade ~ догово́р о торго́вле
unilateral renunciation of a ~ односторо́нний отка́з от догово́ра
withdraw from a ~ вы́йти из догово́ра

ABM Treaty, 1971 *US/Sov pol* Догово́р о противораке́тной
оборо́не (ПРО)
Nonproliferation Treaty (1960-65) Догово́р о нераспростране́нии
я́дерного ору́жия
Nuclear Test Ban Treaty of l963 – Догово́р о запреще́нии
испыта́ния я́дерного ору́жия в 1963 г.

AN ENGLISH – RUSSIAN MILITARY DICTIONARY

Reinsurance Treaty of 1887 (Russia and Germany)
«Перестрахо́вочный« догово́р в 1887 г.
Space and Under Water ~ Догово́р о запреще́нии испыта́ний
я́дерного ору́жия в атмосфе́ре, в косми́ческом простра́нстве
и под водо́й
Treaty of Brest-Litovsk (WW I, 1918) Брест-Лито́вский ми́рный
догово́р; »бре́стский мир»
Treaty of Versailles, 1919 (ends WW I) Верса́льский мир
Treaty on the Non-Proliferation of Nuclear Weapons Догово́р о
нераспростране́нии я́дерного ору́жия
Treaty on the Limitation of Underground Nuclear Weapon Tests
Догово́р об ограниче́нии подзе́мных испыта́ний я́дерного
ору́жия
Washington Treaty (NATO) Вашингто́нский догово́р

tree planting, tree plantation – *n* древонасажде́ние
treeless *adj* лишённый дере́вьев **treetop** *n* верху́шка
де́рева

trench – *adj* транше́йный, *n* транше́я, *adj* око́пный, *n* око́п
~ digger *n* окопокопа́тель, траншеекопа́тель *m* **~ warfare** *n*
око́пная война́ **communication ~** *n* ход сообще́ния **covered ~** *n*
прикры́тый око́п **slit ~** *n* щель *f* **two-man** *n* па́рный око́п

trend – *n* тенде́нция
short-term ~ кра́ткая/сро́чная/вре́менная тенде́нция
long-term ~ долгая тенде́нция

trial balloon – *n* про́бный шар **float a trial ~** *pol* пуска́ть про́бный
шар **trial, bench ~** *n, leg* суде́бный проце́сс без прися́жных

witch ~ *n* суд над ве́дьмами

triangulation (radar) – *n, mil* треуго́льник засе́чек
Triassic – *adj, geo* триа́совый

tribal – *adj* племенно́й
~ chiefs *n* племенны́е вожди́ **tribe** *n* пле́мя **settled ~s** осе́длые
племена́
twelve tribes of Israel *n, hist* двена́дцать коле́н израи́левых
cattle-breeding ~s *npl* скотово́дческие племена́ **tribalism** *n*
племенно́й строй **tribesmen** *npl* чле́ны пле́мени

tribunal – *n* трибунáл
International War Crimes Tribunal (UN) междунарóдный воéнный трибунáл (ООН)
trichinosis – *n, med* трихинóз

trigger – *n* спусковóй крючóк **squeeze the ~** нажимáть на спусковóй крючóк **trigger-happy ~** войнственный

trilateral, tripartite – *adj, pol* трёхсторонный

triple – *adj* трóйнóй, утрóенный; *vt, (vi)* утрáивать(ся) *impf,* утрóить(ся) *pf*

Triple Alliance *n,* pre-WW I; *A/H, Ge, It* Трóйственный союз
tripled – *adj* утрóенный

tripod – *n* тренóга, тренóжник
triumvir – *n, pol* триумвúр **triumvirate** триумвúрат
trivualize – *vt* опошлять *impf,* опóшлить *pf*

Trojan horse – *n, hist* Троянский конь

troops – *mil unit* батарéя, вóйска, пехóта, рóта
~ dispersal *n* рассредотóчение вóйск
~ leading procedures *n* порядок дéйствий командúра по управлéнию войскáми (при планúровании и выполнéнии боевóй задáчи)
admin and supply ~s тыловы́е вóйска
replacement ~s запасны́е вóйска
throw out ~ who have broken through отбрóсить прорвáвшиеся вóйска **type of ~** *mil* вид вóйск
trooper *n, mil* кавалерúст, пехотúнец, танкúст

Trotskyism – *n, Sov hist, pol* троцкúзм **Trotskyist** *n, pol* троцкúст *m,* троцкúстка *f*

troublemaker – *n* смутьян, (child) прокáзник
troubleshoot *pol* улáживание конфлúкта
troubleshooter *n, pol* специáльный уполнемóченный по улáживанию конфлúкта **troubling** *adj* беспокóйный

truce, armistice – *n, mil* перемúрие

AN ENGLISH - RUSSIAN MILITARY DICTIONARY

truck - *n* грузовóй автомобúль, грузовáя машúна, грузовúк
~ **fleet** автопáрк
fuel ~ *n* топливозапрáвщик
motorpool ~ *n* автопáрк
forklift ~ *n* вúлочный автопогрýзчик
refer ~ *n* авторефрижерáтор
three-ton ~ *n* трёхтóнка
ten wheeler ~ *n* десятиколéсный трáнспортный грузовúк *úли*
автомобúль *m*

trumped-up, faked-up - *adj* сфабрикóванный
~ **charge** *n* сфабрикóванное обвинéние

tumbling - *n* кувыркáние
tune (instrument, commo) - *vt* настрáивать *impf*, настрóить *pf*
~ **an engine** регулúровать *impf* урегулúровать *pf* машúну **tuned**
adj настрóенный
tunnel, underground mining ~ мúнная галерéя
turnabout, an about face - *n, pol* поворóт кругóм

Turk - *n* тýрок *m*, турчáнка *f*
Turkic *adj* тюркский **Turkish** *adj* турéцкий
Young Turks (post WW I Turkish hist, pol) *adj* младотурéцкий *n*,
младотýрки

turn in (equipment, ammunition, etc) - *n* сдáча (имýщества,
боеприпáсов, итд)
~ **over** *vt* перевёртывать *impf*, перевернýть *pf*
~ **inside out** перевёртывать, перевернýть наизнáнку
turning moment *n* в сáмый решáющий момéнт
turning point *n* поворóтный пункт

turret - *adj* бáшенный, турéльный; *n* бáшня, турéль *f*
~ **(aircraft gun)** *n* турéльная устанóвка
~ **down, defilade (tank)** с закрытой бáшней, закрытая позúция
тáнка ~ **gunner** *n* бáшенный стрелóк ~ *n* **hatch** люк тáнка
~ **traversing mechanism** *n* поворóтный механúзм бáшни
upper/lower ~ вéрхняя/нúжняя турéль
rear ~ **overhang** *n* зáдний выступ бáшни

TV announcer - *n* телеведýщий
twin-engined - *adj* двухмотóрный

two – *prefix* дву-, двух-
~-axled *adj* двухо́сный   **~-staged** *adj* двухступе́нчатый
~-stroke *adj* двухта́ктный   **~-ton** *adj* двухцве́тный
~-way *n* двусторо́ннее движе́ние

type – *n* вид   ~ **of burst** вид взры́ва   ~ **of troops** вид войск
typhus – *n, med* тиф

tyre – *n* ши́на
self-sealing *n* гусмати́к, гусмати́ческая ши́на
solid *n* банда́ж, сплошна́я ши́на

AN ENGLISH – RUSSIAN MILITARY DICTIONARY

U

UFO – *n, soc* неопо́знаный лета́ющий объе́кт (НЛО)
ufologist *n* нлóлог

Ukrainian separatist – *n* самости́йник
Ulster Defense Regiment – *n, Irish* полк защи́ты О́льстера

ulterior – *adj* скры́тый, невы́раженный ~ **motive** за́дняя мысль, моти́в

ultimate – *adj* оконча́тельный, после́дний
~ **end or purpose** *n* коне́чная цель
~ **weapon** *n* абсолю́тное ору́жие
ultimatum *n* ультима́тум

ultras (extremist, left or right) – *n, pol* у́льтра; челове́к кра́йних взгля́дов

un- *prefix* не-
UN – *adj* оо́новский **UN peacekeeping force** *n, pol* войска́ ООН по поддержа́нию ми́ра
unacceptable *adj* неприе́млемый **unaimed** *adj* неприце́льный/ ненаведённый **unallocated** *adj* непри́данный, неназна́ченный
un-American *adj* антиамерика́нский **unanimous** *adj* единогла́сный **unapproachable** *adj* непристу́пный
unarmed *adj* безору́жный ~ **combat** *n* самозащи́та без ору́жия; *abbrev, indecl* са́мбо
unattainable *adj* недостижи́мый
unauthenticated *adj* неудостове́ренный **unauthorized** *adj* несанкциони́рованный/ неправомо́чный **unavoidable** *adj* неизбе́жный, немину́емый **unbalanced** *adj* неравноме́рный
unbearable, unendurable *adj* несно́сный **unbeaten** *adj* неби́тый, (**unsurpassed**) непревзойдённый
uncharted *adj, nav* не отме́ченный на ка́рте
unclear, indistinct (commo *adj* невня́тный
uncommitted (unexpended, spent) ~ **to battle)** не введённый в бой, *adj* неизрасхо́дованный **uncompromising** *adj* неусту́пчивый
unconcealed *adj* нескрыва́емый
unconditional surrender (WWII) *n* безогово́рочная капитуля́ция
unconfirmed *adj* неподтверждённый/неутверждённый

unconquered *adj* непобеждённый, непокорённый
uncontaminated *adj* незаражённый
unconventional warfare *n* необычная война́
unconventional forces *n* необычные войска́
uncoordinated *adj* несогласо́ванный/без координа́ции
uncultivated *adj, agric* невозде́ланный
undecipherable не поддаю́щийся расшире́вке
undeclared war не/объя́вленная война́
undemanding *adj* нетре́бовательный

under – *prefix* под-
~ **pain of death** под стра́хом сме́рти **underfed** *adj*
недоко́рмленный, недоеда́ющий ~ **orders** по прика́зу
~ **terms of the agreement** по усло́виям соглаше́ния
~ **repair** *n* в ремо́нте ~ **suspicion** под подозре́нием
~ **the rules** согла́сно уста́ву ~ **torture** под пы́тками
~ **way** на ходу́

underdog *n, fig, soc* неуда́чник, побеждённая сторона́
underground *adj* подзе́мный, подпо́льный, *n* подпо́лье
~ **(groups, culture, etc)** *n, soc, mil* андеграу́нд
~ **organization** *n, soc, mil* подпо́льная организа́ция
~ **member** *n, mil, soc* подпо́льщик **go** ~ уйти́ в подпо́лье
~ **worker (waterworks, etc)** *n* подпо́льщик

undergunned с ме́нее мо́щным пу́шечным вооруже́нием
underemployment *n, bus* непо́лная за́нятость
underestimation of the enemy *n* недооце́нка проти́вника
underhanded dealings *npl* та́йные про́иски; закули́сные интри́ги;
закули́сная меха́ника
undermanned *adj* недоукомплекто́ванный
undermining *n* подко́п, подры́в
under-populated *adj* малонаселённый
under-production *n* недовы́работка, недопроизво́дство
undersecretary *n* замести́тель/помо́щник мини́стра
under-side *n* низ, ни́жняя сторона́ *или* пове́рхность
understaffed *adj* недоукомплекто́ванный по шта́ту
understrength *adj* недоукомплекто́ванный
undersupplied *adj* неснабжа́емый по но́рме
undeserved *adj* незаслу́женный
undeveloped *adj* неразвито́й **an** ~ **country** слабора́звитая страна́
~ **land** необрабо́танная земля́

AN ENGLISH – RUSSIAN MILITARY DICTIONARY

undrinkable *adj* непригóдный для питья́
unedible *adj* несъедóбный
unemployed – *adj* безрабóтный hard core ~ *n* хрони́ческие безрабóтные unemployment *n* безрабóтица

unencouraging *adj* неутеши́тельный
unentrenched *adj* неокопáвшийся
unequipped *adj* несnaряжённый, неподготóвленный, неприспосóбленный unexpired *adj* неисте́кший unexploded *adj* неразорвáвшийся unfit *adj* непригóдный unfordable *adj* непроходи́мый вброд unguided *adj* неуправля́емый
unidentified *adj* неопóзнанный unintentional *adj* неумы́шленный
uninhabitable *adj* непригóдный для жилья́ uninhabited *adj* необитáемый

Union of Independent States (CIS) – *n* Сою́з незави́симых Госудáрств (СНГ); *adj, coll* эсэнгóвский
unirradiated – *adj* необлучённый

unit – *n, mil* часть *f*
~-oriented в состáве чáсти
attached ~ при́данная часть
bomb disposal ~ часть по обезвре́живанию неразорвáвшихся бомб
combat in/effective ~ *n, mil* не/спосóбная часть
combined-arms ~ *n, mil* общевойсковáя часть
flanking ~ обходя́шая часть
headquarters ~ *n* штабнóе подразделéние
incoming/outgoing ~ сменя́ющая/сменя́емая часть
supporting ~ поддéрживающая часть

United Arab Republic (Egypt and Syria, 1958-61) – *n, pol* Объединённая Арáбская Респýблика
United Front (Marxist) *n, pol* еди́ный фронт United Kingdom *n, pol* Соединённое Королéвство United Nations Charter *n, pol* устáв ООН
unity of command *n, mil* единоначáлие
Unity Party (Marxist) *n, pol* еди́нство пáртии

universal – *adj* всеóбщий, универсáльный
~ education *n* всеóбщее обучéние (всеóбуч)
~ military service *n* всеóбщая вóинская пови́нность *f*

AN ENGLISH – RUSSIAN MILITARY DICTIONARY

~ military training всеобщее военное обучение (всеобуч)
~ suffrage n всеобщее избирательное право
universe n вселенная; мир

un – prefix не
unjammable (frequencies) adj помехозащищённый
Unknown Soldier n, US mil Неизвестный солдат

unload – vi выгружаться impf, выгрузиться pf
unloaded adj незаряженный unloading n (goods, freight)
выгрузка, разгрузка, (weapons) разряжание
unlock отпирать impf, отпереть pf
unmanageable adj неуправляемый
unnavigable adj nav несудоходный, avn нелётный
un-officer like недостойный офицера
unprecedented, unheard of adj неслыханный
unprovoked adj неспровоцированный
unrequested adj непрошенный
unsatisfactory adj неудовлетворительный
unscheduled adj незапланированный
unseasoned (inexperienced) adj необстрелянный, незакалённый;
не имеющий боевого опыта
unseaworthiness adj мореходность f/непригодность к
морской службе/плаванию unseaworthy adj непригодный к
плаванию
unserviceable adj браковочный, неисправный, негодный,
непригодный
unsinkable adj труднозатопляемый
unsung adj невоспетый unsupported adj без поддержки;
неподдерживаемый unsympathetic adj несочувствующий
untaxed adj необложенный unthinkable adj немыслимый
untouchables (India, soc) npl «неприкасаемые«
untrained adj необученный
unverifiable adj не поддающийся проверке unverified adj
непроверенный
unwilling adj нежелающий

up, upwards – adv ввысь
~-and-coming; promising adj многообещающий, перспективный
~ of выше + g.
~-to-date equipment – n современная техника
~-to-date information – n последние данные

271

~-wind *adv* против ветра

upgrade, update (equipment) – *n* модернизация, усовершенствования; модернизировать *pf & impf*; совершенствовать *impf*, усовершенствовать *pf*

upheaval – *n, fig, pol* переворот

upper/lower house (Congress, Parliament, etc) *n, pol* нижняя/ верхняя палата

uprising, rebellion, revolt – *n* восстание
armed ~ вооружённое восстание **peasant ~s** крестьянские восстания
upstream (place) вверх по течению, (motion) против течения;
up-wind *n adv* против ветра

urban (city, municipal) – *adj* городской
~ or city dweller *adj, as a n* городской **urbanization** *n* урбанизация **urbanize** урбанизировать *pf & impf*

urgency – *n* неотложность *f*, срочность *f*
matter of ~ *n* в срочном порядке **urgent** *adj* неотложный, срочный

use, application – *n* применение
follow on ~ последующее применение
user-friendly удобный в употреблении

usurer – *n* ростовщик *m*, ростовщица *f* **usurious** *adj* ростовщический **usury** *n* ростовщичество

usurp – узурпировать *pf & impf* **usurper** *n* узурпатор
usurpation *n* узурпация

Ustashi (Croatian Fascists, 1929-45) – *n, mil, pol* усташи
utilitarian – *adj* утилитарный

utilities, public ~ коммунальные услуги *fpl*

AN ENGLISH – RUSSIAN MILITARY DICTIONARY

V

V1, V2 rocket (Ge WW II "Vengeance weapon") – *n, mil*
крыла́тая раке́та Фау –1; Фау –2
V- formation *n, mil* боево́й поря́док угло́м наза́д
platoon V formation *n, mil* боево́й поря́док взво́да угло́м наза́д
V-E/V-J Day – *mil, US, WWII* День Побе́ды над
Герма́нией/Япо́нией

vaccine – *n, med* вакци́на **vacuum** – *n, sci* ва́куум
valedictory – *adj* проща́льный

valid – *adj* (sound) ве́ский, обосно́ванный
~ **objections** убеди́тельные возраже́ния ~ **reasons** ве́ские
до́воды
validate подтвердджа́ть *impf*, подтверди́ть *pf*, утвердджа́ть *impf*,
утверди́ть *pf* **validating** *adj* оправда́тельный
validity of a treaty *n* действи́тельность *f* догово́ра

valuable – *adj* стоя́щий
value added tax; VAT – *n, econ* нало́г на доба́вленную сто́имость
vantage ground or point – *n* вы́годная пози́ция
variable – *adj* изме́нчивый, меня́ющийся, непостоя́нный,
переме́нный
Vatican City – *n, geo, pol, rel* (госуда́рство-го́род) Ватика́н
vector – *n* ве́ктор, курс, направле́ние

vegetable – *adj* овощно́й, *n* о́вощ
vegetarian *n* вегетариа́нец **vegetation** *adj* расти́тельный, *n*
расти́тельность *f*, расте́ние

vehicle – *n* автомаши́на; автомоби́ль *m*
~-**mounted** *adj* устано́вленный на БМ
~ **with mine laying device** маши́на с ми́нным загради́телем
all-terrain ~ *n* вездохо́д, вездохо́дная маши́на
ambulance ~ санита́рный автомоби́ль **amphibious** ~ водохо́дная
автомаши́на **broken-down** ~ *n* авари́йка
cargo, freight ~ грузово́й автомоби́ль **combat** ~ боева́я маши́на
command and staff ~ кома́ндно-штабна́я маши́на
conduct ~ **recovery** *n* проведе́ние ремо́нтно-восстанови́тельных
рабо́т **convoy escort** ~ *n, nav* эско́ртный кора́бль
counterobstacle ~ инжене́рная маши́на разгражде́ния

AN ENGLISH – RUSSIAN MILITARY DICTIONARY

damaged ~ (in combat) подбитая машина, (accidental)
разбитая машина, аварийная машина
decon and shower ~ *n* дегазационно-душевая установка
dump truck ~ *n* самосвал **earth-moving** ~ транспортная машина
для землеройных работ **fuel-supply** ~ *n* топливозаправщик
flat-bed ~ *n* автомобиль-платформа **grader** ~ *n* грейдер
heavy equipment transporter ~ *n* транспортёр тяжёлой техники
Jagdpanzer ~ (Ge, WWII) *n* истребитель танков
lead ~ головная машина **lunar** ~ *n* лунохо́д
maintenace, recovery ~ *n* ремонтная летучка, аварийная летучка
mine-clearing ~ *n* танк- тральщик **missile** ~ *n* ракета-носитель
m **overwatch** ~ машина для наблюдения и огневой поддержки с
места **pipelayer** ~ *n* трубоукладчик
remotely piloted ~ (RPV) *n* дистанционно управляемый ЛА;
беспилотный ЛА **steam shovel** ~ землеройная машина
tracked armored ~ бронированная гусеничная машина
tracked towing ~ *n* гусеничный тягач **trenching** ~ *n*
канавокопатель
van ~ *n* фургон **wheeled towing** ~ *n* колёсный тягач
winch truck ~ *n* автолебёдка
vehicular *adj* перевозочный

velocity – *n* скорость *f* **impact** ~ ударная скорость
venture, undertaking – *n* затея, затевать, *impf,* затеять *pf*
verbal – *adj* устный **verbatim** *adj* дословный, слово в слово

verifiable – *adj* поддающийся проверке **verification** *n* проверка
verify проверять *impf,* проверить *pf;* выверять *impf,* выверить
pf; подтверждать *impf,* подтвердить *pf*

vernal – *adj* весенний

version – *n* вариант
modernized ~ *adj* модернизированный (вариант)

very important person, VIP – *n* высокопоставленное лицо
vessel, nuclear-powered ~- *n* атомоход

vest, body armor – *n* бронежилет

Vichy supporter(s), members (WW II) – *Fr mil* вишист(ы)
Vickers (Br Firm) – *n* «Виккерс»

victim – *n* жéртва, пострадáвший, потерпéвший
cancer ~ *n* потерпéвший от рáка **fire ~** *n* потерпéвший от
пожáра **victimization** *n* преслéдование
victimize подвергáть *impf*, подвéргнуть *pf* преслéдованию

victorious – *adj* побéдный, торжествýющий
victory *n* побéда **decisive ~** решáющая побéда
gain, win a ~ одéрживать *impf*, одержáть *pf* побéду

video – *prefix* видио-
~ recorder *n* видиомагнитофóн
~ viewing device *n* видиопросмóтровое устрóйство
videoteleconference *n* видиотелефоновстрéча

Viennese – *adj* вéнский
Viet Cong (1960s-1980s) – *n* Вьет-кóнг
Vietminh (1940-1950s) *n* Вьет-мúнь *m*
Vietnamization of the war (1970s) *n, US mil, pol* «вьетнамизáция«
войнý

view – *n* вид
close-up ~ вид крýпным плáном **field of ~** *n* обзóр
viewer *n* визúр **viewfinder** визúр, *n* видиоискáтель *m*

visibility, all around ~; 360 degree ~ *n* круговóй обзóр
limited ~ *n* ограниченная вúдимость
visualization *n* визуализáция, визуáльное отображéние

village mockup – *n* макéт населённого пýнкта
village soviet *n* сельсовéт
visit – *n* визúт **courtesy ~** визúт **return ~** отвéтный визúт
social ~ свéтский визúт

Vlasov, A.A (WW II, Ru general defecter to the Nazis) – Влáсов,
А.А.

Vlasov's (WW II, Ge. controlled anticommunist) **army member,
supporter** *n* влáсовец, влáсовка *f*
vogue – *n* мóда **in ~** в мóде

voice – *n* гóлос
~ mail *n* голосовáя пóчта **~ phone** *n* ларингофóн **~ scrambler** *n*
телефóнный шифрáтор

AN ENGLISH – RUSSIAN MILITARY DICTIONARY

affirmative ~ *n* го́лос «да«
dissenting ~ *n* го́лос «про́тив«

volatility – *adj* лету́чий, *n* лету́честь *f*
Volga – *adj* во́лжский, Во́лга
native of the ~ region *n* волжа́нин *m*, волжа́нка *f*
Volksdeutsche – *n, Ge* «Фольксдо́йче«
Volksturm (WW II Ge Army reservists, 1944-45) Фольксшту́рм
volume of fire – *n* пло́тность *f* огня́
VTOL (vertical takeoff and landing) aircraft – *npl* «пры́гающие« самолёты (самолёты с вертика́льным взлётом и поса́дкой)

vote – *n* го́лос, голосова́ние; голосова́ть *impf*, проголосова́ть *pf* ~ for голосова́ть за + a. ~ against голосова́ть про́тив + g.
nationwide ~ *n* всенаро́дное голосова́ние
put to the ~, ~ on голосова́ть
tie ~ *n* ра́вное число́ голосо́в
yes ~ го́лос за no ~ го́лос про́тив
voter *n, pol* избира́тель *m*, избира́тельница *f*
voting qualification избира́тельный ценз

Vulcan (20/30 mm 6 barrel gun) – *n, US mil* «вулка́н«

vulnerability – *n* уязви́мость *f*
1ˢᵗ strike ~ уязви́мость от пе́рвого я́дерного уда́ра
vulnerable *adj* уязви́мый

AN ENGLISH – RUSSIAN MILITARY DICTIONARY

W

wage earner – *n* наёмный рабо́чий; корми́лец

wait, wait-and-see, temporarize выжида́ть *impf*, вы́ждать *pf*
"wait out" *mil commo* «ожида́йте продолже́ния»
waiting, waiting-and-seeing, temporizing *adj* выжида́тельный,
n выжида́ние ~ **list** *n* спи́сок очереднико́в
play a ~ game занима́ть *impf* выжида́тельную пози́цию

wake; in the ~ of someone's policy – в фарва́тере чье́й поли́тики

Walkman ® radio – *n* пле́ер **walkover, easy win** – *n* лёгкая
побе́да
Wall Street crash, 1929 – *n, econ* «уо́ллстритский кра́х» в 1929 г.

war – *n* война́
~ **by proxy; proxy warfare** война́, веду́щаяся тре́тьей
сторо́ной; война́ «чужи́ми рука́ми»
~ **crime** *n* вое́нное преступле́ние
~ **footing** вое́нное положе́ние; боева́я гото́вность
~ **on two fronts** война́ на два фро́нта
~ **of attrition** война́ на истоще́ние
~ **of conquest** завоева́тельная война́
~ **of extermination** война́ на уничтоже́ние
~ **of limited objectives** война́ с ограни́ченными це́лями
all-out ~ всео́бщая война́
carry the ~ into enemy territory переноси́ть боевы́е де́йствия на
террито́рию проти́вника
civil ~ гражда́нская война́
colonial ~ колониа́льная война́
conduct, wage ~ вести́ *impf*, по вести́ *pf* боевы́е де́йствия
counterinsurgency ~ *n* противоповста́нческие де́йствия
declaration of ~ *n* объявле́ние войны́ кому
fight a losing ~ вести́ заве́домо про́игранную войну́
fight a winning ~ вести́ вы́игрышную войну́
fratricidal ~ братоуби́йственная война́
full scale ~ всео́бщая война́
general war всео́бщая война́
go to ~ вступа́ть в войну́
large-scale ~ крупномасшта́бная война́
price ~ «война́ цен»

AN ENGLISH – RUSSIAN MILITARY DICTIONARY

prisoner of ~ *n* военнопле́нный
protracted ~ затяжна́я война́

push button ~ кно́почная война́
set off, unleash ~ развя́зывать *impf*, развяза́ть *pf* войну

Anglo-Boer War, 1899 – 1902 Áнгло-бýрская война́
American Civil War, 1861-1865 война́ Céвера и Юга Амéрике
Am War of Independence, 1775-1783 *n, US hist* Америка́нская война́ за независимость
Arab-Israeli War, 1948-49 Ара́бо-изра́ильская война́
Balkan Wars, 1912-1913 Балка́нские во́йны
Cold War, 1945 1990 «холо́дная война́»
Desert Storm 1991(the Mideast) *n* «Бýря в пустыне»
Falkland War, 1982 Фолькле́ндская война́
Great War; WWI, 1914-1918 Велйикая война́
Gulf War syndrome, 1992 синдро́м войны́ в зали́ве
Hundred Years' War, 1337-1453 *n, hist* Столе́тняя война́
Peloponnesian War, 431-404 B.C. Пелопоне́сская война́
Persian Gulf War, 1991 война́ в Перси́дском зали́ве
Phony War, WW II, Fr, 1939-40 *n, mil* «Стра́нная война́»
Punic Wars, 264-241 B.C.; 218-201 B.C.; 149-146 B.C. *n, hist* Пуни́ческие войны
Russo – Japanese War, Manchuria, 1904-5 *n, hist* Рýсско – Япо́нская война́ (за облада́ние маньчжурей и корией)
Sino-Japanese War Япо́но-кита́йская война́
Six-Day War, Arab-Israeli, 1967 Шестидне́вная война́
Soviet-Finnish War, 1939-40 Совéтско-финля́ндская война́
Soviet-Japanese War, 1945 Совéтско-япо́нская война́
Soviet-Polish War, 1920 Совéтско- по́льская война́
Spanish-American War, 1898 Испа́но-америка́нская война́
Spanish Civil War, 1936-1939 Испа́нская гражда́нская война́
Star Wars – «звёздные во́йны»
Thirty Years' War,1618-1648 *Eur hist* Тридцатиле́тняя война́
un/declared ~ не/объя́вленная война́
Vietnam War, 1963-1973 вьетна́мская война́
War of the Roses, 1455-1485 *Eng hist* война́ Алой и Бéлой ро́зы
War of the Spanish Succession, 1701-1712 война́ за Испа́нское наслéдство
World War I/II пéрвая/втора́я мирова́я война́
Yom Kippur War,1973, Mideast «война́ на Йом-Киппýр»

AN ENGLISH - RUSSIAN MILITARY DICTIONARY

warfare – война́, боевы́е/вое́нные де́йствия
antisatellite ~ n противоспу́тниковая война́
antisubmarine ~ n борьба́ с наво́дными корабля́ми
coalition ~ коалицио́нная война́
push button ~ «кно́почная« война́

trench ~ око́пная/позицио́нная война́
put on a warfooting приводи́ть impf, привести́ pf в состоя́ние боево́й гото́вности

wargame – вое́нная игра́
board ~ вое́нная игра́ на ка́ртах и схе́мах
sand box ~ вое́нные уче́ния с маке́тами-схе́мами на песке́

warhead n боеголо́вка, боева́я ча́сть
warlike adj во́инственный
warlord n вое́нный дикта́тор
warmonger; a saber-rattler n поджига́тель войны́

warmup (vehicle engines, equipment) – n прогрева́ние, прогрева́ть impf; sports разми́нка
warning – n предупрежде́ние, предосторо́жность
early ~ n ра́ннее предупрежде́ние air-raid ~ n возду́шная трево́га

warrant, bench – n, leg распоряже́ние суда́
warring factions – npl враждду́ющие сто́роны
warrior, fighter – n бое́ц

Warsaw Pact (established in 1955) – Sov mil, pol Варша́вский па́кт
Warsaw Treaty Organization ОВД Sov mil, pol Организа́ця Варша́вского Догово́ра,
Warsaw uprising (1943, WW II) n, mil Варша́вское восста́ние

wartime – n вое́нное вре́мя
waste, wastage – n отбро́сы, отхо́ды

water – adj во́дный, n вода́; (aquatic) водяно́й
~-bearing adj водоно́сный ~-borne (cargo) adj доставля́емый водо́й, перевози́мый по воде́ ~ buffalo, trailor n, mil водоцисте́рна ~ carrier n водово́з
~ catchment adj водосбо́рный, n водосбо́р

AN ENGLISH – RUSSIAN MILITARY DICTIONARY

~-collecting *adj, tech* водосбóрный

~ conservancy, drainage, melioration, supply *adj* вóдно-мелиоратúвный ~ crossing commander *n, mil* комендáнт перепрáвы ~ distribution *adj* водоразбóрный

~ drainage system *adj* водостóчный, водоотвóдный; *n* водостóк, водоотвóд ~ fall *n* водопáд ~ gauge *adj* водомéрный, *n* водомéр

~ heater *n* водогрéйка ~ main *n* вóдная магистрáль

~ management, resources, supplies *adj* водохозя́йственный, *n* вóдное хозя́йство

~-pipe *n* водопровóдная трубá

~-proof *adj* (materials) водонепроницáемый, (articles) непромокáемый, герметúческий, водоупóрный

~-repellent *adj* водооттáлкивающий

~ reservoir *n* водовместúлище, (natural or artificial) водоём

~-resistant *adj* водоупóрный, водостóйкий

~ source *n* водоистóчник

~ storage capacity *adj* водоёмкий, *n* водоёмкость

~ supply *n* водоснабжéние

~ pipe or main, plumbing *n* водопровóд

~ tower *n* водокáчка

~ treatment *n, med* (hydropathic treatment) водолечéние

boiled ~ *n* кипячёная водá

coastal ~s *n* прибрéжные вóды chlorinate ~ хлорúровать *pf* & *impf* вóду

desalinate ~ *vt* опресня́ть *impf*, опреснúть *pf* вóду

distilled ~ опреснённая водá

fresh ~ прéсная водá

in international ~ *n* в междунарóдных вóдах potable ~ *n* питьевáя водá

output of ~ supply system *n* производúтельность *f* водопровóда

pumped ~ supply *n* механúческий водопровóд

salt ~ солёная водá

stagnant ~ стоя́чая водá

survey of ~ resources *n* водохозя́йственный кадáстр

tap ~ *n* сырáя водá

territorial ~s *n* береговóе мóре

watered down text (treaty, etc) *n, pol* смягчённый вариáнт тéкста waterfall *n* водопáд waterless *adj* безвóдный waterlogged *adj* заболóченный (ground), мóкрый (wood) waterproofing *n* герметизáция waters, coastal ~ *n* взмóрье

AN ENGLISH – RUSSIAN MILITARY DICTIONARY

watershed *n* водоразде́л
Watergate scandal (US, 1973-1974 *n, pol* Уо́тергейтский сканда́л в США
watering place, pond, trough *n* водопо́й
waterway *n* во́дный путь

watt – *n, elec* ватт **wattage** *n* ва́ттность *f*

weapon – *n* ору́жие
~ **of mass destruction** ору́жие ма́ссового уничтоже́ния
air-to-ground ~s ору́жие кла́сса «во́здух-земля́«
conventional ~s обы́чные ви́ды вооруже́ний
dirty (nuclear) ~ я́дерное ору́жие с радиоакти́вными оса́дками
ground-to-air ~ ору́жие кла́сса «земля́-во́здух«
microwave ~ сверхвысокочасто́тное ору́жие
multi-purpose ~ универса́льное/многоцелево́е ору́жие
orbital ~ орбита́льное ору́жие
outlaw ~s объяви́ть ору́жии вне зако́на
partical beam ~ пучко́вое ору́жие
second strike ~ ору́жие для нанесе́ния отве́тного уда́ра
ship mounted ~ корабе́льное ору́жие
time delay ~ ору́жие заме́дленного де́йствия
unconventional ~ *n* необы́чные ви́ды вооруже́ний
weaponry ору́жие, вооруже́ние

wear – *n* (loss of quality) изно́с, снос; *vi* сноси́ться *pf*
~ **down the enemy** ослабля́ть *impf* проти́вника
~ **out** *vt* сноси́ть *pf, vi* сноси́ться *pf;* износи́ть *pf;* истере́ться; сноси́ться ~ **out the enemy** изма́тывать *impf,* измота́ть *pf* проти́вника
fair ~ **and tear** норма́лный или есте́ственный изно́с
worn-out (clothes, etc) *adj* изно́шенный, истёртый, потёртый, сноси́вшийся

weather – *n* пого́да
~ **permitting** при благоприя́тной пого́де **in all** ~ при любо́й пого́де ~-**proof** погодоусто́йчивый

week – *adj* неде́льный, *n* неде́ля
~ **day** *n* бу́дний день, *n* рабо́чий день
~ **day off, a closed** ~ **day** *n* выходно́й день
5-day ~ *n* пятидне́вка **week, 7-day** ~ *n* семидне́вка

AN ENGLISH – RUSSIAN MILITARY DICTIONARY

in a ~s time в недéльный срок
for ~s at a time недéлями
work a 40-hour ~ рабóтать *impf* сорóк часóв в недéлю
weekly *adj* еженедéльный, *adv* еженедéльно

Wehrmacht – *Ge mil, WW II* вéрмахт
Weimar constitution (Ge 1919-1933) – *n* Вéймарская конститýция

weld – *adj* свáрочный, *n* шов, свáрнóй шов; свáривать *impf*,
сварúть *pf* ~ together спáивать *impf*, спаять *pf* welded *adj*
свáрочный, свáрнóй
welder *n* свáрщик welding *n* свáрка spot ~ тóчечная свáрка

welfare state – *n* госудáрство всеóбщего благосостояния *или*
благодéнствия

well, test ~ – *n* развéдочная сквáжина
well-founded *adj* обоснóванный
well-grounded *adj* обоснóванный
well-spent *adv* рационáльно потрáченный
well-timed *adj* своеврéменный
well-to-do, well off, prosperus *adj* состоятельный
well-trained *adj* выученный, обýченный

werewolf – *n* óборотень *m*

west – *adj* запáдный
West, the ~ *pol* Зáпад
West-African *adj* западноафрикáнский
West-German *adj* западногермáнский
West-European *adj* западноевропéйский
West Bank (Israel and Palestine) *n* запáдные берегá
westerly *adj* (of wind) с зáпада, *adv* (westwards) к зáпаду,
на зáпад; *n* (wind) запáдный вéтер

Western European Union (WEU) *n, pol* Западноевропéйский
Союз (ЗЕС) westerner (sb who is pro-western) *n, pol* зáпадник,
(one who lives in the ~) *n* жúтель зáпада
westernization *n* внедрéние зáпадного óбраза жúзни
westernize внедрять *impf*, внедрúть *pf* запáдный óбраз жúзни в
+ a.
westward, to the ~ к зáпаду, на зáпад

AN ENGLISH – RUSSIAN MILITARY DICTIONARY

wharf – *adj* при́станский, *n* при́стань
wheeled – *adj* колёсный; на колёсном ходу́
wheat – *n, agric* пшени́ца **summer/winter** ~ ярова́я/ози́мая пшени́ца
wheeler-dealer – *n, coll* (кру́пный) деле́ц
whine, whining – *n* нытьё **whiner** *n* ны́тик

whipping boy – *n, lit/fig* козёл отпуще́ния
whistle blower – *n, econ, pol* доно́счик/доно́счица

white – *adj* бе́лый
~ **collar crime** *n* престу́пность «бе́лых воротничко́в«; «беловоротничко́вая« престу́пность *f*
~-**collar worker** *as a n* слу́жащий
~ **flag (of truce)** *n* бе́лый/парламентёрский флаг
~ **paper** *n, pol* бе́лая кни́га
~ **supremacist** *n* сторо́нник госпо́дства бе́лых
~ **lie** *n* ложь во спасе́ние

White emigre, White Russian *adj* белоэмигра́нтский, *n* белоэмигра́нт
whitewash – *lit/fig* обеля́ть *impf*, обели́ть *pf*

wide range, wide ranging – *adj, commo* широкодиапазо́нный
widow *n, soc* вдова́ **become a** стать вдово́й, овдове́ть
widowed *adj* вдо́вый **widowhood, widowerhood** *n, soc* вдовство́
widower *n* вдове́ц

wife, battered ~ - *n, soc* подверга́емая побо́ям жена́
"wilco" – *mil commo* «бу́дет вы́полнено«
winch, hoist – *n* во́рот, лебёдка ~ **truck** автолебёдка

wind cone, sock – *n* ветроуказа́тель *m*
windage – *n* снос ве́тром; попра́вка на снос ве́тром
window of opportunity – *n* окно́/пери́од возмо́жности

wing – *n* крыло́ **left-**~ *n, pol* ле́вый **military** ~ *n* вое́нное крыло́
right-wing *adj* пра́вый

winter – *adj* зи́мний, *n* зима́
~ **quarters** *n, mil* зи́мние кварти́ры

AN ENGLISH – RUSSIAN MILITARY DICTIONARY

winterize приспосáбливать *impf*, приспосóбить *pf* для эксплуатáции зимóй

wire – *adj* прóволочный, *n* прóволока
~ **controlled** управлЯемый по проводáм
barbed ~ *n* колЮчая прóволока
barbed ~ **obstacle** *n, mil* заграждéние из колЮчей прóволоки
by ~ по проводникóвой свЯзи; по телефóну; по телегрáфу
lay out, install ~ *mil* проклáдывать *impf* (телефóнный)кáбель *m*
pick up *n , mil* снимáть *impf*, снЯть *pf* лúнию проводникóвой свЯзи
reel in commo ~ смáтывать *impf*, смотáть *pf* кабель *m*
reel out commo ~ размáтывать *impf*, размотáть *pf* кáбель

wireman *n* связúст полевóй лúнии; связúст проводникóвой связи
wiretapping *n, commo* перехвáт/подслýшивание телефóнных сообщéний/разговóров

wise – *adj* мýдрый
~ **guy, a know-it-all** *n, US slang* "ýмник", всезнáйка
~ **move** *n* разýмный шаг

wishful thinking – *n* принЯтие желáемого за действúтельное (сýщее)
wishy-washy – (person) *n* вЯлый
witch hunt – *n, fig/pol* «охóта за вéдьмами«
withdraw – уходúть *impf*, уйтú *pf*; отходúть *impf*, отойтú *pf;* отводúть *impf*, отвестú *pf* что

withdrawal – *n, mil* отступлéние, отхóд, вЫход из бóя
~ **from contact with the enemy** *n, mil* отхóд в услóвиях соприкосновéния с протúвником
~ **not in contact with the enemy** *n, mil* отхóд вóйск при отсýтствии актúвных дéйствий со сторонЫ протúвника
bounding ~ *n, mil* отхóд перекáтами под прикрЫтием своúх вóйск **covered** ~ *n, mil* отхóд под прикрЫтием своúх вóйск
conduct a ~ отходúть, осуществлЯть *impf* отхóд
deliberate ~ *n, mil* преднамéренный отхóд
fighting ~ *n, mil* отхóд с бóем
forced ~ *n, mil* вЫнужденный отхóд
phased, staged ~ *n, mil* планомéрный отхóд по этáпам
withdrawing *adj* отходЯщий

AN ENGLISH – RUSSIAN MILITARY DICTIONARY

"withering away of the State" (Marx) – *n, pol* «отмира́ние госуда́рства«

within range – в преде́лах досяга́емости within reach в преде́лах досяга́емости within the limits of… в преде́лах within the tolerances… в преде́лах

woman – *n* же́нщина ~ doctor *n* же́нщина-врач ~ police officer же́нщина-полице́йский

women's liberation, emancipation *n* раскрепоще́ние же́нщин ~'s libber *n* боре́ц за права́/эмансипа́цию же́нщин womanizer ба́бник, женолю́б

wood, wooden – *adj* деревя́нный

~ clearing (caused by a storm/ man made) *n* бурело́м, вы́рубка, лесно́й зава́л
wooded *adj* леси́стый ~ steppe *n* лесосте́пь
~ terrain *n* леси́стая ме́стность ~ tundra *n* лесоту́ндра
marshy woodland *n* леси́сто- боло́тная ме́стность
woods, forest *n* лес

work – *n* труд, рабо́та
~ cell *n* рабо́чая яче́йка ~ conditions *npl* усло́вия труда́
~ for the government рабо́тать *impf* на госуда́рственной слу́жбе
~ load *n* нагру́зка
~ one's way forward/backward *vi* пробива́ться *impf*, проби́ться *pf* вперёд/наза́д
~ for a living зараба́тывать *impf* себе́ на жизнь
~ for peace боро́ться *impf* за мир
defensive ~s *n, mil* оборони́тельные сооруже́ния
office, clerical ~, record keeping *n, bus* делопроизво́дство
shift ~ *n* сме́нность *f*; сме́нная рабо́та
short ~ week *n* непо́лная рабо́чая неде́ля
workaholic *n* работома́н *m*, работома́нка *f*, трудого́лик, трудого́личка
workday *n* рабо́чий день
five/eight hour ~ пяти/восьми/~часово́й рабо́чий день
work-load *n* нагру́зка

AN ENGLISH – RUSSIAN MILITARY DICTIONARY

worker – *n* рабóтник
blue collar, manual ~s рабóтники физи́ческого труда́
farm ~s рабóтники сéльского хозя́йства
field ~s *n, mil* (construction) полевóе сооруже́ние
night ~ *n* вече́рник trade ~s, personnel тогрóвые рабóтники
production ~ *n* произвóдственник
transport ~s *n* тра́нстпортники
~s and peasants *adj* рабóче-крестья́нский
"Workers of the world, unite!" (Marx) «Пролета́рии всех стра́н, соединя́йтесь!«

working *adj* рабóчий
~ class *n, soc,bus* рабóчий класс ~ class families *n, soc* сéмьи
рабóчих ~ conditions услóвия труда́ ~ hours *n* рабóчее врéмя
~ party рабóчая гру́ппа ~ week *n* рабóчая недéля
in ~ order в испра́вности

workshop, repairshop – *n* мастерска́я, парк, цех
tank ~ та́нко-ремóнтная мастерска́я
truck-mounted ~ подви́жная мастерска́я

world – *n* мир, свéт
~ affairs междунарóдые дела́ ~ peace мир во всём ми́ре
~ power вели́кая держа́ва ~ outlook *adj* мировоззрéнческий, *n*
мировоззрéние worldwide web *n, comp* интернéт; всеми́рная
паути́на (веб)
Third World *n, pol* трéтий мир
World Council of Churches (WCC) *n, rel* Всеми́рный Совет
церквéй (ВСУ)

worsen – *vt & vi* ухудша́ть(ся) *impf*, уху́дшить(ся) *pf*
worshipper – *n* моля́щийся
worthless – *adj* нестóящий worthwhile – *adj* стóящий
would-be (writer) – *n* человéк, вообража́ющий себя́
(писа́телем)

wound, injure – *n* ра́нить *pf & impf*, ра́на, ранéние
wounded *adj, med, n* ра́неный fatal ~ *n* смертéльная ра́на
lacerated ~ *n* рва́ная ра́на punctured ~ *n* кóлотая ра́на
severely ~ *adj, n* тяжелора́неный walking ~ *n* ходя́чий ра́неный

Wrangelschina (White Army rule in Ru, 1919) – *Ru hist* врáнгелевщина

wreck (vehicle, person, etc) – *n* развáлина, крушéние
wreckage *n* облóмки; (buildings) развáлины
wrecker (recovery vehicle) *n* ремóнто-эвакуациóнная машúна, машúна техни́ческой пóмощи; (salvager) спасáтель; *US* (repairer) рабóчий аварúйно-ремóнтной бригáды

shipwreck *n* кораблекрушéние **trainwreck** *n* крушéние пóезда

write off (equipment; loss) спúсывать *impf*, списáть *pf* на слом
~ **a car** списáть маши́ну на слом

X

xenophobe – *n* ксенофóб
xenophobia *n* ксенофóбия
xenophobic *adj* отличáющийся ксенофóбией

Xerox ®, to ~ – ксерокопúровать *impf*, отксерокопúровать *pf*

AN ENGLISH – RUSSIAN MILITARY DICTIONARY

Y

Yahweh – *m, rel, indecl* Я́хве
Yalta Conference, 1945 – *n, hist* Ялтинская/Кры́мская конфере́нция
yank – *sl* америка́шка, *m, f* **yankee go home!** *coll* я́нки во́н!
yard, freight ~ *n, rr* това́рный двор
marshalling ~ *n, rr* сортирво́чная ста́нция
year-round – *adj* всесезо́нный

Yezhovschina (1930s, the great terror under NKVD chief **Yezhov and Stalin**) – *Sov hist* ежо́вщина
Yeltsinists (supporter(s) of Boris Yeltsin, Ru) – *Ru hist* е́льцини́ст, ельцини́сты
Yeltsinschina (period of rule under Yeltsin) *Ru hist* е́льцинщина

yes-man – *n* подпева́ла, подхали́м
yesterday - *adj* вчера́шний
yield, high/low (nuclear weapons) – *n* больша́я/ма́лая мо́щность

YMCA (Young Men's Christian Association) – *US, soc* Христиа́нский сою́з молоды́х люде́й
YWCA (Young Women's Christian Association) – *US, soc* Христиа́нский сою́з же́нской молод

yoke – *n, lit, fig* и́го
bear, endure the ~ нести́ *pf* и́го
fall under the ~ *lit/fig* подпа́сть под и́го
Tatar ~ (overthrown by Ivan III in 1480) *Ru hist* тата́рское и́го
throw off the Tatar ~ сбра́сывать *impf*, сбро́сить *pf* тата́рское и́го/ярмо́ с себя́

yokel, hick – *n* дереве́нщина
young-looking – *n* моложа́вый **youngster** *n* ма́льчик *m*
youth (collective) *n, lit* ю́ность, (period or state) молодёжь

Z

zealot – *n* фанáтик *m*, фанатúчка *f*; ревнúтель *m*, ревнúтельница *f*

zebra camoflage paint – *n* полосáтая камуфлáжная окрáска
Zen-Buddhism – *n, rel* дззн-буддúзм
zenith – *n, lit, fig* зенúт; *fig* вы́сшая тóчка, расвéт

zero – *adj* нулевóй, *n* нуль *m*, ноль *m*
~ an instrument устанáвливать *impf,* установúть *pf* прибóр на нуль ~ defects *n* бездефéктность *f*
~ gravity *n* невесóмость *f* ~ hour чáс «ч«
~ option *pol* «нулевóй вариáнт«
~-sum game игрá с нулевóй сýммой, с нулевы́м исхóдом ~ the rifle устанáвливать *impf* прицéл винтóвки ground ~ *nuc* эпицéнтр я́дерного взры́ва ten degrees below ~ мúнус дéсять грáдусов, дéсять грáдусов нúже нуля́ zeroed *adj* пристрéлянный

zinc – *adj* цúнковый, *n* цúнк; оцинкóвывать *impf,* оцинковáть *pf*
Zionism *m, pol* сионúзм Zionist *adj* сионúстский, *n* сионúст

zone – *n* зóна, полосá, райóн
~ of damage зóна поражéния air buffer воздýшная бýферная зóна air landing ~ райóн вы́садки десáнта battle ~ *mil* полосá боевы́х дéйствий buffer ~ бýферная зóна contaminated ~ зóна заражéния establishment of a nuclear weapons-free ~ *n* создáние безъя́дерной зóны exclusive fishing ~ исключúтельная рыболóвная зóна
fortified ~ укреплённая полосá zonal *adj* зонáльный
impact ~ *art* зóна попадáния intercept ~ зóна перехвáта
killing ~ зóна поражéния obstacle ~ полосá препя́тствий
time ~ *n* часовóй пóяс lima (local) time ~ *n* часовóй пóяс мéстного врéмени temperate ~ умéрнные поясá
time ~ пояснóе врéмя
weapons free ~ *mil* зóна неогранúченного применéния орýжия; зóна, свобóдная от орýжия
withdrawal ~ полосá отхóда
zulu time ~ *n* срéднее грúнвичское врéмя

AN ENGLISH – RUSSIAN MILITARY DICTIONARY

TOPOGRAPHICAL AND WEATHER TERMS

all-weather – *adj* всепогóдный
alpine – *adj* альпи́йский
arid – *adj* безвóдный aridity *n* безвóдье
atmospheric pressure – *n* атмосфéрное давлéние
atoll – *n* атóлл
avalanche – *adj* лави́нный, *n* лави́на

bad weather (wet) – *n* ненáстное врéмя
berm – *n* бéрма
bog, marsh, swamp – *n* топь *f*
blocks, stone, paving – *n* брусчáтка
breakwater – *n* волнолóм
breeze – *n* бриз

Carpathians (mountains) – *npl* Карпáты
causeway – *n* грéбля
cave in, collapse – *n* обвáл, завáл
cliff – *adj* скали́стый, *n* скалá, утёс

cloud – *n* óблако
~ seeding *n* скоплéние облáков
mushroom ~ *n* грибови́дное óблако cloudiness *n* óблачность *f;*
fig тумáнность *f*
cloudless – *adj* безóблачный cloudlessness *n* безóблачность *f*
cloudy – *adj* óблачный

coastline – *n* береговáя ли́ния
cobblestone – *n* булы́жник
corderoy road – *n* гать *f*
crack, crevice – *n* расщéлина
culvert – *n* трубá
cut – *n* вы́емка

dam – *n* плоти́на
defile – *n* дефилé *indecl,* ущéлье
delta – *n* дéльта
depression, hollow – *n* лощи́на
descent, sharp ~ - *n* крутóй сход
desert/~ed – *adj* пусты́нный, *n* пусты́ня

AN ENGLISH - RUSSIAN MILITARY DICTIONARY

desiccated - *adj* сушёный
dew point - *n* то́чка россы
dike - *n* плоти́на, да́мба
ditch - *n* ров, кана́ва
draft (of air) - *n* сквозня́к, сквозно́й ве́тер
drizzle - *n* мо́рось, и́зморось *f*; мороси́ть *impf*
drizzly - *adj* моро́сящий
drought - *adj* засу́шливый, *n* за́суха, бездо́ждье
dune - *n* дю́на
dust storm - *n* пы́льная бу́ря

earthquake - *n* землетрясе́ние
ecological disaster - *n* экологи́ческое бе́дствие
embankment, fill, level - *n* на́сыпь *f*, на́бережная
erosion - *n* размы́в   **erosive** *adj* эрозио́нный, разъеда́ющий
estuary - *n* эстуа́рий, у́стье

fiord - *n* фио́рд, фьо́рд
flood - *n* наводне́ние   **flooded** *adj* зато́пленный
fog, dense - *n* мгла́   **fog shrouded** - *n* закры́тый тума́ном
folds in the terrain - *n* скла́дки ме́стности
foothills - *n* предго́рье
ford - *n* брод

forest - *adj* лесно́й
~ **clearing** *n* поля́на   ~ **fire** лесно́й пожа́р
burnt out ~ горе́лый лес   **coniferous** ~ хво́йный лес
cut ~ вы́рубленный лес   **deciduous** ~ ли́ственный лес
heavily forested леси́стая или ле́сная ме́стность
sparce ~ *n* ре́дкий лес   **forester** *n* лесни́к
forestry *n* лесово́дство, лесно́е хозя́йство

freeze - *n* (frost) заммора́живание, моро́з; замора́живать *impf*,
заморо́зить *pf*
frost-bite - *n* обмороже́ние, обмора́живние
frostbitten *adj* обморо́женный

gale - *n* шторм
gently sloping - *adj* поло́гий
glacier - *adj* ледо́вый, ледяно́й, *n* ледни́к   **glacial era** леднико́вый
пери́од
glutinous, viscous, boggy - *adj* вя́зкий

AN ENGLISH – RUSSIAN MILITARY DICTIONARY

gorge – *n* ущéлье
grassy – *adj* травянúстый
gravel – *n* грáвий
greenery – *n* зéлень
greenhouse effect – *n* теплúчный парникóвый эффéкт

ground – *adj* назéмный, *n* земля́, мéстность *f*, грунт, пóчва
~ **feature** *n* мéстный предмéт **clayish** ~ *n* глúнистый грунт
compact ~ плóтный грунт, слежáвшийся грунт
excavated ~ вы́нутый грунт **low lying** ~ *n* низúна
nature of (river, etc) bed ~ грунт дна
packed ~ плóтный грунт **sandy** ~ песчáный грунт
sloping ~ *n* покáтая мéстность *f* **soft** ~ мя́гкий *или* слáбый грунт
stoney ~ каменúстый грунт **testing** ~ *n* испытáтельный полигóн
thawed ~ тáлый грунт **unstable** ~ неустóйчивый грунт

gully – *n* бáлка, волостóк, лощúна

hail, hailstorm – *n* грáд, грáдины
haze – *adj* мглúстый, *n* мглá; ды́мка,
highway under construction – *n* стрóющееся шоссé
hillside – *n* откóс холмá
hollow, basin – *n* котловúна
humidity – *n* влáжность *f*

ice – *adj* ледянóй, *n* лёд
~ **age** *n, geo* ледникóвый перúод
~ **up or freeze up** об/за/леденевáть *impf*, об/за/леденéть *pf*;
(food) заморáживать *impf*, заморóзить *pf* ~ **drift** дрейф льдá;
ледохóд ~ **field** ледянóе пóле ~ **flow** *n* плавýчая льдúна
~-**free** *adj* свобóдный ото льдá, незамерзáющий
be covered with ~ об/за/леденéлый, обледенéвший; покры́тый
льдом **black** ~ *n* гололéдица **iceberg** *n* áйсберг
icy, chilly *adj* леденя́щий, льдúстый **Ice Age** *n* ледникóвый
перúод

inundated area – *n* зóна затоплéния
irrigate – *vt* орошáть *impf*, оросúть *pf* **irrigation** *n* ирригáция,
орошéние

jet stream – *n* стрýйное течéние
jungle – *n* джýнгли *pl*
knoll, hillock – *n* сóпка

AN ENGLISH - RUSSIAN MILITARY DICTIONARY

lagoon - *n* лагу́на
lake, other side of the ~ - *adj* заозёрный lakeside *adj*
приозёрный
landslide - *n* обва́л

lane, fire break - *n* про́сечка
ledge - *n* вы́ступ
lightening - *n* мо́лния ball ~ *n* шарова́я мо́лния heat ~ *n*
зарни́ца
lowland - *adj* подго́рный, *n* ни́зменность *f*

marsh, bog, swamp - *n* топь *f* marshy *adj* боло́тистый, то́пкий
massif, mountain mass - *n, geo* масси́в,
mildew - *n* ми́льдью
mist - *adj* тума́нный, *n* тума́н, ды́мка, мгла́
moisture - *n* вла́га
moldy, mold - *adj* пле́сенный, *n* пле́сень
mossy and lichenous - *adj* мо́хово-лиша́йниковый
mountain range - *n* го́рный хребе́т, го́рный кряж

mud - грязь, ил
~ season - *n* распу́тица muddy *adj* гря́зный, и́листый

oil slick - *n* нефтяна́я плёнка на воде́
ooze, oozy - *adj* и́листый, *n* ил
overcast (weather) - *adj* хму́рый, покры́тый
облаками; о́блачность *f*
overflow - *n* разли́в; *vi* перелива́ться *impf* перели́ться *pf* че́рез
что
overheat - *n* перегре́в; перегрева́ться *impf*, перегре́ться *pf*
overpass - *n* путепрово́д
overseas - за́ мо́рем from ~ из- за мо́ря
ozone friendly - не поврежда́ющий озо́новый слой

passable (for wheeled vehicles) - *adj* прое́зжий
path - *n* тропа́
permafrost - *n* ве́чная мерзлота́
plateau - *n* плато́ *indecl*
polar region - *n* заполя́рье
pollutant - *n* загрязня́ющее вещество́
pond - *n* пруд
porous - *adj* по́ристый

AN ENGLISH – RUSSIAN MILITARY DICTIONARY

precipitation – *n* осáдки
pressure – *n* давлéние **high ~ area** *n* óбласть высóкого давлéния
puddle – *n* лýжа

quagmire – *n, lit, fig* болóто **quarry** – *n* карьéр

rain – *n* дождь *m*
heavy ~, shower *n* лúвневые осáдки **incessant ~** *n* затяжнóй
дождь **intermittent ~** *n* прерывистый дождь **rainforest** *n*
тропúческий лес **rainy weather** *n* ненáстье

rapids – *n* быстринá
ravine – *n* бáлка, оврáг, ущéлье
reef, reefs – *n* риф, рúфы **carried onto the ~s** понеслó на рúфы
ravine, gully – *adj* оврáжный, *n* оврáг
river ~ *adj* речнóй, *n* рекá **navigable** ~ судохóдная рекá **riverbed**ˈ
n рýсло рекú **~ bend** *n* извúв
rocky – *adj* каменúстый, скалúстый

saddle – *n, topo* седловúна; седлó
salt marsh – *n* солончáк **salt works, mines** *npl* солянье
разрабóтки

sand flats – *n* рóвные пескú **sandbank** *n* песчáная бáнка
sandpit *n* песóчница **sandstorm** *n* песчáная бýря, смерч
sandy *adj* песчáный

sea, choppy – *n* неспокóйное мóре **at ~** нá мóре **by the ~** у
мóря **shallow ~** мелковóдное мóре **seaweeds** *nfpl* вóдоросли

season – *n* врéмя сезóна **mud ~** *n* распýтица
semidesert – *adj* полупустынный
shrub, bush – *n* куст
silt, silty *adj* úлистый, *n* ил
sleet – *n* дождь *m* со снéгом, крупá **it is sleeting** крупá сыплет

slope – *n* наклóн, склон, уклóн, откóс; косогóр
reverse ~ *n* обрáтный скат или уклóн
slush – *n* слякоть *f* **smog** – *n* смог

AN ENGLISH – RUSSIAN MILITARY DICTIONARY

snow – *adj* снеговой, снёжный, *n* снег
~ blindness *n* снёжная слепота ~ bound *n* занесёный снёгом
~ cover *n* снёжный покров ~ covered *adj* оснежённый, *n*
покрытый снёгом ~ removal *adj* снегоуборочный ~ whiteout
снёжная белизна
be snowblinded страдать снёжной слепотой
snowdrift *n* снёжный занос, снёжный сугроб snowfall *n*
снегопад snowflakes *npl* снёжинки snowplow *n*
снегоочиститель snowshoes *npl* снегоступы snowstorm *n*
метёль *f;* вьюга; снёжная буря snowy weather *n* снёжная
погода

soil – *adj* почвенный, *n* почва, грунт
spring (water source) – *n* родник
steppe-forest – *n* лесостепь *f*
stone, or paving blocks – *n* брусчатка crushed ~ *n, ms* щёбень
m, щёбня *mpl*
strait пролив international ~ *n* международный пролив
strato-cumulus clouds – *npl* слойсто-кучевые облака
stream – *n* ручей
supercooled, be ~ – *vi* переохлаждаться
surf – *n* прибой
swamp, bog, marsh – топь *f*

temperate – *adj* умёренный
temperature inversion – *n* инвёрсия температуры

terrain – *n* мёстность *f*
~ masking маскирующие свойства мёстности
~ passability проходимость *f* мёстности
~ walk *n* рекогносцировочный выход; рекогносцировка;
изучёние мёстности
antitank ~ танконедоступная мёстность
broken ~ пересечённая мёстность
dominating ~ feature господствующий мёстный рельёф
enemy held ~ *n* территория, захваченная противником
favorable ~ выгодная мёстность
forested and ~ marshy лесисто-болотистая мёстность
heavily broken ~ рёзко пересечённая мёстность
key ~ feature тактически важный мёстный рельёф
lightly broken ~ малопересечённая мёстность

AN ENGLISH - RUSSIAN MILITARY DICTIONARY

masking ~ **feature** маскиру́ющий ме́стный рельéф; естéственная маскирóвка **montainous** ~ горúстая мéстность
nature of the ~ харáктер мéстности
negotiate difficult ~ продвигáться по труднопроходúмой мéстности **restrictive, broken** ~ пересечённая мéстность
rough ~ труднопроходúмая мéстность, труднодостýпная мéстность **swampy** ~ заболóченная мéстность
wooded ~ леснáя мéстность

thaw − *n* óттепель *f*

thermal convection − *n* термúческая конвéкция
thicket − *n* зáросли
thunder − *n* гром

tidal, rising tide − *adj* прилúвный **tidal wave** *n* прилúвная волнá
tide (rising/ebb) *n* прилúв/отлúв **high** ~ *n* пóлная водá
tornado − *n* смерч

tree − *n* дéрево
~ **grove** *n* пóросль *f* ~ **nursery** *npl* лесны́е питóмники
~ **plantation** *n* древонасаждéние, рассáдник ~ **top** *n* верхýшка дéрева **coniferous** ~ хвóйное дéрево **deciduous** ~ лúственное дéрево

tributary − *n* притóк **tsunami** − *n* цунáми
tundra − *n* тýндра **wooded** ~ *n* лесотýндра
typhoon − *n* тайфýн

undergrowth, saplings − *n* молодня́к, подлéсок
vegetation − *adj* растúтельный, *n* растéние, вегетáция

warm spell − *n* потеплéние
washout − *n* размы́в

water − *adj* вóдный, *n* водá
~-**bearing** *adj* водонóсный ~ **catchment** *adj* водосбóрный, *n* водосбóр ~ **conservancy, drainage, melioration, supply** *adj* водно-мелиоратúвный ~ **crossing commander** *mil* комендáнт перепрáвы ~ **dam** *n* плотúна ~ **distribution** *adj* водоразбóрный ~ **drainage system** *adj* водостóчный, *n* водостóк ~ **edge, boundary** *n* урéз воды́ ~ **main** *n* вóдная магистрáль

AN ENGLISH - RUSSIAN MILITARY DICTIONARY

boiled ~ *n* кипячёная вода
coastal ~s *n* прибрежные воды **chlorinate** ~ *vt* хлорировать *impf*
& pf воду
desalinate ~ опреснять *impf* воду **distilled** ~ опреснённая вода
fresh ~ пресная вода
in international ~s *n* в международных водах
potable ~ *n* питьевая вода
salt ~ солёная вода **stagnant** ~ стоячая вода
tap ~ *n* сырая вода
waterfall *n* водопад **waterspout** смерч

weather − *n* погода
~ **a storm** *n* выдерживать шторм ~ **bound** *adj* задержанный
непогодой ~ **permitting** при благоприятной погоде
~ **station** *n* метеорологическая станция
~ **worn** *adj* пострадавший от непогоды
in all ~ в любую погоду, при любой погоде
in good ~ в хорошую погоду **bad** ~ *n* непогода
wet ~ *n* дождливая погода

weathered, chapped *adj* обветренный **weatherman** *n* синоптик
weatherproof *adj* погодоустойчивый
weeds − *npl* сорняки (land type), водоросли (water type)
white out (snow) − *n* белая мгла

wind − *adj* ветреный, *n* ветер
~ **cone, sock** *n* ветроуказатель ~ **direction** направление ветра
~ **gust** порыв ветра ~ **shift** поворот ветра
~ **speed** скорость ветра
cross ~ боковой ветер **cross tail** ~ попутно-боковой ветер
down ~ по ветру **leeward** ~ *adj* подветренный
prevailing ~s господствующие ветры
upwind против ветра **windstorm** *n* буря **windward, downwind** *adj*
наветренный

wood, wooden − *adj* деревянный
~ **clearing (caused by a storm/ man made)** *n* бурелом, вырубка,
лесной завал

wooded *adj* лесистый
~ **steppe** *n* лесостепь *f*
~ **terrain** *n* лесистая местность *f*

~ tundra *n* лесотýндра
marshy woodland *n* леси́сто-болóтная мéстность
woods, forest *n* лес

AN ENGLISH – RUSSIAN MILITARY DICTIONARY

GEOGRAPHY

Country/Adjective/Male/Female

A

Абха́з/~ия/~ский/~ец/~ка — Abkhazia/~n (Georgia)
Австра́л/~ия/~и́йский/~и́ец/~и́йка — Australia/~n
А́встр/~ия/~и́йский/~и́ец/~и́йка — Austria/~n
Адиро́ндак — Adirondacks
Азиа́т/~ский/азиа́т/~ка — Asian
Азо́рские острова́ — the Azores
Алба́н/~ия/~ский/~ец/~ка — Albania/~n
Алеу́тские острова́ — the Aleutians
Алжи́р/~ский/~ец/~ка — Algeria/~n
Аллега́ны — Allegheny Mountains
А́льпы — the Alps

Америка́н/~ский/~ец/~ка — America/~n
Анатоли́йское побере́жье — Anatolian Coast
А́нглия/англи́йский/англича́н/~ин/~ка — England, English
Англича́не — the English (plural)
Анго́л/~а/ьский/~ец/~ка — Angola/~n
А́нды — the Andes
Антаркти́да — Antartica
Анти́льские острова́ — Antilles
Аппала́чи — Appalachian Mountains
Аппала́чское плато́ — Appalachian Plateau
Апенни́нский полуостров — Apennine Peninsula
Апенни́ны — Apennines

Ара́б/~ский/Ара́б/~ка — Arab
Арави́йский полуо́стров — Arabian Peninsula
Аргенти́н/~а/~ский/~ец/~ка
Арде́нны — the Ardennes
Арм/~е́ния/~я́нский/~яни́н/~я́нка — Armenia/~n
Арту́а — Artois (Fr.)
Асси́рия/ассири́йский — Assyria/n
Ассир/~и́ец/~и́йка — Assyrian
Азербайджа́н/~ский/~ец/~ка — Azerbaidjan/~ian
Аргенти́н/~а/~ский/~ец/~ка — Argentin/~a/~ian
Афган/~иста́н/афга́н/~ский/~ец/~ка — Afghanistan/Afghan

AN ENGLISH – RUSSIAN MILITARY DICTIONARY

Африка/африка́н/~ский/~ец/~ка — Africa/~n

Б

Бага́мские острова́ — Bahama Islands
Балти́йское взмо́рье — Pomorze; Pomerania
southern Baltic Sea coast
Бангладе́ш/~ский/~ец/~ка — Bangladesh/~I
Баск/ба́скский/ба́ск/баско́нка — Basque
Бахре́йн — Bahrain
Башки́р/~ия/~ский/башки́р/~ка — Bashkiria/Bashkir

Белару́с/ь (f)/ский/белару́с/~ка — Belarus/Belorussian
Бе́льгия/бельги́/~йский/~ец/~йка —Belgi/~um/~an
Бели́з — Belize
Бе́льги/~я/~йский/~ец/~йка — Belg/~ium/~ian
Бени́/~нский/~ец/~йка — Benin
Бе́рег Слоно́вой Ко́сти — Ivory Coast
жи́тель Бе́рега Слоно́вой Ко́сти — inhabitant of Ivory Coast
Берму́дские острова́ — Bermuda
Би́рма/бирма́н/~ский/~ец/~ка — Burm/~a/~ese
Боге́м/~ия/~ский/~ец/~ка — Bohemia/~n
Болга́р/~ия/~ский/~ин/~ка — Bulgaria/~n
Боли́в/~ия/~и́йский/~и́ец/~и́йка — Bolivia/~n
Бо́сния/босни́йский/~ец/босни́йка — Bosnia/~n
Ботсва́н/~а/~ский — Botswana/~n
жи́тель Ботсва́ны — Botswana

Брази́л/~ия/~ьский/~ьец/~ья́нка — Brasil/~ian

Брета́нь — Brittany (Fr.)
Бруне́й — Brunei
Буру́нди/бурунди́йский — Burundi/~an
жи́тель Буру́нди — Burundian
Буря́т/~ия/~ский/буря́т/~ка — Buryatia/Buryat
Брита́н/~ский/~ец/~ка — Brit/~ain/~ish/Briton
Брита́нские острова́ — the British Isles
Буркина́-Фасо́ — Burkina Faso

300

AN ENGLISH – RUSSIAN MILITARY DICTIONARY

В

Вавило́н/~ский/~ец/~ка — Babylon/~ian
Валли́йский/валли́/~ец/~йка/~йцы — Welsh
Вануа́ту — Vanuatu
Варя́г/варя́жский — Varangian
Вели́кие равни́ны — the Great Plains
Великобрита́ния — Great Britain
Ве́нгрия/венге́рский/ве́нгр/венге́рка — Hungar/~y/~ian
Венесуэ́л/~а/~ьский/~ец/~ка — Venezuala/~n
Ве́рхняя Во́льта — Upper Volta
Вьетна́м/~ский/~ец/~ка — Vietnam/~ese
Воге́зы — Vosges

Г

Гайа́н/~а/~ский/~ец/~ка — Guyana/Guyanese
Гаи́ти — (indecl.) Haiti
Гаитя́н/~ский/~ин/~ка — Haitian
Гаитя́не — Haitians
Гали́с/~ия/~ийский/~йец/~ийка — Galicia/~n (Spain)
Гали́ц/~ия/~ийский — Galicia/n (E. Europe)
Галича́н/~ин/~ка/~е — Galician (E. Europe)
Га́н/~а/~ский/~ец/~ка — Ghan/~a/~aian
Гватема́л/~а/~ьский/~ец/~ка — Guatemala/~n
Гвин/~е́я/~е́йский/~е́ец/~е́йка — Guinea/~n
Герма́ния — Germany
Ге́ссен/~ский — Hesse/Hessian
Гимала́и/гимала́йский — Himalaya/~s/~n

Голла́нд/~ия/~ец/~ка — Holland/Dutch/~man/~woman
Гола́нские высоты́ — Golan Heights
Гондура́с/~ский/~ец/~ка — Hondura/~s/~n
Гонко́нг — Hong Kong
Го́ры Ка́тскилл — the Catskills
Гре́/~ция/~ческий/~к/~ча́нка — Greece/Greek
Гренла́нд/~ия/~ский/~ец/~ка — Greenland/~ic/~er
Гру́зи/~я/грузи́н/~ский/грузи́н/~ка — Georgia/~n

Гуа́м —Guam

AN ENGLISH – RUSSIAN MILITARY DICTIONARY

Д

Дагеста́н/~ский/~ец/~ка — Dagestan
Далма́ция — Dalmatia
Да́ния — Denmark
Дардане́ллы — the Dardanelles
Да́т/~ский/~ча́нин/~ча́нка — Danish/Dane
Джибу́ти — Djibouti
Днепр/~о́вский — the Dniester/adj.
Дне́стр/~о́вский — the Dnieper/adj.
Доминика́нская Респу́блика — Dominican Republic
Дуна́й/придуна́йский — the Danube/adj

Е

Евра́з/~ия/~и́йский/~и́ец/~и́йка — Eurasia/~n
Евро́па/европе́йский/европе́ец/европе́йка — Europe/~an
Еги́пет/~скйй/египтя́н/~ин/~ка — Egypt/~ian
Египтя́не — Egyptians

И

Ибери́йские го́ры — the Iberian Mountains
Ибе́р/~ия/~и́ец/~и́йка — Iberia/~n
Иводзи́ма — Iwo Jima
Йе́мен/~ский/~ец/~ка — Yemen/ Yemeni
Изра́иль (m)/изра́ильский — Israel/~l Израильтя́н/~ин/~ка — Israeli Израильтя́не — Israelis

Ингу́ш/~е́тия/ингу́ш/~ский/ингуш/~ка — Ingush Republic/Ingush
Инде́йский/инде́ец/индиа́нка — (American) Indian
Инди́йский океа́н — Indian Ocean
Йнд/~ия/~и́йский/~и́ец/~иа́нка — India/~n
Инду́с/~ский/инду́с/~ка — Hindu
Иорда́н/~ия/~ский/~ец/~ка — Jordan/~ian
Ира́к/~ский/жи́тель Ирака — Iraq/Iraqi
Ира́н/~ский/~ец/~ка — Iran/~ian
Ирла́нд/~ия/~ский/~ец/~ка — Ireland/Irish
Исла́нд/~ия/~ский/~ец/~ка — Iceland/~ic/~er
Ита́л/~ия/~ья́нский/~ья́нец/~ья́нка — Italy/Italian

Забайка́л/~ье/~ьский/~ец/~ка — Transbaikal
Заво́лжье/заво́лжский — Transvolga
Закавка́з/~ье/~ский/~ец/~ка — Transcaucasia/~n
Закарпа́тье/закарпа́тский — Transcarpthia/~n
Зайр/~ский/~ец/~ка — Zaire/~ian/~an
Закавка́зье/закавка́зский — Transcaucasia/~n

Зали́в — gulf, bay, cove or creek
Аденский зали́в — Gulf of Aden
Ака́бский зали́в — Gulf of Aqaba
Бенга́льский зали́в — Bay of Bengal
Биска́йский зали́в — Gulf of Biscay
Босфо́р зали́в — Bosphorus Gulf
Ботни́ческий зали́в — Gulf of Bothnia
Гудзо́нов зали́в — Hudson Bay
Зали́в Дэе́ймса — James Bay
Ки́льский зали́в — Kiel Bay
Мексика́нский зали́в — Gulf of Mexico
Ома́нский зали́в — Gulf of Oman
Перси́дский зали́в — Persian Gulf
Пана́мский зали́в — Gulf of Panama
Ри́жский зали́в — Gulf of Riga
Суэ́цкий зали́в — Gulf of Suez
Токи́йский зали́в — Gulf of Tokyo
Фи́нский зали́в — Gulf of Finland

За́мб/~ия/~и́йский/~и́ец/~и́йка — Zambia/~n
Заполя́рье/заполя́рный — Polar region
Запоро́ж/~ье/~ский/~ец — Zaporozhia/n Cossack
Заокеа́нский — transoceanic

Заура́лье/заура́льский — Trans-Ural area/Trans-Ural
Зимба́бв/~е/~и́йский/~и́ец/~и́йка — Zimbabwe/~a

К

Кавка́з/~ский/~ец/~ка — the Caucasus
Каза́х/~ста́н/~ский/~каза́х/каза́шка — Kazakhstan/Kazakh
Калмы́/~кия/~цкий/~к/~чка — Kalmykia/Kalmyk
Камбо́джа (Кампучи́я) — Cambodia
Камбоджи́йский/кампучи́йский — Cambodian

Камбоджи́/~ец/~йка/кампучи́/~ец/~йка — Cambodian
Камеру́н/~ский/~ец/~ка — Cameroon/~ian
Кана́д/~а/~ский/~ец/~ка — Canad/~a/~ian
Ка́пская коло́ния — Cape Colony
Карпа́ты — the Carpathians
Ка́тар — Qatar
Кашми́р/~ский/~ец/~ка — Kashmir/~i
Ке́н/~ия/~ийский/~иец/~ийка — Kenya/~n
Кипр/ки́прский/киприо́т/~ка — Cyprus/Cypriot
Кирги́з/~ия/~ский/кирги́з/~ка — Kirghizia/Kirghiz
Кита́й/~скйй/~ец/~янка — China/Chinese
Колу́мб/~ия/~ийский/~иец/~ийка — Columbia/~n
Коре́я/коре́йский/коре́/~ец/~янка — Korea/~n
Ко́ста-Ри́ка/коста-рика́н/~ский/~ец/~ка — Costa Rica/~n

Крит/~ский/ n жи́тель, жи́тельница Кри́та Crete, Cretan
Крым/кры́мский/крымча́к/крымча́нка — Crimea/~n
Ку́ба/куби́н/~ский/~ец/~ка — Cuba/~n
Куба́нь(f)/куба́н/~ский/~ец — Kuban/~er
Куве́йт/~ский/~ец/~ка— Kuwait/~i
Курдиста́н/ский/ку́рд/ка — Kurdistan/Kurdish/Kurd
Кури́льские острова́ — Kurile Islands
Кырги́з/~ия/~ский/кырги́з /~ка — Kirghizia/Kirghiz

Л

Ла-Ма́нш — the English Channel
Лао́с/~ский/лао́с/~ец/~ка — Laos/Laotian

Лапла́нд/~ия/~ский — Lapland/~er
Лапла́нд/~ец/~ка — Laplander; Lapp
Ла́тв/~ия/~ийский/~иец/~ийка (also) — Latvia/~n
Латы́ш/~ский/латы́ш/~ка — Latvian (Lett)

AN ENGLISH – RUSSIAN MILITARY DICTIONARY

Лати́нская Аме́рика — Latin America
Латы́нь — a Latin *coll*
Лива́н/~ский/~ец/~ка — Lebanon
Ли́в/ия/ийский/~йец/~ийка — Libya/~n
Лит/ва́/о́вский/~о́вец/~о́вка — Lithuania/~n
Лихтенште́йн/~ский — Lichtenstein
Лок-Несс — Lock Ness
Люксембу́рг/~ский — Luxemburg
люксембу́рж/~ец/~ка — Luxemburger

M

Маврита́н/~ия/~ский/~ец/~ка — Mauritania/~n
Мака́о — Macao/~n
Мала́ви — Malawi
Малагаси́йская Респу́блика — Malagasy Republic
Мала́й/~зия/~зи́йский/~зи́ец/~зи́йка — Malasia/~n
Мала́йя/малайский/малаец/малайка
Ма́лая А́зия — Asia Minor
Мали́ (indecl.)/~йский/~ец/~йка — Mali/an
Мальди́вская Респу́блика — the Maldives Republic
Ма́льта — Malta
Мариа́нские острова́ — Mariana Islands
Маро́кко — (indecl.) Morocco
Марша́лловы острова́ — Marshall Islands
Ма́ттерхорн — the Matterhorn
Македо́ния — Macedonia

Ме́ксика/мексика́н/~ский/~ец/~ка — Mexi/~co/~can
Микроне́зия — Micronesia
Мозамби́к/~ский/жи́тель Мозамби́ка — Mozambique/
Mozambiquecan
Мол/~до́ва/~да́вский (Молда́вия) — Moldavia/~n
Молдава́н/~ин/~ка — Moldavian
Монго́л/~ия/~ьский/монго́л/~ка — Mongolia/~n
Мордо́в/~ия/~ский/мордви́н/~ка — Mordvinia/~n
Мордва́ (collective plural) — Mordvinians

Мо́ре — Sea
Адриати́ческое мо́ре — Adriatic
Азо́вское мо́ре — Sea of Azov

AN ENGLISH – RUSSIAN MILITARY DICTIONARY

Балти́йское мо́ре — Baltic Sea
Ба́ренцево мо́ре — the Barents Sea
Бе́рингово мо́ре — Bering Sea
Галиле́йское мо́ре — Sea of Galilee
Гренла́ндское мо́ре — Sea of Greenland
Жёлтое мо́ре — Yellow Sea
Иони́ческое мо́ре — Ionic Sea
Кари́бское мо́ре — Caribbean Sea
Ка́рское мо́ре — Kara Sea
Каспи́йское мо́ре — Caspian Sea
Кора́лловое мо́ре — Coral Sea
Лабрадо́рское мо́ре — Sea of Labrador
Охо́тское мо́ре — Okhotsk Sea

Мёртвое мо́ре — Dead Sea
Норве́жское мо́ре — Sea of Norway
Сарга́ссово мо́ре — Sargasso Sea
Се́верное мо́ре — North Sea
Соломо́ново мо́ре — Solomon Sea
Средизе́мное мо́ре — Mediterranean Sea
Тасма́ново мо́ре — Tasman Sea
Тирре́нское мо́ре — Tyrrhenian Sea
Тимо́рское мо́ре — Timor Sea
Чёрное мо́ре — Black Sea
Эге́йское мо́ре — Aegean Sea
Ю́жно-кита́йское мо́ре — South China Sea
Ява́нское мо́ре — Java Sea
Япо́нское мо́ре — Sea of Japan

Мыс До́брой Наде́жды — Cape of Good Hope
«Мыс Ке́ннеди» — Cape Kennedy
Мья́нма — Myanmar

Н

Намиб/~ия/~ийский/жи́тель Нами́бии — Namibia/~n
Неме́цкий/не́мец/не́мка — German
Непа́л/~ьский/~ец/жи́тельница Непа́ла — Nepal/~ese
Ниага́рский водопа́д — Niagara Falls
Ниге́р/~ия/~ийский/~йец/~ийка — Nigeria/~n
Нидерла́нд/~ы/~ский/~ец — Netherland/~s/~er
Никара́гуа/никарагуа́н/~ский/~ец/~ка — Nicaragua/~n
Но́вая Зела́ндия/новозела́ндский — New Zealand
Новозела́нд/~ский/~ец/~ка — New Zealander
Но́вая Шотла́ндия/новошотландский — Nova Scotia
Нор/~ве́гия/норве́ж/~ский/~ец/~ка — Nor/way/wegian
Норма́ндия — Normandy (Fr.)
Ньюфа́ундленд/~ский/~ец/~ка — Newfoundland/~er

О

Объединённые Ара́бские Эмира́ты — United Arab Emirates
(UAR)
жи́тель Объединённых Ара́бских Эмира́тов (ОАЭ) — inhabitant
of the ~ United Arab Emirates

О́зеро — lake
Байка́л — Baikal
Балха́ш — Lake Balkhash
Бе́лое — Lake White
Большо́е Солёное о́зеро — Great Salt Lake
Ван — Lake Van
Ве́рхнее — Lake Superior
Гуро́н — Lake Huron
Ла́дожское — Lake Ladoga
Лох-Не́сс — Loch Ness
Мичига́н — Lake Michigan
Онёжское — Lake Onega
Онта́рио — Lake Ontario
Чад — Chad
Э́ри — Lake Erie

Океа́ния — Oceania; the South Seas
Ома́н — Oman

AN ENGLISH – RUSSIAN MILITARY DICTIONARY

Оркне́йские острова́ — Orkney Islands
Осе́тия/осети́нский/осети́н/осети́нка — Ossetia/~n
О́стров Па́схи — Easter Island
Острова́ Але́утские — Aleutian Islands
Острова́ Кайма́н — Cayman Islands
Острова́ Рюкю́ — Ryukyu Islands (Japan)
Островитя́н/~ин/~ка — islander

П

Па-де-кале́ — Pas-de-Calais (Fr.), Strait of Dover
Пакиста́н/~ский/~ец/~ка — Pakistan/~i
Палести́н/~а/~ский/~ец/~ка — Palestine/Palestinian
Пана́м/~а/~ский/жи́тель Пана́мы — Panama/~nian
Пана́мский кана́л/перешéек — Panama Canal/Isthmus of ~
Па́пуа-Но́вая Гвине́я — Papua New Guinea
Парагва́й/~ский/парагва́/~ец/~йка — Paraguay/~an
Перу́ (indecl.)/а́нский/а́нец/а́нка — Peru/~vian
Пенджа́б — Punjab
Пирене́и/пирене́йский — the Pyrenees/Pyrenean
Подмоско́в/~ье/~ный — the Moscow region
Полоса́ Га́зы — Gaza Strip
Поля́рный ледниковый покро́в — polar ice cap
По́ль/~ша/~ский/пол/~я́к/по́лька — Poland/Polish/Pole
Помо́р/~ье/~ский — seaboard; coastal region
Португа́л/~ия/~ьский/~ец/~ка — Portug/~al/~uese

Приба́лтика/прибалти́йский/приба́лт/ка — (the) Baltic area/Balt
Прибре́ж/~ье/~ный—littoral; coastal strip; riverside
Прибре́жные острова́ — offshore islands
Прибре́жная полоса́ — coastal strip; riparian, coastal
Приазо́вье/приазо́вский — the Asian region
Приаму́рье/приаму́рский — the (Lake) Amyr area
Приднепро́вье/приднепро́вский — the Dnieper area
Прикарпа́тье/прикарпа́тский — the Carpathian area
Примо́рье/примо́рский — the seaside; littoral
При́пять — Pripet Marshes (Ukraine)
Приура́лье/приура́льский — the Ural area/region
Причерномо́рье/причерномо́рский — the Black Sea area/region

AN ENGLISH – RUSSIAN MILITARY DICTIONARY

Проли́в — strait, sound
Бенга́льский проли́в — Strait of Bengal
Бе́рингов проли́в — Bering Strait
Гибралта́рский проли́в — Strait of Gibralter
Ду́врский проли́в — Strait of Dover
Ке́рченский проли́в — Strait of Kerch
Магелла́нов проли́в — Strait of Magellan
Мала́ккский проли́в — Strait of Malacca
Сингапу́рский проли́в — Strait of Singapore
Туни́сский проли́в — Strait of Tunisia
Хорму́зский проли́в — Strait of Hormuz
Цуси́мский проли́в — Straits of Tsushima

Про́чная земля́ — Terra firma Пусты́ня Го́би — Gobi Desert
Пуэ́рто-Ри́ко/пуэрто-рика́нский — Puerto Rico
пуэрторика́н/ец/ка — Puerto Rican
Пхенья́н — Pyonyang (North Korea)

Р

Ре́йнская о́бласть — Rhineland Ре́йнский — Rhenish

Река́: — River
Амазо́нка — Amazon
Аму́р — Amur
Ви́сла — Vistula
Во́лга — Volga
Ганг — Ganges
Непр — Dniester
Нестр — Dnieper
Дуна́й — Danube
Евфра́т — Euphrates
Инд — Indus
Ирты́ш — Irtysh
Ни́гер — Niger
Нил — Nile
Обь — Ob
По — Po
Потома́к — Potomac

Рейн — Rhine
Ро́на — the Rhone
Рубико́н — Rubicon
Рур — Ruhr
Саа́р — Saar
Свято́го Лавре́нтия —
St. Lawrence
Се́на — Seine
Со́мма — the Somme
Те́мза — Thames
Тигр — Tigris
Хуанхэ́ (indecl.) — Yellow
Э́льба — Elbe
Юко́н — Yukon
Янцзы́ — Yangtze

AN ENGLISH – RUSSIAN MILITARY DICTIONARY

Росси́йская Федера́ция — Russian Federation
Росси́/~йский/~я́нин/~я́нка — (All) Russian
Росси́я — Russia
Россия́не — Russians
Руа́нд/~а/~и́йский/руанди́/~ец/~йка — Rwanda/~n
Румы́н/~ия/~ский/румы́н/~ка — Rumania/~n
Ру́рская о́бласть — the Ruhr
Ру́сский/ру́сская — Russian

С

Сальвадо́р/~ский/~ец/~ка — San Salvador/Salvadoran
Саа́м/~ский/саа́м/~ка — Lapland /Lapp, Laplander
Саа́р/~ский — the Saar Саа́рская о́бласть — Saarland
Саксо́ния — Saxony
Само́а — Samoa
Сау́довская Ара́вия/сау́довский — Saudi Arabia
Сау́дов/~ец/~ка — Saudi, m/f

Сва́зиленд — Swaziland
Се́верный Ледови́тый океа́н — Artic Ocean
Се́верный Поля́рный круг — Artic Circle
Сейше́льские острова́ — the Seychelles
Сектор Га́за — the Gaza Strip
Сенега́л/~ьский/~ец/~ка — Senegal/~ese
Се́рб/~ия/~ский/се́рб/~ка — Serbia/n
Сиби́рь (f)/сиби́рский/сибиря́к/ сибиря́чка — Siberia/~n

Силе́зия — Silesia
Сина́й/~ский — Sinai
Сингапу́р/~ский/~ец/~ка — Singapore/~an
Си́р/~ия/~и́йский/~и́ец/~и́йка — Syria/~n
Сици́лия — Sicily
Скали́стые го́ры — the Rocky Mountains
Скандина́вия — Scandinavia
Слова́кия/слова́цкий — Slovakia
Слова́/~к/~чка — a Slovak, m/f
Слове́н/~ия/~ский/~ец/~ка — Slovenia/Slovene
Соломо́новы острова́ — Solomon Islands
Сомали́/~йский/~ец/~йка — Somalia/Somali
Соединённые Шта́ты — US

310

AN ENGLISH – RUSSIAN MILITARY DICTIONARY

Сре́дний За́пад — the Midwest (US)
Стамбу́л — Istanbul (Turkey)
Степ/~ь/~но́й — Steppe
Суда́н/~ский/~ец/~ка — Sudan/~ese
Суде́тская о́бласть — the Sudetenland
Сурина́м — Surinam
Суэ́цкий кана́л — Suez Canal
Сье́рра-Лео́не — Sierra Leone

Т

Та́врские го́ры — the Taurus Mountains, Turkey
Таджикиста́н/таджи́кский/таджи́к/таджи́чка — Tadjikistan/Tadjik
Тайва́нь(m) — Taiwan
Тайга́/таёжный/таёжн/~ик/~ица — Taiga/a Taiga inhabitant
Таила́нд/та́йский/таила́нд/~ец/~ка (та́йцы) — Thailand/Thai (pl)
Таи́ти (indecl.)/таитя́н/~ский/~ин/~ка — Tahiti
Танза́н/~ия/~ийский/~иец/~ийка — Tanzania/~n
Тата́р/~ста́н/~ский/тата́р/~ин/~ка — Tatarstan/Tatar

Тибе́т/~ский/~ец/~ка — Tibet/~an
Тиро́ль/~ский/тиро́лец/тиро́лька — Tyrol/Tyrolean
То́го/тоголе́зский/~ле́зец/~ле́зка — Togo/~lese
Трансатланти́ческий — transatlantic
Трансва́аль/~ский — Transvaal
Трансильва́н/~ия/~ский — Transylvania/n
Транссиби́рский — Trans-Siberian

Ту́ндр/~а/~овый — Tundra
Туни́с/~ский — Tunis, Tunisia/Tunisian
Туни́с/~ец/~ка — a Tunisian
Туркмениста́н/туркме́нский/туркме́н/ка — Turkmenistan/Turkmen
Ту́рция/туре́цкий/ту́рок/турча́нка —Turkey/Turk
Тю́ркский — Turkic

AN ENGLISH – RUSSIAN MILITARY DICTIONARY

У

Уга́нд/~а/~ский/~ец/~ка — Uganda/~n
Узбекиста́н/узбе́кский/узбе́к/узбе́чка — Uzbekistan/Uzbek
Уйгурский/уйгур/~ка — Uighur, m/f
Украйн/~а/~ский/~ец/~ка — Ukraine/Ukrainian
Уэ́льс/~ский/~ец/уэ́льс/~цы — Wales/Welsh, m/f/Welsh (plu)
Валли́йский/валли́ец/валли́йка — Welsh
Ура́л — the Urals
Удму́рт/~ия/~ский/удму́рт/~ка — Urdmurtia/Urdmurt
Ура́льксие го́ры — Ural Mountains
Уругва́й/~ский — Uruguay
Уругва́/~ец/~йка — Uruguayan

Ф

Филиппи́н/~ы/~ский — Philippines
Фи́ник/~и́я/~и́йский/финики́ян/~ин/~ка — Phoenicia
Фин/~ля́ндия/~ский/финн/фи́нка — Finland/Finnish/Finn
Фолкле́ндские острова́ — Falkland Islands
Фла́ндрия — Flanders (Belgium)
Фраки́я/фраки́ец — Thrace/a Thracian
Фраки́йский — Thracian (adj.)
Фра́нция/францу́зский/францу́з/францу́женка — France,
French

Х

Халде́й/~ский — Chaldea/~n
Хироси́ма и Нагаса́ки — Hiroshima and Nagasaki
Хокка́йдо — Hokkaido (Japan)
Хорва́т/~ия/~ский/хорва́т/~ка — Croatia/~n

Ч

Чад/ча́дский/жи́тель ~ец/~ка — Chad, Chadian
Черного́р/ия/черного́рский/го́р/ец/ка *adj* Montenegr/~o/~in
Чехослова́/~кия/~цкий/чехослова́/~к/~чка —
Czechoslovakia/Czechoslovak
Чеч/ня́/е́нский/е́нец/е́нка — Chechnia/Chechen
Че́шская респу́блика — Czech Republic

Чех/че́шка — Czech
Чи́ли (indecl.)/чили́йский/чили́/~ец/~йка — Chile/Chilean
Чува́ш/~ия/~ский/чува́ш/~ка — Chuvash Republic/Chuvash

Ш

Швейца́р/~ия/~ский/швейца́р/~ец/~ка — Switzerland/ Swiss
Шве́/~ция/~дский/швед/шве́дка — Sweden/Swedish/ Swede
Шлезвиг-Гольштейн — Schleswig – Holstein
Шри Ла́нка/жи́тель Шри Ла́нки — Sri Lanka/n
Шотла́нд/~ия/~ский — Scotland/Scotish
Шотла́нд/~ец/~ка — Scot

Э

Эвере́ст — Mt. Everest
Эквадо́р/~ский/~ец/~ка — Ecuador/~an
Экс-ла-Шапе́ль — Aix-La-Chapelle (Fr. name); Aachen (Ge.)
Эльза́с-Лотари́нгия — Alsace-Lorraine (Fr.)
Эритре́я — Eritrea
Эсто́н/~ия/~ский/~ец/~ка — Estonia/n
Э́тна — Mt. Etna
Этру́ск/этру́сский — Etruria/Etruscan (It.)
Эфио́п/~ия/~ский/эфио́п/~ка — Ethiopia/~n

Ю

Югослáв/~ия/~ский/югослáв/~ка — Yugoslavia/Yugoslav
Ю́жно-Африкáнская Респýблика (ЮАР) — Republic of South Africa
жи́тель Ю́жно-Африкáнской Респýблики — a South African

Я

Я́ва/явáн/~ский/~ец/~ка — Java/~nese
Якýт/ия/ский/якýт/~ка — Yakut Republic/Yakut
Ямáйка/ямáйский/жи́тель Ямáйки — Jamaica/~n
Япóн/~ия/~ский/~ец/~ка — Japan/~ese

AN ENGLISH – RUSSIAN MILITARY DICTIONARY

SELECT US ABBREVIATIONS

A2C2 – Army airspace command and control. управле́ние возду́шным движе́нием.
ABM – antiballistic missile. противораке́та, антираке́та.
ABMD – antiballistic missile defense. противораке́тная оборо́на.
ABMEWS – antiballistic missile early warning system. систе́ма да́льнего обнаруже́ния.
AIFV – armored infantry fighting vehicle. бое́вая маши́на пехо́ты (BMP).
ALCM – air-launched cruise missile. крыла́тая раке́та возду́шного бази́рования.
ALO – air liaison officer. офице́р свя́зи взаимоде́йствия с авиа́цией.
AR – Army Reserve. резе́рв сухопу́тных во́йск (CB).
ASAT – antisatellite. противоспу́тниковый.

ASW —
antisub warfare. противоло́дочная оборо́на (ПЛО).
antisatellite warfare. противоспу́тниковая война.

ATGM – antitank guided missile. противота́нковая управля́емая раке́та (ПТУР).
AVLB – armored vehicle launched bridge. та́нковый мостоукла́дчик.
AWACS – airborne warning and control system. самолётная систе́ма да́льнего радиюлокацио́нного обнаруже́ния и управле́ния (АВАКС).

BAOR – British Army of the Rhine. Брита́нская Ре́йнская а́рмия (БРА).
BTR – *Ru mil* бро́нетранспортёр.
BSA – brigade support area. тылово́й райо́н брига́ды.

C2 – command and control. руково́дство, управле́ние.
C3 – command, control, communications. руково́дство, управле́ние и связь.
CAA – Combined Arms Army (Sov). общевойскова́я а́рмия.
CAS – close air support. непосре́дственная авиацио́нная подде́ржка.

AN ENGLISH – RUSSIAN MILITARY DICTIONARY

CBR – chemical, biological, radiological. хими́ческий, биологи́ческий, радиологи́ческий (хбр).

CEOI – Communications-Electronics Operating Instructions. радиода́нные; переговóрная табли́ца (ПТ).

CIS – Commonwealth of Independent States. Содру́жество незави́симых госуда́рств.

COFS – Chief of Staff. нача́льник шта́ба (НШ).

COMECON – СЭВ; СЭВский.

COMSEC – радиомаскирóвка.

CONUS – Continental United States. континента́льная ча́сть США.

DAG – Division Artillery Group. дивизиóнная артиллери́йская гру́ппа (ДАГ).

DEW – Distant Early Warning line. да́льнее радиолокациóнное обнаруже́ние, «Дью« (ДРЛО).

DISCOM – division support command. кома́ндование ты́ла диви́зии.

DMZ – demilitarized zone. демилитаризóванная зóна.

DS – direct support. непосре́дственная подде́ржка; непосре́дственное обеспе́чение.

ECM – electronic countermeasures. радиоэлектрóнное противоде́йствие (РЭП).

ECCM – electronic counter-counter measures. контррадиоэлектрóнное противоде́йствие.

ELINT – electronic intelligence. радиотехни́ческая разве́дка (РЭР).

EMP – electromagnetic pulse. электромагни́тный и́мпульс (ЭМИ).

EW – electronic warfare. радиоэлектрóнная борьба́ (РЭБ).

FA – field artillery. полева́я артилле́рия (ПА).

FASCAM – family of scatterable mines. кла́сса ми́н, устана́вливаемая (дистанциóнно) с пóмощью артиллери́йской систе́мы.

FDC – fire direction center. пункт управле́ния огнём, пункт целеуказа́ния огнём.

FROG – free rocket over ground. неуправля́емый реакти́вный снаря́д (НУРС).

FEBA – forward edge of the battlefield. передовóй райóн обарóны.

AN ENGLISH – RUSSIAN MILITARY DICTIONARY

GATT – General Agreement on Tariffs and Trade. Генера́льное соглаше́ние по тари́фам и торго́вле (ГАТТ)
GAZ – truck made by Gorkiy Motor Plant.
GDR – German Democratic Republic. Герма́нская Демократи́ческая Респу́блика (ГДР).
GNP – Gross National Product. валово́й национа́льный проду́кт (ВНП).
GPS – global positioning system. глоба́льная навигацио́нная спу́тниковая систе́ма.
GRREG – graves registration. похоро́нная слу́жба.

HE – high explosive. осколо́чно-фуга́сный.
HEAT – high explosive antitank. противота́нковый кумуляти́вный (снаря́д).
HEP – high explosive plastic. фуга́сно-бронебо́йный снаря́д с пла́стиковым ВВ.

ICBM – intercontinental ballistic missile. межконтинента́льная баллисти́ческая раке́та.
IFF – identification friend or foe. опознова́ние «свой-чужо́й«.
IR – infrared. инфракра́сный (ИК).

JCS – Joint Chiefs of Staff. комите́т нача́льников штабо́в (КНШ).
JTF – joint task force. объединённая операти́вная гру́ппа.

MAC – Military Airlift Command. вое́нно-тра́нспортное авиацио́нное кома́ндование.
MAD – mutual assured destruction. взаи́мное уничтоже́ние.
MARV – maneuverable reenty vehicle. маневри́рующая боева́я голо́вка.
MIA – missing in action. пропа́вший бе́з вести в бою́.
MILSTAR – military strategic and tactical relay system. вое́нная спу́тниковая ретрансляцио́нная систе́ма свя́зи стратеги́ческого и такти́ческого назначе́ния.
MIRV – multi-independently targeted reentry vehicle; «Мирв«.
MOS – military occupational skill. вое́нно-учётная специа́льность (ВУС).
MOUT – military operations on urbanized terrain. боевы́е де́йствия в населённых пу́нктах.
MRB – Motorized Rifle Battalion. мотострелко́вый батальо́н (МСБ).

AN ENGLISH – RUSSIAN MILITARY DICTIONARY

MRL – multiple rocket launcher. многоство́льная реакти́вая устано́вка.

NATO – North Atlantic Treaty Organization. Организа́ция Североатланти́ческого догово́ра (НА́ТО).

NBC – nuclear, biological, chemical. хими́ческое, биологи́ческое и радиологи́ческое (хбр).

NG – National Guard. Национа́льная гва́рдия (НГ).

NOD – night observation device. прибо́р ночно́го ви́дения (ПНБ).

NOE – nap of the earth. лете́ть на преде́льно ма́лой высоте́.

OPFOR – opposing forces. противобо́рствующие си́лы; войска́ проти́вника.

OPSEC – operational security. скры́тность де́йствий; ме́ры обеспе́чения секре́тности опера́ции.

PGM – precision guided missiles. высокото́чные раке́ты.

POL – petroleum, oil and lubricants. горю́чее и сма́зочные материа́лы (ГСМ).

POW – prisoner of war. военнопле́нный.

R&D – research and development. нау́чно-иссле́довательская рабо́та (НИР).

RACO – rear area combat operations. боевы́е де́йствия в тылово́м райо́не.

RAG – Regimental Artillery Group. полкова́я артиллери́йская гру́ппа (ПАГ).

RAP – rocket-assisted projectile. акти́вно-реакти́вный снаря́д (АРС).

ROE – rules of engagement. после́довательность перехва́та це́ли.

RPG – rocket propelled grenade (РПГ).

RPV – remotely piloted vehicle. беспило́тный лета́тельный аппара́т (БЛА).

SAB – separate armored brigade. отде́льная бронета́нковая брига́да.

SAC – Strategic Air Command. стратеги́ческое авиацио́нное кома́ндование (САК).

AN ENGLISH – RUSSIAN MILITARY DICTIONARY

SACEUR (Supreme Allied Commander, Europe) – ВГК ОВС НАТО (верхо́вный главнокома́ндующий объединёнными вооружёнными си́лами НАТО в Евро́пе.
SACLANT (Supreme Allied Commander, Atlantic) – ВГК ОВС НАТО на Атла́нтике (верхо́вный главнокома́ндующий объединёнными вооружёнными си́лами НАТО на Атла́нтике).

SALT – Strategic Arms Limitation Talks. перегово́ры по ограниче́нию стратеги́ческих вооруже́ний (ОСВ -1; ОСВ - 2).
SDI – strategic defense initiative. стратеги́ческая инициати́ва (СОИ).
SEAD – suppression of enemy air defenses. подавле́ние систе́мы ПВО, преодоле́ние противовозду́шной оборо́ны
SEATO – n, pol (South-East Asia Treaty Organization) СЕАТО Организа́ция догово́ра юго-восто́чной Азии.
SHAPE – Supreme Headquarters Allied Powers Europe. штаб Верхо́вного гла́вного кома́ндования ОВС НАТО в Евро́пе.
SIB – separate infantry brigade. отде́льная пехо́тная брига́да.
SIGINT – signal intelligence. разве́дка исто́чников электромагни́тных сигна́лов (РИЭС).
SLBM – submarine launched ballistic missile. баллисти́ческая раке́та, запуска́емая с подво́дной ло́дки (ПЛ).
SLCM – surface launched cruise missile. крыла́тая раке́та, запуска́емая с назе́мной пусково́й устано́вки (ПУ).
SOF – special operation forces. войска́ специа́льного назначе́ния (СПЕЦНАЗ).
SRF – Strategic Rocket Forces (Sov). раке́тные войска́ стратеги́ческого назначе́ния (РВСН).
SSM – surface-to-surface missile. раке́та кла́сса «земля́-земля́«.
STANAG – NATO Standardization Agreement. n, mil соглаше́ние НАТО о стандартиза́ция (СТАНАГ).
START – Strategic Arms Reduction Talks. перегово́ры о сокраще́нии стратеги́ческих наступа́тельных вооруже́ний.

TACAIR – tactical air. такти́ческое авиацио́нное кома́ндование (ТАК).
TOE – table of organizational equipment. шта́тное расписа́ние и та́бель иму́щества.

AN ENGLISH – RUSSIAN MILITARY DICTIONARY

UAZ – truck made by Ulyanov Motor Plant.

VHF – very high frequency. о́чень высо́кая частота́
VTOL – vertical takeoff and landing (aircraft).
самолёт вертика́льного взлёта и поса́дки (СВВП).

ZIL – truck made by Likhachev Motor Plant.

AN ENGLISH – RUSSIAN MILITARY DICTIONARY

SELECT RUSSIAN ABBREVIATIONS

АА – армéйская авиáци, армéйская артиллéрия.   army aviation or artillery
АБ – авиациóнная бóмба; авиациóнная бáза.   air bomb, air base
АБМ – артиллéрия большóй мóщности.   heavy artillery.
АБЦ – автобензоцистéрна.   fuel truck.
АВ – авианóсец.   aircraft carrier.
АД – 1. авиациóнный десáнт, авиадесáнт.   2. артиллéрия дивúзи.
АДМ – автодегазациóная машúна.   bulk CW decon vehicle.
АНП – артиллерúйский наблюдáтельный пункт.   artillery OP.
АОН – артиллéрия осóбого назначéния.   special purpose artillery.
АП – авиациóнный полк.   air regiment.
АПЛ – áтомная подвóдная лóдка.   nuclear submarine.
АСУ – авиадесáнтная самохóдно-артиллерúйская устанóвка.   air-dropped SP artillery piece.

ар – автомобúльная рóта.   transport company.
атбГ – автотрáнспортный батальóн ГАЗ.   transport BN. equipped with GAZ vehicles
атбЗ – автотрáнспортный батальóн ЗИС.   transport BN. equipped with ZIS vehicles

АУГ – авианóсная удáрная грýппа.   carrier strike group.
АУС авианóсное удáрное соединéние.   carrier strike force.
АФ –
1. авиафоторазвéдка.   photographic aerial recon.
2. áтомный фугáс.   nuclear mine.

АФС – антéнно- фúдерная систéма.   antenna and waveguide system.
АХО – админстратúвно-хозяйственный отдéл.   admin section.
АЭС – автомобúльная электрúческая стáцния.   truck-mounted generator.

ББС – боевóе биологúческое срéдство.   biological warfare agent.
БД – боковóй дозóр.   flank patrol, or, fighting patrol.
БДБ – быстрохóдная десáнтная бáржа.   high-speed assault landing craft.
БЛА – беспилóтный летáтельный аппарáт.   RPV, remotely-piloted vehicle.

AN ENGLISH – RUSSIAN MILITARY DICTIONARY

БМП – боева́я маши́на пехо́ты. armored infantry fighting vehicle

БО – биологи́ческое ору́жие. biological weapon.

БОВ – боево́е отравля́ющее вещество́. poison gas.

БПБ – батальо́нный пункт боепита́ния. BN ammo point.

БР – баллисти́ческая раке́та. ballistic missile, rocket.

БРА – Брита́нская ре́йнская а́рмия. British Army of the Rhine.

БРД – боево́й разве́дывательный дозо́р. battle recon patrol, fighting patrol.

БРДМ – брониро́ванная разве́дывательная маши́на. armored recon vehicle.

БРДМхр – брониро́ванная разве́дывательная маши́н хими́ческой разве́дки. armored chemical warfare recon vehicle.

БРСД – баллисти́ческая раке́та сре́дней да́льности. medium-range balllistic missile

БТМ – быстрохо́дная транше́йная маши́на. high-speed trench-digger.

БТР – 40хр – бронетранспортёр - 40, хими́ческой разве́дки. CW recon APC.

БЧ – боева́я часть. warhead.

бс – батальо́н свя́зи. BN commo.

БХМ – боева́я хими́ческая маши́на. bulk container vehicle; CW spray tanker.

ВАП – выливно́й авиацио́нный прибо́р. CW aircraft spray.

ввп – взвод боепита́ния. ammunition supply platoon.

ВВЭ – воённо-враче́бная эксперсти́за. medical board, medical exam.

ВВ – взры́вчатое вещество́. explosives.

ВВС – воённо-возду́шные си́лы. combat airpower, airforce.

ВГК – верхо́вный главнокома́ндующий; верхо́вный кома́ндный пункт. supreme commander, supreme command point (CP).

ВДВ – возду́шно-деса́нтные войска́. airborne troops.

ВЗА – войскова́я зени́тная артилле́рия. army AA artillery.

ВКП – возду́шный кома́ндный пункт. air command point.

ВМФ – воённо-морско́й флот. naval fleet.

ВО – воённый о́круг. military district (Sov).

во – вертолётный отря́д. helicopter detachment.

ВПС – валово́й проду́кт страны́ (GNP). gross national product.

ВС – вооружённые си́лы. armed forces.

ВТ – воённый трибуна́л. military tribunal.

ВТАК – воённо-тра́нспортное авиацио́нное кома́ндование. military aviation transport command.

AN ENGLISH – RUSSIAN MILITARY DICTIONARY

втуз – вы́сшее техни́ческое уче́бное заведе́ние. higher technical institution or establishment.
ВУС – военно-учётная специа́льность. military trade or specialty qualification.
ВЧ – войскова́я часть. military unit.
вэ – вертолётная эскадри́лья. helicopter squadron.
ВЭП – вспомога́тельный эвакуацио́нный пункт. auxiliary evacuation point.

габр – га́убичная артиллери́йская брига́да. howitzer brigade.
ГАИ – госуда́рственная автомоби́льная инспе́кция. Department of Motor Vehicles (inspections). **гаишник** – ГАЙ agent.
ГБПДП – гарнизо́нный ба́нно-пра́чечный дезинфекцио́нный пу́нкт. laundry and delousing point.
ГЛР – го́спиталь для лёгкора́неных. walking wounded hospital.
ГО – гражда́нская оборо́на. civil defense.
ГСМ – горю́чее и сма́зочные материа́лы. petroleum, oil and lubricants (POL).
ГСН – голо́вка самонаведе́ния. self-guided warhead.
ГТД – газотурби́нный дви́гатель. gas-turbine engine.
ГЭП – головно́й эта́п. forward staging area.

Д – да́льность стрельбы́. range of fire.
ДАГ – дивизио́нная артиллери́йская гру́ппа. divisional artillery group (DAG).
ДАП – дымообразу́ющий авиацио́нный прибо́р. aerial smoke generator.
ДВ – дымоотравля́ющие вещесвта́. CW toxic smokes.
ДВВ – дробя́щие врзры́вчатые вещесвта́. blasting explosives.
ДОС – долговре́менное огнево́е сооруже́ние. pillbox, bunker.
ДП – дегазацио́нная площа́дка. CW decon area.
ДРХР – дозо́р радиацио́нной и хими́ческой разве́дки. NBC recon party.
ДРЛО – да́льнее радиолокацио́нное обнаруже́ние. long-range radar detection.
ДУ – дистанцио́нное управле́ние. remote control.

ЖРД – жи́дкостный реакти́вный дви́гатель. liquid rocket engine.

AN ENGLISH – RUSSIAN MILITARY DICTIONARY

ЗА – зени́тная артилле́рия. anti-aircraft artillery.

ЗабВО – забаика́льский вое́нный о́круг. Baikal Military District (Sov).

ЗакВО – закавка́зский вое́нный о́круг. Caucasus Military District (Sov).

ЗАГС – отдел за́писи а́ктов гражда́нского состоя́ния. municipal registrar, town clerk's office.

зенад – зени́тный артиллери́йский дивизио́н. anti-aircraft artillery BN.

ЗКНП – запа́сный кома́ндно-наблюда́тельный пункт. alternative CP.

ЗНП – запа́сный наблюда́тельный пункт. alternative OP.

ЗПр – зени́тный проже́ктор. anti-aircraft searchlight.

зрд – зени́тная раке́тная дивизио́н. surface-to-air missile BN.

ЗСУ – зени́тная самохо́дная устано́вка. self-propelled AA piece.

ЗУ – заражённый уча́сток. contaminated area.

ЗУР – зени́тная управля́емая раке́та. anti-aircraft guided missile.

ЗУРС – зени́тный управля́емый реакти́вный снаря́д. anti-aircraft guided missile.

ЗХЗ – зо́на хими́ческого зараже́ния. chemical contaminated zone.

ИА – истреби́тельная авиа́ция. fighter aviation.

ИГР – инжене́рная разве́дывательная гру́ппа. engineer recon. party

ИК – инфракра́сный. infrared.

ИНЖ – инжене́рное де́ло; инжене́рные войска́. engineer support, troops.

инт – *n* интенда́нт, *adj* интенда́нтский. quartermaster.

ИПО – и́стинный пе́ленг ориети́ра. true bearing.

ИР – инжене́рная разве́дка. engineer recon.

ИС – интенда́нтская слу́жба. quartermaster service.

исб – инжене́рно-сапёрный батальо́н. sapper BN.

ИСЗ – иску́сственный спу́тник. artificial satellite.

ио – исполня́ющий обя́занности. acting commander.

КБЛ – курс боево́й подгото́вки. military training course.

КБЧ - кассе́тная авиацио́нная бо́мба. FASCAM bomb, device.

КВПП – корабе́льная взлётно-поса́дочная площа́дка. helicopter landing platform (on a ship).

AN ENGLISH – RUSSIAN MILITARY DICTIONARY

КГБ – *n, Sov* KGB
КЛА – косми́ческий лета́тельный аппара́т. space ship.
КНШ – комите́т нача́льников штабо́в. (JCS, U.S.).
КП – кома́ндный пункт. command point (CP).
КПД – коэффицие́нт поле́зного де́йствия. factor, efficiency factor.
КНДР – Коре́йская Наро́дно-Демократи́ческая Респу́блика. The North Korean Democratic Republic (NKDR).
КНР – Кита́йская Наро́дная Респу́блика. People's Republic of China.
КР – крыла́тая раке́та. cruise missile.
КС – курс стрельб. range course.

ЛА – лета́тельный аппара́т. a flying device, craft.
ЛБС – лине́йный батальо́н свя́зи. line signals BN.
ЛДР – ло́жная деревя́нная раке́та. dummy wooden rocket.
ЛМН – ло́жная ма́лая надуна́я. small inflatable boat.
ЛП – ли́ния прице́ливания. line of sight.
ЛС – ли́чный соста́в. personnel.
ЛЦ – ло́жная цель. dummy target.

МА – мастерска́я артиллери́йская. artillery repair workshop.
МБ – мостово́й батальо́н. bridging battalion.
МБР – межконтинента́льная баллисти́ческая раке́та. ICBM, intercontinental ballistic missile.
МВД – *indecl* Министе́рство вну́тренних дел. Ministry of Internal Affairs (Sov).
МВТ – *indecl* Министе́рство вне́шней торго́вли. Ministry of Foreign Trade.
МВФ – *indecl* Междунаро́дный валю́тный фонд. IMF, International Monetary Fund.
МКБС – межконтинента́льный баллисти́ческий снаря́д. ICBM warhead.
МО – министе́рство/мини́стр оборо́ны. Ministry/Minister of Defense (Sov).
МП – 1. морска́я пехо́та. naval infantry. 2. мёртвое простра́нство. dead ground.
мсб – мостострои́тельный батальо́н. bridge-construction BN.
МСС – ме́дико-санита́рная слу́жба. medical service.
МТО – материа́льно-техни́ческое обеспече́ние. logistic support.

AN ENGLISH – RUSSIAN MILITARY DICTIONARY

Н – назéмный разрьıв. surface burst.
НАТО – Организáция Североатланти́ческого договóра.
n, pol North-Atlantic Treaty Organization.
начáрт – начáльник артиллéрия. artillery commander.
начснáб – начáльник снáбжéния. supply officer.
начхóз– начáльник хозя́йственной чáсти. chief of admin and supply unit.
начи́нж – начáльник инженéрной слýжбы. engineer commander.
начштáбá – начáльник штáбá. chief of staff.
НГ – национáльная гвáрдия. National Guard.
НИР – наýчно-исслéдовательская рабóта. research work.
НРС – неуправля́емый реакти́вный снаря́д. free flight rocket over ground (FROG).
НУР – неуправля́емая ракéта. free flight rocket over ground.
НШ – начáльник штáба. chief of staff.

ОВ – отравля́ющее веществó. war gas, poisonous gas.
ОВС –
1. объединённые вооружённые си́лы (Warsaw Pact). combined armed forces.
2. общевойсковáя свя́зь. combined arms signals.

ОВЧ – óчень высóкая частотá. very high frequency VHF.
ОД – операти́вный дежýрный. duty officer (operations).
ОВД – Организáця Варшáвского Договóра. Warsaw Treaty Organization (Sov).
ОК – отдéл кáдров. personnel department.
ОМП – орýжие мáссового поражéния. weapons of mass destruction.
ООН – Организáция Объединённых Нáций. The UN.

ОП –
1. очáг поражéния. center of destruction.
2. опóрный пункт. strong point.
3. огнеáя пози́зия. fire position.
4. обмéнный пункт. refilling station, POL point.
5. обмы́вочный пункт. NBC decon point

AN ENGLISH – RUSSIAN MILITARY DICTIONARY

ОСВ – ограниче́ние стратеги́ческих вооруже́ний. strategic arms limitation.

ОТ –
1. огнева́я то́чка. firing position.
2. отбо́й трево́ги. all clear signal.

ОФ – оско́лочно-Фуга́сный. *adj* high-explosive fragmentation.

ПА – полева́я артилле́рия. field artillery; field army.

ПАГ – полкова́я артиллери́йская гру́ппа. regimental artillery group (RAG).

ПАРМ – передвижна́я авиацио́нная ремо́нтная мастерска́я. mobile avn repair workshop.

пв –
1. пункт вы́броски. drop zone.
2. пограни́чные войска́. frontier or border troops.

ПВО – противовозду́шная оборо́на. air defense.

ПЗРК – перено́сный зени́тный раке́тный комплекс. MANPADS.

ПК – пере́дний край. forward edge of the battle area (FEBA).

ПКО – противокосми́ческая оборо́на. anti-space defense.

ПКП – передово́й кома́ндный пункт. forward command post.

ПКР – противокораб́ельная раке́та. anti-ship rocket.

ПМ – похо́дная мастерска́я. field repair vehicle.

ПЛО – противоло́дочная оборо́на. anti-sub defense.

ПНБ – прибо́р ночно́го ви́дения. night vision device (NVD).

помнач – помо́щник нача́льника. second-in-command.

ПОР – противота́нковый опо́рный райо́н. tank-proof area.

ПП – прикры́тое простра́нство. defilade zone covered by fire.

ППЛ – поса́дочная площа́дка. landing ground, zone (airborne).

Приб ВО – прибалти́йский вое́нный о́круг. Baltic militarydistrict (Sov).

При ВО – приво́льжский вое́нный о́круг. Volga militarydistrict (Sov).

ПРК – противораке́тный ко́мплекс. anti-missile site.

ПРЛ – противорадиолокацио́нный. anti-radar.

ПРО – противораке́тная оборо́на. anti-missile defense.

ПСД – пункт спо́ра донесе́ний. message center.

ПТ – 1. противота́нковый *adj* anti-tank 2. переговорная таблица. CEOI

AN ENGLISH – RUSSIAN MILITARY DICTIONARY

птд – противотáнковый дивизиóн. anti-tank BN.

ПТР –
1. противотáнковый ров. anti-tank ditch.
2. противотáнковый райóн. anti-tank zone.

ПТУР – противотáнковая управлáемая ракéта. anti-tank guided missile (ATGM).
ПУ – пусковáя устанóвка. launcher.
ПУАЗО – прибóр управлéния артиллерийским зенитным огнём. AA fire control instrument.
ПУО – прибóр управлéния огнём. fire control equipment.
ПуСО – пункт специáльной обрабóтки. NBC decon point.
ПХД – пункт хозяйственного довóльствия. Ration supply point (BN).

Р –
1. пост регулирования движéния. traffic control point.
2. разрыв. breach, explosion.
3. резéрв. reserve.
4. радиостáнция. radio station.
5. регулировщик. traffic controller.

РА – ракéтная артиллéрия. rocket artillery.
рáция – радиостáнция. radio set or station.
рв – рóта выздорáвливающих. *Sov* convalescent company.
рвб – ремóнтно-восстановительный батальóн. repair and refitting BN (US, FSB).
РВСН – ракéтные войскá стратегического назначéния. регулировщик. traffic controller.
РГЧ – разделяющаяся головнáя чáсть (ракéты). MIRV warhead.
РДТТ – твердотóпливный ракéтный двигатель. solid-fuel rocket motor propellant.
РИЭС – развéдка истóчников электромагнитных сигнáлов.
РЛ – радиолокациóнный. *adj* radar.
РЛС – радиолокациóнная стáнция. radar station.
РП – развéдывательный приёмник. intercept receiver.
РПГ – ручнóй противотáнковый гранатомёт. anti-tank rocket launcher (RPG).
РЛО – радиолокациóнный ориентир. radar reference point.
РР – радиоразвéдка. electronic intelligence (ELINT).
ррд – рóта регулирования движéния. traffic control company.

AN ENGLISH - RUSSIAN MILITARY DICTIONARY

РРС – радиорелейная ста́нция. radio relay station.

рс – ро́та свя́зи. signals company.

руж – ружейный. *adj* rifle, small arms.

РЭБ – радиоэлектро́нная борьба́. electronic warfare(EW).

РЭЗ – радиоэлектро́нная защи́та. EW defense.

РЭП – радиоэлектро́нное подавле́ние. electronic suppression.

РЭР – радиоэлектро́нная разве́дка. electronic intelligence, ELINT.

рхрр – ро́та хими́ческой и радиацио́нной разве́дки. NBC recon company.

самбо – самозащи́та без ору́жия. unarmed combat.

САК – стратеги́ческое авиацио́нное кома́ндование. Strategic Air Command, SAC.

САУ – самохо́дная артиллери́йская устано́вка. self-propelled artillery piece.

СБ – сбо́рный пункт. assembly point.

СБР – си́лы бы́строго развёртывания. immediate reaction force (IRF).

СВ – сухопу́тные войска́. land-forces, army.

СВВП – самолёт вертика́льного взлётом и поса́дк. Vertical take-off and landing aircraft (VTOL).

СЕАТО – Организа́ция догово́ра юго-восто́чной Азии. SEATO *n, pol* (South-East Asia Treaty Organization).

СКВП – самолёт с коро́тким взлёт и поса́дкой. STOL aircraft.

СОТ – скры́тая огнева́я то́чка. concealed firing position.

СП –
1. ста́ртовая пози́ция. launch position.
2. ста́нция подслу́шивания. intercept station (EW).

СЭВ – Сове́т Экономи́ческой взаимопо́мощи. COMECON (Sov).

СПЕЦНАЗ – войска́ специа́льного назначе́ния. special forces (SPETSNAZ).

СППМ – сбо́рный пункт повреждённых маши́н. damaged vehicle collecting point.

СУ – самохо́дная устано́вка. self-propelled artillery piece, vehicle

AN ENGLISH – RUSSIAN MILITARY DICTIONARY

С/С – ста́нция снабже́ния. railhead.

ТВД – теа́тр вое́нных де́йствий. theatre of military activity.
ТНТ – тринитротолуо́л. TNT.

ТО –
1. техни́ческое обслу́жвание. technical maintenance, servicing.
2. ты́льное охране́ние. rearguard.

ТПЛА – телепилоти́руемый лета́тельный аппара́т. remote-piloted vehicle (RPV).
ТРД – трубореакти́вный дви́гатель. jet engine.
ТСТ – та́нко- стрельо́вая трениро́вка. tank gunnery training.

УВО – ура́льский вое́нный о́круг. *Sov* the Ural military district.
УКВ – ультракоро́ткие во́лны. microwaves.
УЗ –
1. удлинённый заря́д. bangalore torpedo.
2. уча́сток зараже́ния. contaminated area, sector.
УР – ультрафиоле́товый. *adj* ultraviolet.
УТИ – уче́бно-трениро́вочный истреби́тель. training aircraft.

ФБР – Федера́льное бюро́ рассле́дований. Federal Bureau of Investigtion (US).
ФРГ – Федерати́вная Респу́блика Герма́ний. Federal Republic of (West) Germany.

ХБР – хими́ческое, биологи́ческое и радиологи́ческое (ору́жие). chemical, biological and radiation.
хрр – хи́мико-радиацио́нная разве́дка (vehicle suffix if a vehicle is a NBC recon vehicle).

ЦТ – центр тя́жести. center of gravity.

Ч – 1. час ата́ки. H-hour 2. час нача́ла опера́ции. H-hour.

ША – штурмова́я авиаца́я. ground attack aircraft.
шб – штраФно́й батальо́н. penal BN (*Sov*).

AN ENGLISH – RUSSIAN MILITARY DICTIONARY

ЭВМ – электро́нная вычисли́тельная маши́на. electronic computer.

ЭМИ – электромагни́тный и́мпульс. electromagnetic impulse.

ЭП – эвакоприёмник. evacuation reception station (med).

ЯВ – я́дерный взрыв. nuclear explosion.

ЯО – я́дерное ору́жие. nuclear weapon.

ЯСУ – я́дерная силова́я устано́вка. nuclear-based site (rocket).

ЯМ – я́щичная ми́на. box mine.

ЯУ – я́дерный уда́р. nuclear strike.